Frank Fabian

# Die Geheimnisse des Mittelalters

Frank Fabian

# Die Geheimnisse des Mittelalters

## Christen | Päpste | Tempelritter

Bassermann

ISBN 978-3-8094-4787-0

1. Auflage


Projektleitung dieser Ausgabe: Martha Sprenger
Umschlaggestaltung: Atelier Versen, Bad Aibling
Bildredaktion: Annette Baur
Bildnachweis: 44 AdobeStock/Paolo Gallo,
45 Getty Images/Heritage Images/Fine Art Images,
47 Wikimedia Commons/Herrad von Landsberg, 50 AdobeStock/savcoco
Layout und Satz: GGP Media GmbH, Pößneck
Herstellung: Franziska Polenz



MIX
Papier | Fördert gute Waldnutzung
FSC® C014496
FSC www.fsc.org

Penguin Random House Verlagsgruppe FSC® N001967

Druck und Bindung: GGP Media GmbH, Pößneck

Printed in Germany

# Inhalt

# 1. Das Mittelalter: Definition und Faszination

Schon das Wort Mittelalter übt eine gewisse Anziehungskraft auf uns aus, obwohl wir uns selten Rechenschaft darüber ablegen, was der Begriff eigentlich bedeutet. Umgangssprachlich wird damit eine vergangene Periode beschrieben, in der alles herrlich einfach, geordnet und frei von der Kompliziertheit unseres Zeitalters war – wenn auch vielleicht ein wenig rückständig. Manchmal wird der Begriff Mittelalter romantisierend gebraucht und nostalgisch verklärt. Dann übt er einen nahezu unwiderstehlichen Reiz auf uns aus; wir denken in diesem Fall vielleicht an Ritterehre und glänzende Rüstungen, an Könige und Edeldamen, an himmelsstürzende Kathedralen und heilige Männer, die zu Wundertaten fähig waren.

So viel sei zugegeben: Diese Periode war hochreligiös und angefüllt mit edlen Personen, sie war prachtvoll und voller spiritueller Glut.

Historiker bezeichnen mit diesem Begriff einen geschichtlichen Zeitraum zwischen dem Altertum und der Neuzeit – also das 5. bis 15. Jahrhundert nach Christus. Auf gut Latein spricht man vom *medium* ae*vum,* also vom »mittleren Zeitalter«.

Sobald wir ein wenig tiefer graben, präsentiert sich uns das Mittelalter als ein unentwirrbares Knäuel von Kriegen, Kämpfen und Scharmützeln. Offenbar kämpfte jeder gegen jeden: Könige gegen Könige, Aristokraten gegen Könige und Kaiser, Päpste gegen Kaiser und Bischöfe gegen Könige. Wie unnütz scheint es, all diese

Konflikte, all das Kampfgetümmel und das Gemetzel wie ein Buchhalter aufzulisten oder gar die entsprechenden Jahreszahlen auswendig zu lernen. So vermögen wir diese Periode nicht wirklich zu durchdringen.

Klüger ist es, das Mittelalter von seinem innersten Kern her zu begreifen. Dann wird mit einem Schlag alles klar, jedes Puzzleteilchen dieses riesigen Gemäldes fällt an seinen richtigen Platz und die Zeit erscheint verständlich.

Doch woraus besteht dieser innerste Kern?

## Verschiedene Ordnungsgefüge

Gedulden wir uns noch einen Augenblick! Ein erstes, oberflächliches Ordnungsgefüge des Mittelalters entsteht mit der Differenzierung verschiedener Länder. Historiker unterscheiden ein Mittelalter in deutschen Landen, ein Mittelalter in England/Britannien, im Frankenreich und in Frankreich, in Italien und so fort; ferner ein indisches, chinesisches und japanisches Mittelalter. Vergessen wir in diesem Zusammenhang ganz rasch Indien, China und Japan; es würde uns zu weit fortführen und das Thema unnötig verkomplizieren.

Das europäische und speziell das deutsche Mittelalter, auf das wir uns in diesem Buch konzentrieren wollen, wirft bereits genügend Fragen auf. Andernfalls ertrinken wir in einem Ozean von Daten. Selbst wenn man wie wir lediglich das deutsche Mittelalter ins Visier nimmt, muss man ohnehin zwangsläufig Frankreich und teilweise Italien miteinbeziehen, manchmal sogar England.

Der zweite mögliche Ordnungspunkt in Sachen Mittelalter unterscheidet drei Perioden: das Frühmittelalter (ca. 500 – ca. 1050), das Hochmittelalter (ca. 1050–1250) und das Spätmittelalter ca. 1250–1500).

Der dritte Ordnungsfaktor könnte eine Trennung zwischen der geistigen und weltlichen Macht sein: Auf der einen Seite standen die Priester, Mönche, Nonnen, Äbte, Bischöfe und Päpste, auf der anderen Seite die Grafen, Barone, Könige und Kaiser und wie all die schönen Titel heißen.

Ein viertes Ordnungsprinzip könnte man durch ethnische Unterscheidungen treffen und beispielsweise Juden, Deutsche, Franzosen, Engländer und Slawen gegeneinander abgrenzen.

Ferner könnte man die Künste und Wissenschaften zur Differenzierung heranziehen.

Doch all das würde uns nicht dabei helfen, das Mittelalter von seinem innersten Kern her zu verstehen. Aber mit welchem entscheidenden Ordnungsprinzip können wir in diesem Fall die Welt des Mittelalters gewissermaßen aus den Angeln heben?

## Die Zeitliche Einordnung

Der intellektuellen Redlichkeit halber müssen wir zunächst noch einmal auf die zeitliche Einordnung eingehen.

Wir alle wissen, dass das allmächtige Römische Weltreich zu Beginn des Mittelalters untergegangen war. Schon vorher war Rom in »West-« und »Ostrom« zerfallen. Unter Westrom verstand man die Westhälfte des ehemaligen Imperium Romanum, zu dem unter anderem Italien, Frankreich und Spanien zählten. Mit dem Begriff Ostrom beschrieb man – grob und unzulässig vereinfachend – das heutige Griechenland und die Türkei. Das Weltreich Rom war also bereits zerbrochen, es lag in Trümmern.

Das Ende des weströmischen Kaisertums im Jahre 476 wird von Historikern gern mit dem Beginn des Mittelalters gleichgesetzt. Die Absetzung von Kaiser Romulus Augustus – oftmals spöttisch Romulus Augustulus genannt – durch einen Heerführer germanischer Abkunft namens Odoaker bezeichnen die meisten Geschichtswissenschaftler als den »Anfang« des Mittelalters; allerdings gibt es mindestens sieben weitere Jahreszahlen und Geschehnisse, die von Historikern als Beginn des Mittelalters interpretiert werden. Sie reichen von 475 bis 568 und deuten beispielsweise auf bestimmte Schlachten, die Rom verlor.

Was stimmt? Halten wir in aller Schärfe fest: Ein Weltreich geht niemals über Nacht oder aufgrund eines einzigen Ereignisses unter. Doch Historiker lieben es nun einmal, sich an bestimmten Jahreszahlen festzuhalten. Dabei vergessen sie, dass ihre Theorien von einer neuen Historiker-Generation oft schnell auf dem Abfallhaufen der Geschichtsschreibung entsorgt werden und neue Interpretationen Platz greifen.

In Wahrheit ging die römische Kultur schleichend zur christlichen Kultur über – das Imperium Romanum zum Mittelalter –, und dieser Übergang erstreckte sich über Jahrhunderte.

Dennoch bietet Westroms Untergang einen guten Anhaltspunkt für den Beginn des Mittelalters. Ostroms Untergang wiederum kennzeichnet sein Ende. Das Mittelalter ist also zeitlich gesehen von der römischen Kultur »eingeschlossen«. Es endete nach Ansicht der meisten Historiker im Jahre 1453, als Konstantinopel (= ehemals Byzanz, heute Istanbul) von türkischen Muslimen erobert wurde.

## Weitere zeitliche Einordnungen

Selbstverständlich gibt es noch weitere zeitliche Differenzierungen. Es kommt immer darauf an, welchen Schwerpunkt man setzt und welches Gebiet man betrachtet. Grundsätzlich lag das Mittelalter zwischen zwei Epochen, einer alten und einer neuen Zeit, also in der »Mitte«.

Im Mittelalter selbst glaubte man jedoch, in einer neuen, »modernen« Zeit zu leben und allen anderen Zeitaltern haushoch überlegen zu sein. Man sah Christi Geburt als den Wendepunkt aller Wendepunkte – und glaubte an den Beginn einer neuen Ära. Man mutmaßte, das eigene Zeitalter ende erst mit dem Jüngsten Tag.

Doch welches Land würde sich und das jeweilige Zeitalter nicht in den Mittelpunkt des Geschehens rücken? Sind wir heute nicht von der gleichen Arroganz besessen und glauben, dass wir in einer einzigartigen Zeit leben und uns auf dem Gipfel des Wissens befinden? Bei Licht betrachtet ist diese Geisteshaltung recht »mittelalterlich«.

### Weitere geografische Einordnungen

Konzentrieren wir uns auf den folgenden Seiten wie gesagt auf das deutsche Mittelalter, damit wir uns nicht in einem Meer von Fakten verlieren – obwohl es »Deutschland« in unserem Sinne zu Beginn des Mittelalters noch gar nicht gab und es sich erst langsam im 9. Jahrhundert zu formen begann. Aber nicht einmal das »deutsche« Mittelalter ist zu verstehen, ohne nicht zumindest zum Teil auch die Geschichte benachbarter Länder miteinzubeziehen. Wie zu allen Zeiten interagierten Länder miteinander, oft in einem erstaunlichen Umfang – gar nicht davon zu reden, dass das Mittelalter in diesem sehr engen geografischen Sinne zudem zu einem beträchtlichen Ausmaß von vielen anderen Ländern befruchtet wurde. Man denke nur an die Kreuzzüge, die bis ins Heilige Land führten; durch sie fanden Teile der islamischen Kultur Eingang in das »deutsche« Mittelalter.

»Niemand ist eine Insel«, formulierte es einst ein deutscher Dichter so schön, womit er zwar auf das Individuum verwies, was aber erst recht für ein Land gilt.

## Das finstere Mittelalter?

Bevor wir nun beginnen, sollten wir noch mit einem beliebten Vorurteil über das Mittelalter aufräumen, das bis heute durch viele Geschichtsbücher geistert. Immer wieder liest man vom »finsteren Mittelalter«. Europa versank angeblich wieder in der Bar-

barei, als die Römer keinen Ordnungsrahmen mehr zur Verfügung stellten.

Ist dieses Urteil gerechtfertigt? Tatsächlich begegnet man bis heute zahlreichen falschen Vorstellungen über das Mittelalter. Jedenfalls ist das »finstere Mittelalter« eine mehr als irreführende Bezeichnung. Im Gegenteil: Im Mittelalter wurden unglaubliche Fortschritte erzielt, ja, es gab einen phänomenalen Aufbruch in Sachen Architektur, verschiedener Künste, Kunsthandwerk, Philosophie, Theologie und zahlreicher Wissenschaften, die in dieser Zeit zum ersten Mal angedacht wurden. In der Malerei, der Schriftstellerei, der Baukunst und der Musik tummelten sich die begnadetsten Zeitgenossen.

Architekten hießen im Mittelalter Baumeister oder Maurermeister. Aus ihnen entwickelten sich die Logen der Freimaurerei, die seitdem einen enormen Einfluss auf die Politik ausüben. Jeder staunt noch heute über die unvergleichliche Pracht der mittelalterlichen Kirchen und fragt sich, wie es solch ein ausgefeiltes architektonisches Know-how damals überhaupt geben konnte.

Auch der Beginn unserer Universitäten liegt im Mittelalter, und die Ausdifferenzierung der Kultursprachen fand ebenfalls in diesem Zeitraum statt. Große Theologen wie Thomas von Aquin veränderten in dieser Epoche das komplette Weltbild, von verschiedenen Päpsten und Ordensgründern, wie dem heiligen Benedikt etwa, ganz zu schweigen.

Sogar eine mathematische Revolution fasste in dieser Periode Fuß. Und es gab bemerkenswerte medizinische Entdeckungen, die man streng vom Aberglauben dieser Zeit trennen muss. Man darf außerdem auf den berühmten Philosophen Roger Bacon verweisen, genannt *doctor mirabilis* (lateinisch für »wundersamer Lehrer«), der schon zu dieser Zeit eine empirische Wissensermittlung verfocht. Und wie könnte man die genialen Schriftsteller Dante oder Boccaccio vergessen? Denken wir ferner an Venedigs Pracht und Reichtum sowie an die Blüte vieler deutscher Städte. Die Gelehrsamkeit des großen Staufers Friedrich II. war beinahe sprichwörtlich; neben ihm gab es eine Vielzahl anderer brillanter Köpfe. Etliche Maler begeistern uns bis heute und nötigen uns Respekt ab. Die Entdeckung zahlreicher neuer Wissenschaften fällt ebenfalls in die mittelalterliche Periode. Und die Entwicklung des Buchdrucks durch Gutenberg läutete eine intellektuelle Revolution ein – auch im Erziehungswesen. Der Schulstandard verbesserte sich unaufhörlich, die Möglichkeiten, Handel zu treiben, gleichfalls. Man könnte selbst einen so großen Namen wie Leonardo da Vinci nennen, der am Ende des Mittelalters die Welt verzauberte, sowie viele andere göttliche Maler, die zum Teil allerdings bereits in eine neue Periode hineinragen.

Die feinsten, edelsten Schreiberlinge bemühten sich, die Welt zu verbessern – nicht anders, als es heute der Fall ist. Auch im Rahmen der Musik erklomm man ein völlig neues Plateau.

Das Mittelalter war also keinesfalls so finster, wie es mitunter gern dargestellt wird. Es war eine aufregende, bunte, bewegte Zeit, in der man trotz aller Widrigkeiten, trotz aller Beschränkungen versuchte, die Kultur auf ein höheres Niveau zu heben.

Aus diesem Grund werden wir im Lauf dieses Buches einige unorthodoxe Erkenntnisse über diese Epoche präsentieren, die man in dieser Deutlichkeit selten in anderen Werken findet. Sie lassen uns diese Zeit sofort viel besser verstehen und führen zu einer differenzierteren Grundhaltung gegenüber dieser Periode. Es gilt, Vorurteile abzuschütteln über das Mittelalter, das weit konstruktiver, erfindungsreicher, spannender und aufregender war, als wir es manchmal zugeben.

Im Übrigen kann man das Mittelalter tatsächlich von seinem innersten Kern her mit einem Mal verstehen, wenn … man besonders einem Umstand Rechnung trägt.

Aber wir bitten noch einen weiteren Augenblick um Geduld.

Betrachten wir zunächst noch einmal den Übergang von Rom zum Mittelalter, also vom Imperium Romanum zu unserer aufregenden Epoche. Auch hier lauern einige erste interessante, ja geradezu brisante Erkenntnisse auf uns.

# 2. Das Erbe oder das Alte Rom

Es ist erstaunlich, wie viel aus dem Imperium Romanum ins Mittelalter hinübergerettet wurde. *Historia non facit saltus* lautet deshalb unter Historikern ein geflügeltes lateinisches Wort – »Geschichte macht keinen Sprung«.

In gewissem Sinne war das Mittelalter noch immer römisch, obwohl es sich christlich gebärdete. Das verwundert im Grunde genommen nicht, denn Rom hatte über ein Jahrtausend lang die Geschicke in zahlreichen Ländern bestimmt. Das römische Weltreich hatte eine gewisse Stabilität geboten, wenn es auch allzu kriegswütig und eroberungssüchtig gewesen war. Was also zeichnete eigentlich das Imperium Romanum aus?

## Roms wahres Gesicht

Es ist zu selten gesagt worden: Das Römische Weltreich, das uns bis heute so beeindruckt, war in Wahrheit ein blutrünstiges, brutales Reich, in dem die nackte Gewalt verherrlicht wurde. Es herrschte das Schwert. Dabei dehnte es sich in alle vier Himmelsrichtungen immer weiter aus; es wurde mächtiger, größer und einflussreicher – bis es vom heutigen Großbritannien bis hinunter (auf der Landkarte) nach Nordafrika reichte. Es schien ein einziger Siegeszug zu sein. Noch heute werfen wir uns innerlich vor den einst mächtigen römischen Feldherren und Kaisern auf die Knie, sobald wir diese erstaunlichen Siege auch nur ansatzweise nachvollziehen.

In Wahrheit waren es brutale Eroberungszüge. Allein Cäsar schlachtete ein bis zwei Millionen Menschen hin, wie Historiker heute schätzen.[1] Die wahren Todeszahlen, die die einzelnen römischen Legionen und Feldherren zu verantworten haben – die Vertriebenen und Verkrüppelten gar nicht miteingerechnet –, lassen sich kaum mehr seriös recherchieren. Hat das alte Rom insgesamt fünfzig Millionen Tote auf dem Gewissen? Hundert Millionen Tote?

Da Roms Geschichte fast ausschließlich aus römischer Perspektive erzählt wurde, nimmt sich die Historie dieses Weltreichs heroisch aus. Wir alle sind bestochen oder wurden verführt durch die alten, römischen Autoren, während die Sichtweise der unterworfenen und versklavten Völker gewöhnlich völlig außer Acht gelassen wird.

Gleichzeitig staunen wir über den Siegeszug der lateinischen Sprache und über die überlegenen Technologien im alten Rom. In dieser Hinsicht stimmt immerhin einiges.

## Was Rom leistete

Aufgrund der militärischen Überlegenheit der alten Römer breitete sich auch Latein in alle Welt aus. Der Grund? Sieger können diktieren, welche Sprache gesprochen und geschrieben wird. Und die Römer waren anderen Völkerschaften in vielen Belangen weit überlegen. Zugegebenermaßen gab es damals nirgendwo sonst auf der Welt ein so ausgefeiltes Rechtssystem wie im alten Rom. Und gleichzeitig diente eben dieses Rechtssystem vor allem den Römern selbst; es förderte nicht immer und nicht unbedingt die Gerechtigkeit. Ferner konnte sich kein anderes Volk in Hinblick auf die Baukunst mit den Römern messen: Palastbauten, Prachtbauten, Häuser, Aquädukte (= Wasserleitungen), Straßenbauten, Anlagen aller Art – in puncto Bautechniken waren die Römer in der Antike führend. Und überlegene Technologie, ganz egal in welchem Bereich, sowie generell überlegenes Wissen verführt dazu, einer Sprache und ihren Sprechern den Vorrang zu geben.

Allerdings wurden genau diese Baufertigkeiten oftmals zur Eroberung eingesetzt, sie dienten dem Krieg. Denken wir nur an die vollkommenen, meilenlangen *strata* (Straßen), auf denen die römischen Legionen schneller und besser marschieren konnten – ein großer Vorteil, wenn es darum ging, Schlachten zu schlagen und zu siegen –, wie an die Wälle, Befestigungen und Türme, die in unvorstellbarer Geschwindigkeit aus dem Boden gestampft werden konnten.

Auch in Sachen Finanzen, Handel und Schifffahrt waren die Römer anderen Völkerschaften meilenweit voraus. Das zementierte die Kontrolle der Römer über die besiegten Völker, die unterworfenen Völker konnten nun systematisch geschröpft werden. Einfach alles war direkt oder indirekt dem Krieg und der Ausbeutung unterworfen.

Die Kenntnis der lateinischen Sprache bestimmte folglich darüber, ob man gut oder minder gut überlebte, ob man Karriere machen konnte oder nicht. Selbst die in das Römische Weltreich »integrierten« Völker beugten deshalb ihr Knie vor Latein:

Wenn man den Soldatenberuf ergreifen und in höhere Ränge aufsteigen wollte – musste man Latein sprechen können.

Wollte man Jurist werden – war Latein angesagt.

Spielte man mit dem Gedanken, in der Politik oder Verwaltung tätig zu werden – so war das nicht ohne gute Kenntnis des Lateinischen möglich.

Strebte eine Person danach, Kinder und Jugendliche zu unterrichten – musste sie Latein (und Griechisch) beherrschen.

Schlug man die Laufbahn des Priesters ein – war abermals Latein gefragt.

Wollte man im Handel oder in der Schifffahrt einen Blumentopf gewinnen – war ebenfalls Latein vonnöten.[2]

Und so verwundert es nicht, dass viele unserer Vorfahren bereits ab dem 4., 5. und 6. Jahrhundert nach Christus, also zu Beginn des

Mittelalters, notgedrungen Latein lernten und sich dadurch immer mehr lateinische Vokabeln in die germanischen Sprachen einschlichen.

## Was das Mittelalter Rom verdankt

Viele Völker verdanken den Römern eine höhere Kulturstufe. Das lässt sich auch durch das lateinische Vokabular belegen.

Betrachten wir nur einmal die deutsche Sprache. Neben dem »germanischen Erbwortschatz«, wie das der Fachmann nennt, schmuggelten sich schon recht früh lateinische Wörter in die deutsche Sprache ein.

Denken wir nur an folgende Ausdrücke aus dem militärischen Bereich:

- Kaiser (aus dem lat. Wort *Cäsar* gebildet),
- Pfeil (der Begriff entstand aus dem lat. Wort *pilum* = Speer),
- Legion (lat. *legio* = auserlesene Mannschaft),
- Kastell (lat. *castellum* = Festung),
- Militär (lat. *miles* = Soldat)

oder an folgende Wörter aus dem Bereich der Bautechnik:

- Straße (lat. *via strata* genannt, hierunter verstand man ursprünglich die Heeresstraße),
- Mauer (lat. *murus*),
- Kammer (lat. *camera*),
- Pfeiler (lat. *pilarius*),
- Pfosten (lat. *postis*),
- Keller (lat. *cellarium*),
- Pforte (lat. *porta*),
- Fenster (lat. *fenestra*).

Unsere germanisch/deutschen Vorfahren verfügten nicht über die Fertigkeit, mit Steinen feste Straßen und massive Häuser zu bauen – im Gegensatz zu den Römern. Folglich übernahmen sie aus diesem Bereich lateinische Begriffe, die sich langsam wandelten: Aus dem lateinischen Wort *strata* etwa wurde zunächst *strazza* (althochdeutsch), dann *straze* (mittelhochdeutsch) und schließlich unsere Straße. Das Wort *murus* verwandelte sich auf einer deutschen Zunge zunächst in *mura* (althochdeutsch), dann in *mure* (mittelhochdeutsch) und führte schließlich zur Mauer.

Aus dem Bereich des Handels und der Finanzen übernahmen wir Folgendes:

- Zoll (lat. *tolonium*),
- Kisten (lat. *cista*),
- Karren (lat. *carrus*),
- Sack (lat. *saccus*),
- Zins (lat. *census*).

Im Lateinischen bezeichnet das Wort *census* zugleich die Schätzung, ferner die Steuerliste und das Vermögen. Abhängig von dem (geschätzten) Vermögen wurden die römischen Bürger also in Steuerlisten eingetragen.

Sogar den Anker (lat. *ancora*) übernahmen unsere Vorfahren. Bis dahin beschwerten die Germanen ihre Boote mit riesigen Steinen, um sie am Wegtreiben vom Ufer zu hindern.

Auch das juristische Fachvokabular könnten wir untersuchen: Unser Advokat stammt von dem lat. Wort *advocatus*, was »Rechtsbeistand« oder »der Herbeigerufene« bedeutet. Unsere Adoption stammt vom lateinischen Wort *adoptare* = hinzuwählen.

Mit anderen Worten: Überlegenes Know-how führte dazu, dass sich lateinische Wörter in vielen Sprachen durch die Hintertür einnisteten; man spricht in solchen Fällen von Lehnwörtern. Das Mittelalter ist undenkbar ohne die Kultur und das überlegene Wissen der Römer.

## Die Niederlage der Römer und der Sieg von Latein

Als Rom im 4. und 5. Jahrhundert nach Christus dem wiederholten Ansturm der »Barbaren« erlag und die Germanen die Zügel in die Hand nahmen, verfügten diese damit noch nicht automatisch über das spektakuläre römische Know-how in Sachen Militär, Bautechnik, Handel, Schifffahrt, Recht und Verwaltung. Nur allmählich übernahmen unsere Vorfahren dieses Wissen. Da war es am einfachsten, lateinische Ausdrücke zu verwenden.

Kurz gesagt: Als es längst keinen römischen Imperator mehr gab und keinen römischen Senat, dauerte die überlegene römische Kultur mit ihren verschiedenen Technologien noch fort. Eine überlegene Kultur verführt andere Völker dazu, Wörter zu über- und in die eigene Sprache aufzunehmen.

Genau aus diesem Grund wurde Latein in »Deutschland«, das sich etwa ab dem 9. Jahrhundert nach Christus langsam zu formen begann, im gesamten Mittelalter noch viele Jahrhunderte lang favorisiert.

In der Zeit der intensiven Christianisierung vom 6. bis zum 9. Jahrhundert nach Christus eroberte nicht nur das (geweihte) Schwert zahlreiche Länder, sondern eben auch Latein. Hinzu kam, dass das Papsttum Latein zur Kirchensprache emporgehoben und damit gewissermaßen geadelt hatte.

Ab circa 800 nach Christus lernte man in unseren (von der Kirche dominierten) Schulen deshalb zunächst einmal Latein.

Außerdem etablierte sich die lateinische Sprache bis zum 12. Jahrhundert in fast allen Teilen Europas als Schriftsprache. Latein entwickelte sich zu einer übernationalen, ja einer internationalen Sprache, mit der man sich überall verständigen konnte. Selbst in Ländern, die nie von den Römern besiegt worden waren, wie Polen oder Dänemark, hielt diese Sprache Einzug.

Die Kirche war der hartnäckigste Verfechter des Lateinischen, und auch die Gelehrten trugen das Ihre dazu bei. Bis ins 16. Jahrhundert, bis zum Ende des Mittelalters, dominierte Latein in den gelehrten Zirkeln und in der christlichen Kirche unangefochten – in der katholischen Kirche herrscht es selbst heute noch, im 21. Jahrhundert.

In den Universitäten und innerhalb der verschiedenen Wissenschaften konnte man sich in der von uns untersuchten Periode miteinander nur auf Latein unterhalten.

## Gnadenlose Militaristen

Das alte Rom war – ohne Scheuklappen betrachtet – ein brutales, von Machtgier zerfressenes Imperium, das sich aufgrund überlegener Kriegstechnologie ein Weltreich zusammenstahl.

Roms eigentliches Erfolgsgeheimnis war seine haushohe, militärische Überlegenheit anderen Völkerschaften gegenüber. Dazu zählten bestimmte Waffen wie Schilde, Stoßlanzen, Kurzschwerter und Bogen, Belagerungsmaschinen, die Methode, geordnet in einer geschlossenen Schlachtreihe anzugreifen, die Taktik, von den Flanken her mit der Reiterei zuzuschlagen, kurze, schnelle Befehlskanäle, die Fähigkeit, in kürzester Zeit Gräben auszuheben, Wälle sowie Palisaden und Befestigungen zu errichten.

All das wurde in gewissem Sinne ins Mittelalter hinübergerettet. Selbst die soziale Ordnung wurde von Rom beeinflusst.

## Die Sklavenhalter oder die verschwiegene Wahrheit

Nichts ist so verabscheuungswürdig, wie andere Völker oder Rassen als Menschen zweiter Klasse zu behandeln und ihre Menschenrechte mit Füßen zu treten. Dabei ist es völlig egal, ob das heute geschieht oder vor zweitausend Jahren. Wir sollten aufhören, alles »aus der Zeit heraus« zu verstehen, zu beurteilen und zu rechtfertigen.

Das höchste Ansehen im alten Rom genoss der Soldat, mit dem Feldherrn an der Spitze. Ganz unten standen die Sklaven.

Der wahre Umfang der Sklaverei im Römischen Weltreich wird bis heute schamhaft verschwiegen. Man konnte recht leicht in die Sklaverei geraten: wenn man beispielsweise seine Schulden nicht bezahlte. Doch in erster Linie dienten Kriege dazu, massenweise Kriegsgefangene zu machen und sie als Sklaven zu verkaufen. Es gab Millionen von Sklaven, denn jeder Feldzug spülte neue Sklaven ins Reich – und Rom befand sich mehr oder weniger ununterbrochen im Krieg. Auch Piraten begaben sich auf Beutezüge, um Menschen einzufangen und sie auf den Sklavenmärkten zu verkaufen. Das war ein eigener Wirtschaftszweig. Zudem wurden bestimmte Verbrechen mit Versklavung bestraft.

Durchschnittlich waren rund zwanzig Prozent der Bevölkerung im Römischen Reich ... Sklaven. Jeder fünfte Mensch war ein Sklave![3] Als Rom im Zenit seiner Macht stand, war sogar ein Viertel von Italiens Bevölkerung versklavt – man muss es sich vorstellen! In einigen reichen Haushalten gab es viele Hunderte, ja manchmal Tausende von Sklaven. Sklaven konnten lange Zeit nach Belieben vergewaltigt, verkauft, verprügelt, kastriert oder als Gladiatoren in der Arena verheizt werden. Alles, was ein Sklave mit seiner Hände Arbeit verdiente, war Eigentum seines Herrn. Wenn ein Sklave seinen Herrn tötete, wurden alle Sklaven dieses Haushalts umgebracht, die sich zur Tatzeit in der Nähe aufgehalten hatten – manchmal auch einfach sämtliche Sklaven dieses Haushaltes.

Wie konkret? Durch die Kreuzigung.

Die Kreuzigung war eine typische Strafe für Sklaven. Sie war unvorstellbar grausam. Vor der Kreuzigung wurde die Person gegeißelt und gefoltert, nicht immer, aber oft. Dann ging es zur Sache. Durch Handwurzelknochen und Fußwurzel oder Fersenbein wurden Nägel getrieben. Man suchte den Todeskampf so lange wie möglich auszudehnen. Der Sklave litt unter Durst, Fliegen, Wundbrand, unsäglichen Schmerzen, zusätzlichen Schlägen und Blutverlust. Waren die Römer besonders »gnädig«, brachen sie nach einiger Zeit die Füße oder Unterschenkel, sodass der Körper nicht mehr abgestützt wurde und der Tod früher eintrat. Mit einem Lanzenstich in den Leib stellte man schließlich fest, ob der Sklave auch wirklich dahingeschieden war.

Ein Sklave im alten Rom zu sein war furchtbar. Sklaven schufteten in Bergwerken, als Feldsklaven in der Landwirtschaft und im Haushalt. Straßen und Gebäude wurden von Sklaven erbaut, viele rackerten in Häfen. Es gab Haussklaven und sogar Tanz- und Musiksklaven. Sklaven dienten auch als Hauslehrer oder Ärzte, als Friseure, Hebammen oder Wagenlenker. Sie wurden auf Sklavenmärkten angeboten und versteigert. Gebildete Sklaven erzielten die höchsten Preise, auch schöne Sklavinnen waren teuer.

Ein Sklave war ein Ding, ein Gegenstand, kein Mensch.

In weiten Teilen des Mittelalters hatte das Sklaventum Bestand. Dazu gab es sogenannte Leibeigene.

Und die Kreuzigung? Sie war im Mittelalter ein Kernstück der christlichen Theologie.

## Die römische Religion

Sogar die römische Religion wurde in den Dienst des Militarismus gestellt, jedenfalls zu einem großen Teil. Das ist höchst bemerkenswert. Jupiter, der erste und mächtigste römische Gott, war ein zorniger, ein gewalttätiger Gott. Er konnte Blitze schleudern und alles zerstören oder mit seinem Donnergetöse jedermann in Angst und Schrecken versetzen. Jupiter wurde gern angerufen, wenn es Schlachten zu gewinnen galt. Einige seiner Beinamen lauteten:

- *Iupiter Stator* – der die weichenden Truppen zum Stehen bringt,
- *Jupiter Invictus* – der unbesiegte oder unüberwindliche Jupiter,
- *Jupiter Propugnator* – Jupiter, der Beschützer oder Verteidiger.

Es bestehen gewisse Parallelen zwischen Zeus und dem »Gottvater« im Christentum. Das hört sich auf den ersten Blick reichlich ketzerisch an …

### Zeus und der (christliche) Gottvater

Doch folgende Parallelen zwischen beiden Gottes-Gestalten springen direkt ins Auge:

1. Jupiter/Zeus wurde genau wie der christliche Gottvater gern bärtig dargestellt.
2. Beide thronten in einem Himmel und
3. standen für das Licht oder symbolisierten höhere Welten.
4. Beide waren mehr oder weniger allmächtig, der erste und stärkste Gott. Jupiter wurde gern auch *Optimus Maximus* genannt, also der stärkste oder der größte Gott.
5. Beide Gottheiten waren, jedenfalls zu einem gewissen Grad, Herr über Materie oder Energie. Jupiter schleuderte beispielsweise Blitze zur Erde, er wurde deshalb auch *Iupiter Feretrius* genannt – der »Blitzeschleuderer«. Der christlich-jüdische Gottvater konnte aus Lehm (= Materie) einen Menschen formen, ja, er hatte angeblich die gesamte Welt (= die Materie und alle Lebewesen) aus dem Nichts erschaffen.
6. Auch der Christengott wurde angerufen, um eine Schlacht zu gewinnen.
7. Das galt auch, wenn man Schutz benötigte, genau wie bei Zeus.

Und so müssen wir zerknirscht bekennen, dass die mittelalterliche (christliche) Kultur auf zahlreiche Quellen zurückgeht, die nicht einmal ansatzweise in Geschichtsbüchern aufgearbeitet wurden.

Der Grund ist offensichtlich: Die Einzigartigkeit des Christentums würde unter dem Zugeständnis leiden, dass es bereits in früheren Religionen und früheren Zivilisationen Götter gab, aus denen unser »Herrgott« und Gottvater geformt wurde.

Aber Religionen lernen voneinander. Priester scheuen sich nicht, Inhalte abzukupfern. Sie übernehmen problemlos Eigenschaften früherer Götter aus anderen Religionen und sprechen dem eigenen Gott eben diese Eigenschaften zu. Göttergestalten werden abgewandelt, man gibt ihnen einen neuen Namen, sie werden ein wenig um- und umgewendet und wieder in Amt und Würden eingesetzt.

## Was Rom dem christlichen Mittelalter schenkte

Es steht außer Frage, dass das Christentum von Rom und seiner Religion befruchtet wurde. Verschiedene römische Bräuche wurden nahtlos übernommen, ja sogar Kleidungsstücke: Die Stola beispielsweise – ein Teil der liturgischen Kleidung christlichen Priester – war römisch. Genau wie etliche andere Kleidungsstücke der römischen, heidnischen Priester, die sich die christlichen Priester eins zu eins aneigneten. Der Gebrauch von Weihrauch und Weihwasser stammt ebenfalls aus dem alten Rom, genau wie die Kerzen und das Ewige Licht vor dem Altar. Und selbst verschiedene (christliche) Heiligenkulte und Heiligenverehrungen deuten zumindest auf römische Vorbilder hin.

Die alten Römer beeinflussten die christliche Architektur und, vielleicht noch wichtiger, das Kirchenrecht, das auf römischem Recht fußt und ohne dies nicht denkbar ist.

Außerdem lautet der inoffizielle Titel des Papstes bis zum heutigen Tag *Pontifex Maximus* (= erster, höchster Priester) – ein Titel, den schon Cäsar getragen hatte, hundert Jahre vor Christus. Sogar der Papst ist also in gewissem Sinne eine (alt-)römische Erscheinung. Und schließlich geriet die lateinische Sprache zum festen Bestandteil des christlichen Rituals.

## Mars

Mindestens ebenso populär wie der zornige, wütende Jupiter war Mars, der römische Kriegsgott. Mars hatte bei den Römern eine weitaus größere Bedeutung als der griechische Kriegsgott Ares, dem er später gleichgesetzt wurde. Die Verehrung, die Mars erfuhr, übertraf bei weitem den Dienst an anderen Göttern. In Roms Gründungslegende bildete Mars zusammen mit Jupiter und Quirinus, einem älteren Kriegsgott, eine Dreiheit oder Dreifaltigkeit.

Noch einmal: *Drei* kriegerische Götter waren die Hauptgötter im alten Rom! Roms angebliche Gründer, Romulus und Remus, stammten von Mars ab – womit ein politisches Glaubensbekenntnis zum Krieg einherging. Mars war der erklärte Stammvater Roms. Es gab eigene Mars-Priester, die *Flamen Martialis*. Vielleicht leitet sich das lateinische Wort *flamen* von dem wollenen Band oder der rituellen Kopfbedeckung der Priester ab, denn *filum* bedeutet im Lateinischen »Faden«. Zu Ehren von Mars fanden regelmäßige Feiern und Straßenumzüge statt. Beim Fest des Mars zog eine Priesterschaft in voller Kriegsbekleidung singend und tanzend durch Roms Straßen. Ferner hatte Mars einen eigenen Tempel, und es gab Prozessionen und Spiele zu Ehren dieses Gottes. Mars wurden Pferde und Rinder geopfert. Einigen Römern erschien Mars sogar im Traum, so populär war dieser Gott – ähnlich den zahlreichen Jesus-Erscheinungen bei Christen im späten Mittelalter. Wolf, Stier, Pferd, Geier, Hahn und Specht sowie bestimmte Greifvögel symbolisierten den Kriegsgott. Keiner war im alten Rom beliebter und wurde stärker verehrt als Mars – von Jupiter natürlich abgesehen.

Mit anderen Worten: Wie kaum ein anderes Weltreich in der Geschichte der Menschheit war Rom auf den Krieg fixiert. Selbst die Religion wurde pausenlos in den Dienst des Krieges gestellt. Und so erkennen wir langsam, dass das vielgepriesene Rom ein unbarmherziger Machtapparat war, dessen Soldaten, Götter und Priester allein in Kriegskategorien dachten. Rom war eines der furchtbarsten historischen Experimente der Menschheitsgeschichte.

Das Mittelalter mit seinen zahlreichen Kriegen trat in dieser Hinsicht in die Fußstapfen Roms. Aber es zeichnet sich auch durch eine Gegenreaktion aus.

Der Grund? Das friedliche Christentum.

## Die stille Revolution

Mit einem Mal trat eine ganz andere Philosophie und Theologie auf den Plan: das Christentum. Es gewann fortwährend mehr und mehr Anhänger. Selbst Sklaven, Kinder und Frauen durften an den christlichen Zeremonien teilnehmen – was einer kompletten gesellschaftlichen Neuorientierung gleichkam. Menschen, die bislang wenig oder nichts gegolten hatten, besaßen unversehens einen Wert.

Sie begeisterten sich für den friedlichen Jesus, der in krassem Gegensatz zu den kriegerischen römischen Göttern stand – dem grausamen Mars oder dem unerbittlichen Jupiter.

Christen hielten die Moral hoch. Zu den Gottesdiensten mussten Frauen verschleiert erscheinen, damit ihre verführerischen Haare die Männer nicht auf falsche Gedanken brachten. Frauen durften keine Schönheitsmittel verwenden, vor allem keine künstlichen Haarteile. Ehelosigkeit und Jungfräulichkeit galten als Ideal. Brüderlichkeit, gegenseitige Hilfeleistung, Freundlichkeit, Friedfertigkeit und Anstand zeichneten die frühen Christen aus, die dadurch einen gefährlichen Gegensatz zum römischen Staat darstellten.

Das Christentum geriet in Opposition zur römischen Staatsgewalt. Die Christen lehnten das römische Theater ab, sie hielten Kriege für überflüssig und deuteten auf Roms Verworfenheit, mit seinen Dirnen und seiner lockeren Moral, mit seinen Abtreibungen und seiner Promiskuität, ganz zu schweigen vom sexuellen

Missbrauch von Sklaven. Sie weigerten sich, Weihrauch vor den Büsten und Statuen römischer Kaiser anzuzünden. Jede Geste der Verehrung gegenüber den römischen Göttern lehnten sie ab; Kaiserkult war für sie Götzendienst. Die römische Staatsgewalt schlussfolgerte, dass das Christentum eine radikale Bewegung war, deren Führer den Umsturz planten.

Die Angegriffenen schlugen zurück, sie machten die römischen Götter lächerlich und prophezeiten deren baldigen Sturz. Sie glaubten fest daran, dass ihr Messias schon sehr bald wiederkommen werde. Gerüchte und Verleumdungen kursierten und verselbstständigten sich. Einige Christenhasser kolportierten, Christen tränken Menschenblut – bei der heiligen Kommunion.

In der Folge wurden Christen eingekerkert, ausgepeitscht, verbrannt, in Bergwerke geschickt und hingerichtet. Roms Boden färbte sich rot vom Blut der Märtyrer. Selbst der römische Kaiser Marc Aurel (121–180), in vielen anderen Belangen ein rechtschaffener Mann, schlug erbarmungslos zu. Als Hungersnot und Hochwasser, Pest und Krieg seine bislang glückliche Herrschaft heimsuchten, verlautbarten die römischen Priester eilends, dass dies der Vernachlässigung und Leugnung der römischen Götter zuzuschreiben sei.

Ein Teil der Bevölkerung glaubte die Lügen. Christen wurden drangsaliert und sogar da und dort gesteinigt. Der neunzigjährige Bischof von Lyon (in Gallien) wurde ins Gefängnis geworfen und gefoltert, woraufhin er starb. Die Folterqualen gestalteten sich immer ausgefeilter: In Lyon wurde ein Christenführer auf einen weißglühenden, eisernen Sessel gesetzt und dort zu Tode gebraten. Eine überzeugte Christin wurde in einen Sack gesteckt, in die Arena geworfen und dort von einem Stier aufgespießt.

Eine Welle religiösen Fiebers wogte durch das Imperium Romanum. Mars kämpfte gegen Christus, das Schwert gegen das Wort. Auch in Rom wurden Christen und Bischöfe hingerichtet. In den Verliesen hausten zeitweise Hunderte von Christen. Einige wurden geköpft, andere verbrannt. Wieder andere bewahrte man sich für

Festspiele auf, um sie wilden Tieren vorzuwerfen. Denn das bot ein herrliches Schauspiel und stellte die Menge zufrieden.

Das alles geschah um 250 nach Christi Geburt.

Im 2./3. Jahrhundert nach Christus erließ Kaiser Valerian das Gebot, dass sich jeder vor den alten Göttern verbeugen müsse. Der römische Bischof Sixtus II. leistete Widerstand und wurde sofort hingerichtet. Der Bischof von Karthago (Nordafrika) wurde enthauptet, der Bischof von Tarragona (Spanien) lebendig verbrannt. Im Jahre 303 ordnete ein römischer Herrscher die Zerstörung aller christlichen Kirchen an. Christliche Bücher wurden verbrannt, christliche Gemeinden aufgelöst. Vermögen wurden beschlagnahmt und Christen aus öffentlichen Ämtern gejagt.[4]

Trotzdem ging Rom unter.

Dafür gab es zwar die verschiedensten Gründe, doch dass Menschenrechte mit Füßen getreten wurden war der entscheidende. So konnte zu guter Letzt ein »schwaches« Häuflein Christen die »starken« Römer hinwegfegen. Die Christen traten das Erbe des allmächtigen Rom an.

Eine friedfertige Theologie besiegte eine militaristische Religion. Eine Weltanschauung der Liebe triumphierte über den Glauben an Hass und Gewalt.

Und schließlich endete das Rom der Cäsaren, nachdem diese beiden Auffassungen mit Wucht aufeinandergeprallt waren. Das mächtigste, brutalste Reich der Geschichte wurde von einer Religion des Friedens und der Nächstenliebe besiegt. Auf den ersten Blick ein schier unfassbares Ereignis. Was war passiert?

## Die Faszination des Christentums

Bohren wir tiefer: Worin bestand die Faszination des Christentums? Was machte diese Religion so ungeheuer attraktiv?

Nun, sie brachte ganz neue Auffassungen in die Philosophie ein. Mit einem Mal kultivierten Menschen eine andere Sichtweise auf das Leben. Kurz gesagt, das Christentum war revolutionär. Alle Schmerzen, die man im diesseitigen Leben erduldete, galten nichts mehr. Die Hoffnung auf eine bessere Welt gab den Ausschlag, und mit ihr die Nächstenliebe. Sie ließ Menschen ihren materialistischen Gesichtspunkt vergessen, der zuvor allgegenwärtig gewesen war.

Die Römer versuchten, mit Gewalt die diesseitige Welt zu erobern. Jetzt wurde jedoch die Existenz eines anderen Reiches angenommen. Man sprach von einem spirituellen Reich, das weit über dem materialistischen Reich der Römer angesiedelt war. Die Römer kannten nur Krieg, Krieg und nochmals Krieg. Dieses neue Reich aber war nicht von dieser Welt, es lag sternenhoch über dem Reich der Römer; und dort herrschte Frieden. Das Christentum war ein Schrei nach einer neuen Lebensphilosophie.

Vergessen wir nicht, im Römischen Weltreich galten folgende Menschen als Kreaturen zweiter Klasse: 1. Sklaven, 2. Frauen und 3. Nichtrömer.

Rund neun Zehntel der Bevölkerung waren damit ausgegrenzt, sie wurden als unwichtig eingestuft. Man unterdrückte sie, man beutete sie schamlos aus. Das frühe Christentum dagegen wies Frauen, die die Hälfte der Bevölkerung ausmachten, und Sklaven, die rund ein Fünftel bis ein Viertel stellten, eine Bedeutung zu. Und auch Nichtrömer erhielten im Christentum einen höheren Stellenwert. So trat die neue Religion einen Siegeszug an, der nicht aufzuhalten war.

Kein Stein blieb auf dem andern. Es handelte sich um eine Revolution, die wir heute kaum mehr nachvollziehen können. Die Römer, die ein Weltreich regierten, das stärkste, mutigste und kraftvollste Volk auf dem Erdenrund, wurden besiegt. Ihre Ideale wurden in Zweifel gezogen, genau wie ihre Götter, ihre Imperatoren, ihre Krieger und ihre Kaiser, ja ihre ganze Lebensweise. In der Arena begegneten sich Cäsar und Christus – und Christus trug den Sieg davon.

Die Nächstenliebe geriet zum obersten Gebot. Eines der erstaunlichsten Phänomene der Geschichte ist, dass eine verständnisvolle, mitleidende, liebende Philosophie am Ende über die brutale, mitleidlose, versklavende Philosophie der Römer siegte.

Nicht umsonst ist das Christentum mit seinen rund 2400000 Anhängern und seinen zahllosen verschiedenen Sekten, Abspaltungen und Glaubensbekenntnissen die heute am weitest verbreitete Religion auf der Welt. Die Philosophie des Christentums war der Philosophie der Römer weit überlegen. Außerdem betonte das Christentum die grundsätzliche Gleichheit der Menschen und wies *jedem* Individuum Bedeutung zu. Es räumte dem Geist und der Seele Vorrang ein über den Körper, es betonte die grundsätzliche Überlegenheit der Seele über alles Materielle – eine Philosophie, die heute von zahlreichen Gruppierungen kultiviert wird.

Und so müssen wir abschließend festhalten, dass das alte Rom einerseits befruchtend auf das Mittelalter wirkte, diese Periode andererseits jedoch auch zur Ablehnung bestimmter Haltungen führte. Eine machtvolle Gegenbewegung entstand.

Das beweist, dass wir dem klugen Satz der Historiker *Historia non facit saltus* – »Geschichte macht keinen Sprung« – einen weiteren intelligenten Satz hinzufügen müssen: *Oh tempora, oh mores! Historia facit saltus* – »Oh, ihr Zeiten, oh, Moral! Geschichte macht einen Sprung«.

Rom ging unter und eine neue Zeit brach an.

Geschichte ist Fortsetzung und Gegenreaktion zugleich.

Mit dieser Erkenntnis sind wir endgültig beim innersten Kern des Mittelalters angelangt. Diese faszinierende Epoche lässt sich tatsächlich mit einem Schlag verstehen, wenn wir über eine grundlegende Information verfügen.

Davon handelt das nächste Kapitel.

# 3. Quintessenz oder der innerste Kern des Mittelalters (1)

Der Schlüssel zum Verständnis des Mittelalters liegt in der siegreichen neuen Religion. Der alles entscheidende Faktor für das Mittelalter war in unseren Breiten das Christentum. In allen europäischen Ländern breitete sich diese neue Religion mit erstaunlicher Geschwindigkeit aus, denn überall wurde intensiv missioniert. Das Christentum schlug die Gemüter in allen drei Phasen des Mittelalters in seinen Bann, im Früh-, Hoch- und Spätmittelalter. Es ermächtigte sich der Herzen aller Menschen – der weltlichen Herrscher ebenso wie des einfachen Volkes – und ohnehin aller Priester, Nonnen und Mönche. Die neue Religion machte vor ethnischen Differenzierungen halt, sie war zumindest zum Teil rassenneutral. Dazu stellte das Christentum die Kunst und die Künste uneingeschränkt in ihren Dienst – sei es im Drama, in der Architektur mit ihren gewaltigen Domen und Kirchen, in der Malerei, wo biblische Themen bevorzugt wurden, oder im Rahmen der (Kirchen-)Musik.

Das ganze Mittelalter war eine *aetas christiana*, ein »christliches Zeitalter«. Außerhalb dessen geschah nichts oder wenig. Versteht man das Christentum, werden tausend Phänomene verständlich, zehntausend Entscheidungen von zeitgenössischen Meinungsführern nachvollziehbar sowie hunderttausend Aktionen. Das Christentum war und ist der feste Punkt im All, von dem aus wir das Mittelalter verstehen können. Wenn wir das Christentum begreifen, können wir das Knäuel, genannt Mittelalter, vollständig entwirren, wir können den Gordischen Knoten zerschlagen.

Aber was macht das Christentum eigentlich aus? Und worauf fußt es?

## Jesus Christus

Das Christentum geht auf den Bericht über einen Prediger und Wundertäter namens Jesus Christus zurück. Versuchen wir, die Geschichte dieses Jesus Christus so objektiv und neutral wie möglich zusammenzufassen – wobei wir uns freilich auf mehr als eine Überraschung gefasst machen müssen. Die wahre Geschichte, und nur dieser fühlt sich der Historiker verpflichtet, ist mehr als brisant.

Leider kann man über das Leben Jesu erstaunlich wenige gesicherte Fakten zusammentragen. Die Quellenlage ist gelinde gesagt dürftig. Jesus Christus wurde im Jahre 1, 2, 3, 6 oder 7 vor der offiziellen Zeitrechnung, also »vor Christus«, geboren. Er erhielt den Namen Jeschua oder Josua, was »Jahwe hilf!« bedeutet. Jahwe war der Name des jüdischen Gottes, auch Jehovah oder JHWH genannt, die Hebräer schrieben die Vokale ursprünglich nicht aus.

Die religiöse Überlieferung erzählt seine Geschichte wie folgt: Bethlehem, ein Städtchen acht Kilometer südlich von Jerusalem, war sein Geburtsort. Maria war die Mutter, Joseph der Vater. Als Jesus heranwuchs, zog er predigend durch die Lande, heilte laut Neuem Testament Kranke, machte Blinde sehend und Lahme gehend, erweckte Tote wieder zum Leben und vollbrachte viele weitere Wunder.

Er predigte Nächstenliebe, Friedfertigkeit und Aufrichtigkeit. Laut Überlieferung versammelte er zwölf Apostel um sich, die später sein Evangelium (= Verkündigung) weitertragen sollten. Als er sich als der langersehnte Messias (= Heiland, Erlöser) zu erkennen gab, führte das den Bruch mit dem orthodoxen Judentum herbei.

Mit den Römern verscherzte er es sich ebenfalls, als er von einem neuen Reich sprach und sich als »König der Juden« bezeichnete – woraufhin die römischen Besatzer revolutionäre Umtriebe witterten.

Im Alter von etwa dreißig Jahren – den gängigen religiösen Überlieferungen zufolge – wurde er verraten und gefangen gesetzt. Zeugen sagten gegen ihn aus. Man verurteilte ihn zur Kreuzigung. Der Leichnam wurde später begraben, doch einige seiner Anhänger verkündeten, er sei wiederauferstanden und in den Himmel aufgefahren.[5]

Noch kürzer gefasst besteht diese Geschichte aus folgenden Elementen: Vorankündigung von Christi Geburt, jungfräuliche Geburt, Taufe durch Johannes den Täufer, Predigten und Wunder, ein Letztes Abendmahl, Verrat, Kreuzigung, Tod und Wiederauferstehung von den Toten. Hinzufügen muss man die Sakramente, die Lehre vom Jüngsten Gericht, die Theologie über die Erbsünde und den Sündenablass sowie die Berichte über das Fegefeuer, den Himmel und die Hölle.

Keine Geschichte und keine Theologie erzielte je eine größere Wirkung auf der Welt als diese Geschichte!

Aber ist sie auch wahr?

## Was über das Christentum nicht bekannt ist

Fragen wir uns erneut: Was *ist* das Christentum eigentlich? Woraus besteht es? Unzählige Theologen und Historiker bewegten sich bislang allzu selbstverständlich innerhalb dieses Christentums, wenn sie das Mittelalter zu beschreiben suchten. Aber fast alle versäumten es, seinen innersten Kern herauszuschälen.

Schon in früheren Büchern klärten wir darüber auf, dass das Christentum in weiten Teilen leider der Originalität entbehrt.[6] Der Historiker weiß, dass diese hochstehende, menschenfreundliche

Religion viele ihrer Lehren und Geschichten früheren Glaubensbekenntnissen verdankt. Es gibt nachweisbare indische, ägyptische, persische, griechische, etruskische, jüdische und römische Überlieferungen, sprich Legenden und Erzählungen, die eine große Ähnlichkeit mit den christlichen Geschichten haben. Sogar sumerische und babylonische Quellen standen Pate. Kritiker behaupten, dass Erzählungen von anderen Ländern und Religionen übernommen und in der Folge um- und umgewendet und zu einer neuen Religion geformt wurden.

Nun, so viel ist immerhin wahr: Die Verankündigung (dass Jesus Christus, Gottes Sohn auf Erden, erscheinen werde) … ist lediglich ein alter literarischer Trick. Damit tat man kund, dass höhere Mächte ihre Hand im Spiel hatten. Vorankündigungen von »großen« Gestalten der Geschichte finden wir auch in anderen Religionen zuhauf. Prophezeiungen, dass künftig ein »Retter«, ein »Erlöser« oder ein »Messias« kommen werde, begegnen wir im indischen und jüdischen Raum in reicher Zahl.

Die jungfräuliche Geburt oder genauer gesagt der Verkehr einer Menschenfrau mit einem Gott … gab es ebenfalls lange vor dem Christentum. Sie wurde bereits der Mutter des Romulus angedichtet, einem der legendenhaften Gründer Roms. Auch Zarathustra, Pythagoras, Platon oder Buddha wurde nachgesagt, von einem Gott gezeugt worden zu sein, nicht von einem menschlichen Vater. Mit anderen Worten: Die göttliche Befruchtung dichtete man vielen historischen Persönlichkeiten an. Diese Legende zielt darauf ab, eine Person über das normale menschliche Maß hinauszuheben. Es handelt sich um einen bekannten, meist religiös-literarischen Kniff. Er rückt eine Person weg vom »Sexus« und siedelt sie in schier unerreichbaren Höhen an.

Die Taufe … kam ebenfalls lange vor Christus vor, genau wie praktisch alle anderen Sakramente. Aus dem Buddhismus kennen wir die Reliquienverehrung, den Gebrauch von Weihwasser, Kerzen und Weihrauch, den Rosenkranz, die geistlichen Gewänder, eine liturgische tote Sprache, Mönche und Nonnen, die Klostertonsur und den Zölibat. Die Beichte, die Fastentage, die Heiligsprechung, das Fegefeuer und die Totenmessen gab es bereits lange, lange vor Christus.[7]

Weisheitslehren … tauchen beispielsweise in den Veden, im Buddhismus, im Judaismus oder im Taoismus auf, sie können unmöglich christliche Exklusivität beanspruchen.

Auch Wunder … finden sich in praktisch allen Religionen. Am unverschämtesten flunkerten in dieser Hinsicht die alten Ägypter und die alten Inder. Viele scheinbar »christliche« Wunder wurden einfach abgeschrieben und manchmal eins zu eins übernommen.

Das Letzte Abendmahl (und damit verbunden die Vorstellung, man verleibe sich einen Gott ein) … ist ebenfalls abgekupfert. Bei den Juden etwa gab es weitaus früher das sogenannte Passahmahl. Bei den Griechen existierte das religiöse Märchen über Dionysos. »Im Rahmen dionysischer Festlichkeiten wurde ausgelassen und enthusiastisch gefeiert. Man trank und tanzte, bis man in Raserei verfiel, in der sich alle Bande lockerten. Als Höhepunkt dieser Zeremonie stürzte man sich auf einen Mann, in dem man den fleischgewordenen Gott Dionysos erblickte, riss ihn buchstäblich in Fetzen und trank dann in einer heiligen Kommunion sein Blut und aß das rohe Fleisch. Das symbolisierte die Vereinigung mit Gott.«[8]Eine Art Letztes Abendmahl oder zumindest ein religiöses Mahl existierte auch schon im persischen Raum.

Auf die Kreuzigung … treffen wir bei den alten Indern, Persern und Römern. Wie bereits erwähnt, erwarben sich die Römer in diesem Zusammenhang einen schlechten Ruf.

Die Wiederauferstehung von den Toten … ist ebenfalls nicht neu. Wir kennen entsprechende Berichte aus dem alten Ägypten, dem alten Indien und dem alten Griechenland.

Die Himmelfahrt … stellt ebenfalls einen religiösen Allgemeinplatz dar. Wir finden sie beispielsweise im Judaismus und im Hinduismus. Im Judaismus fuhr der Prophet Elija in einem feurigen Wagen in den Himmel und auch die Propheten Jesaja oder Moses stiegen in lichte Höhen auf.

Auch das Letzte Gericht … ist keine Erfindung des Christentums. In Indien gab es längst ein Jüngstes oder Letztes Gericht. Diese Idee oder Vorstellung wanderte später nach Persien und Ägypten ein. Von hier aus gelangte sie nach Griechenland, zu den Etruskern und zu den Juden. Der Judaismus, aber auch persische, ägyptische und griechische Quellen inspirierten wiederum das Christentum. Hier wurde die Idee des Letzten Gerichts freudig begrüßt und als eigene Erfindung proklamiert.

Und so könnte man beinahe endlos fortfahren. Doch lassen wir es mit diesen Anmerkungen genug sein.

Grundsätzlich gab es innerhalb der Religionsgeschichte jede Menge Erlösergestalten. Und so muss man festhalten, dass das Neue Testament so originell nicht ist. Seine Verfasser waren außerdem mit Sicherheit nicht Matthäus, Markus, Lukas und Johannes, wie spätere unbestechliche wissenschaftliche Untersuchungen im Rahmen der höheren Bibelkritik ohne Wenn und Aber feststellten.

Es ist schon erstaunlich, sich in einer ruhigen Minute einmal vorzustellen, dass tausend Jahre Geschichte in unseren Breiten, also von 500 bis 1500, auf nichts anderem beruhen als auf einer Religion, über deren Ursprünge nie objektiv nachgedacht wurde.

Doch seien wir auch fair genug, die zahlreichen Vorteile des Christentums aufzuzählen.

## Die andere Seite der Medaille

Obwohl das Christentum nicht originär ist, muss man zugeben, dass es in zahlreichen Ländern einen enormen zivilisatorischen Effekt hatte, auch im Mittelalter. Diese Religion barg in sich so viele konstruktive Ideen, dass es die Kriegsphilosophie der alten Römer am Ende einfach fortwischte. Ursprünglich promotete es eine Friedensphilosophie. In unseren Breiten lehrte das Christentum das erste Mal, dass es so etwas wie Nächstenliebe gibt. Nonnen kümmerten sich um Kranke und pflegten sie gesund. Den Eltern zeigte es Wege auf, ihre Kinder zu besseren Menschen zu erziehen. Diese neue Religion half jedermann, »Sünden« zu vermeiden, wie Mord und Totschlag oder Diebstahl. Sie gebot, Witwen und Waisen zu helfen und Menschen, die in Not geraten waren. Christliche Mönche und Priester brachten den Germanen und zahlreichen anderen Völkerschaften das Lesen und Schreiben bei. Das Christentum hatte eine enorme erzieherische Wirkung auf das gesamte »Abendland«, auch auf Deutschland. Es war die fortschrittlichste Weltanschauung, die es bis zu diesem Zeitpunkt in Italien, dem sich formenden Deutschland, Frankreich und Britannien gegeben hatte. Denn sie förderte Ethik und Integrität. Das Christentum wandte sich gegen Kindstötung und sexuelle Perversionen und gebot, die Familie zu ehren. Es bildete einen wohltuenden Gegenpol zu der Verkommenheit des alten Roms und zur Wildheit der Germanen. Diese Religion verwies, wie alle Religionen, auf eine Welt jenseits des Materiellen; es verkündete spirituelle Weisheiten und lehnte es ab, den Menschen als ein Tier zu betrachten. Das Christentum bot darüber hinaus ein soziales Ordnungsgefüge, das man nicht unterschätzen sollte.

Während der Buddhismus einst halb Asien zivilisierte, zivilisierte das Christentum halb Europa. Quasi über Nacht vernahm man überall die unglaublichsten Weisheitslehren. Die Zehn Gebote – vorformuliert von den alten Ägyptern, weitergetragen im Judentum und von dort wiederum ins Christentum transportiert – halfen den Menschen, weniger zu lügen und zu betrügen. Die Ausbildung machte Quantensprünge. Heilige schufen Vorbilder, denen viele edle Seelen nacheiferten. Der zivilisatorische Einfluss des Christentums war enorm.

## Die Schattenseiten der christlichen Lehre

Es muss jedoch auch erlaubt sein, auf die Schattenseiten und Auswüchse der christlichen Lehre hinzuweisen. Während es richtig war, Gebote aufzustellen, um Menschen von kriminellen Taten abzuhalten, war es falsch, ihnen eine so furchtbare Angst vor der Hölle einzujagen. Die Vorstellung der Hölle schlug das gesamte Mittelalter in ihren Bann. Alle waren besessen von Ideen über Teufel und Dämonen, die angeblich allerorten in der Luft umherschwirrten. Furcht beherrschte das Leben im Mittelalter. Hochpolitische Entscheidungen sowie private Beschlüsse wurden oft aus irrationalen Ängsten heraus getroffen.

Dabei sind die genauen historischen Bezüge auch in diesem Fall nicht bekannt: Schon im alten Indien, dem Ursprungsland aller Religionen, aber auch im alten Ägypten und im alten Persien kannte man eine Art Hölle; allerdings anfänglich weder in den frühesten vedischen Schriften noch im Buddhismus, der versucht hatte, das alte Indien vom Aberglauben zu befreien und die Religion zu reformieren. Um Menschen und Gläubige leichter kontrollieren zu können, erfanden erst später die Brahmanen-Priester einschüchternde, schreckliche Ideenwelten für den Fall, dass ein Mensch gewisse Gebote übertrat. Kurz gesagt, sie erfanden die Hölle.

Bis heute wurde es von Geschichtswissenschaftlern versäumt, die verschiedenen Höllenkonzepte bis zu ihren historischen Ursprüngen und Anfängen zurückzuverfolgen.

Die Hindus/Brahmanen erfanden schließlich einundzwanzig Höllen, die in sieben Abteilungen gegliedert waren. Die Strafen verraten eine sadistische Einbildungskraft, denn es gab in diesen Höllen »Feuer, Stahl, Schlangen, giftige Insekten, wilde Tiere, Raubvögel, Galle, Gift, [und] üble Gerüche ... Manche [Verdammte] haben eine durch ihre Nasenlöcher gezogene Schnur und werden ewiglich über Flächen geschleift, die mit scharfen Messern gespickt sind; andere sind verurteilt, durch ein Nadelöhr zu kriechen; wieder andere liegen zwischen flachen Felsen, die aufeinanderstoßen und sie doch nicht töten; anderen hacken hungrige Geier unaufhörlich die Augen aus; und Millionen Sünder schwimmen und paddeln in einem mit dem Urin von Hunden oder menschlichem Nasenschleim gefüllten Tümpel.«[9]

Soweit die hinduistischen Höllenerfinder.

Die Vorstellung einer schrecklichen Hölle wurde bis in das alte Ägypten getragen. In der ägyptischen Hölle, *Duat* genannt, wimmelt es ebenfalls von Scheußlichkeiten; es gibt hier zahlreiche Feuerseen, Fallgruben für die dahingeschiedenen Seelen und bösartige, ekelhafte Geister.

Auch die alten Perser erfanden eine Hölle, wahrscheinlich ebenfalls von den alten Indern inspiriert. Der Führer aller Teufel war Ahriman, der Fürst der Dunkelheit und der Herrscher der Unterwelt – und späteres Vorbild für den christlichen Satan. »Ahriman war es, der … Schlangen, Gewürm, Heuschrecken, Ameisen, Winter, Dunkelheit, Verbrechen, Sünde, Sodomie, Monatsfluss und die anderen Heimsuchungen des Lebens [erschuf]. [Die Priester] schufen eine solche Fülle von Personifikationen [der gerade genannten Widerlichkeiten], dass in späterer Zeit die Teufel, der persischen Theologie nach, Millionen zählten.«[10]

Mit einem Mal gab es in allen Vorläufern des Christentums eine Hölle oder gar verschiedene Höllen. Immer farbiger, immer bunter, immer schrecklicher wurde dieser Ort der Verdammnis ausgemalt. Und so gelangte auch eine Hölle in das Christentum, die schließlich von dem mittelalterlichen, italienischen Dichter Dante im 14. Jahrhundert so ausführlich beschrieben wurde.[11]

Maler wie Hieronymus Bosch stellten die Hölle bildlich dar.

In der Tradition früherer Religionen steht wie gesagt auch das Letzte Gericht. Das kannte man schon im alten Indien, Ägypten und Persien und es erfreute sich dort höchster Beliebtheit bei den Priestern, weil man auch damit die Gläubigen herrlich manipulieren, in Angst und Schrecken versetzen und ihnen das Geld aus der Tasche ziehen konnte.

Sogar dem Ablasshandel, gegen den Luther später so sehr wetterte, begegnete man im alten Indien, im alten Ägypten und im alten Griechenland; schon Platon machte dagegen mobil.

Und so könnte man beliebig fortfahren. Doch der springende Punkt ist, dass ursprüngliche Weisheitslehren in den Hintergrund traten und Religion langsam zu einem Kontrollinstrument geriet. Das Christentum übernahm nicht nur die positiven Seiten der früheren Religionen, sondern auch die Tricks und Lügen der heidnischen Priestercliquen. Die christlichen Gottesdiener erkannten, dass man mit Ideen, die die Menschen ängstigten, herrlich Geld scheffeln konnte – andere Priester hatten das ja bereits hinlänglich vorexerziert. In der Folge wurden »Ablässe« notwendig, die man für klingende Münze verkaufen konnte. Die Schenkungen an die Kirche nahmen zu, damit konnte sich der Geldgeber das eigene Seelenheil sichern.

Mit dem Kontrollinstrumentarium der Hölle wurden die Menschen des Mittelalters in namenlose Furcht versetzt. Die Angst vor der Hölle spukte in Abermillionen Köpfen herum, während manche Priesterbäuche immer fetter wurden, einige Bischöfe und Päpste sich mit ihren Huren vergnügten, Kriege führten und sich über das dumme Volk lustig machten.

Kurz gesagt gab es also eine positive und eine negative Seite des Christentums, aber immer blieb das Christentum das Zentrum des Mittelalters.

Und damit haben wir, salopp gesprochen, die komplette Periode in der Tasche. Bescheidener gesagt besitzen wir damit zumindest einen Fixpunkt, von dem aus wir das Mittelalter aus den Angeln heben können.

Eine ganz andere Sache ist es indes, die genauen Mechanismen aufzudecken, *auf welche Weise* dieses Christentum in die Köpfe der Menschen projiziert wurde.

# 4. Christliche Implantate

Kurz gesagt wurde wirklich alles unternommen, um das Christentum zu verbreiten.

Mittelalterliche Kaiser und Könige benutzten sogar Kriege dafür, ihren Feinden den »süßen Jesus« schmackhaft zu machen. An ihrer Seite kämpften oft Bischöfe mit dem blanken Schwert in der Faust. Zwangsbekehrungen gab es zuhauf.

Karl der Große etwa schlachtete im 9. Jahrhundert Tausende Sachsen ab, um das Heidentum auszurotten und das Christentum fest in den Köpfen zu verankern. Andere mittelalterliche Könige taten es ihm gleich. Mit der angeblich notwendigen Christianisierung wurde so manche Schandtat gerechtfertigt. Der Kriegsmann selbst verdiente sich mit dem Schwert den Himmel. Und da im Mittelalter die Ausbildung in den Händen der Mönche und Priester lag – nur sie konnten lesen und schreiben –, wurde auch das Erziehungssystem ganz in den Dienst der kirchlichen Propaganda gestellt. Bücher, die andere Gesichtspunkte als die der Bibel hätten vermitteln können, existierten kaum – und wenn doch, waren sie unerschwinglich. Den Kindern wurden Gebete und die farbigen Geschichten des Alten und Neuen Testaments vermittelt, sie sogen sie sozusagen mit der Muttermilch ein.

Darüber hinaus war die politische Struktur ganz und gar kirchlich-christlich ausgerichtet. Bischofssitze glichen weltlichen Besitztümern und besaßen oft genauso viel Macht. Aristokraten schufen hie und da einen Gegenpol, aber selbst sie konnten keinen Stich machen, wenn sie nicht selbst gute, am besten vorbildliche Christen waren.

Der König persönlich leitete seine Macht von dem Christengott ab und nannte sich »allerchristlichster König« – gleich ein doppelter Superlativ, was nicht nur grammatikalisch hübsch, sondern auch bezeichnend ist. *Rex Christianissimus* war eine Alternativvokabel, ebenso *Sa majesté très chrétienne*, abgekürzt S.M.T.C. – wenn dieser Titel auch erst Mitte des 15. Jahrhunderts in Frankreich Platz griff, also im Ausgang des Mittelalters. »Apostolischer König« nannte sich der König von Ungarn, »Allergläubigster König« der König von Portugal, »*Fedei defensor*« (Verteidiger des Glaubens) der englische König.

Über dem König thronte nur noch der Papst – jedenfalls in weiten Teilen des Mittelalters –, der unter anderem folgende Titel trug:

*Episcopus Romanus* (Bischof von Rom), *Vicarius Jesu* (Stellvertreter Jesu), *Sucessor Principis Apostolorum* (Nachfolger des Apostelfürsten Petrus), *Summus Pontifex Ecclesiae Universalis* (oberster Brückenbauer der Weltkirche), daneben auch absichtlich Bescheidenheit signalisierende Titel wie *Servus Servorum Dei* (Diener der Diener Gottes).

Es gab also eine klare Hierarchie von oben nach unten, und diese Hierarchie wurde vom Christentum diktiert. Als Könige an der Vormachtstellung des Papstes zu rütteln versuchten, geriet die mittelalterliche Ordnung aus den Fugen. Mehr als ein deutscher König musste schließlich zu Kreuze kriechen, im buchstäblichen Sinn.

Genauso wurde das Leben des einfachsten Mannes und jeder Frau vom Christentum bestimmt. Es begann mit der (christlichen) Taufe und endete mit dem (christlichen) Begräbnis. Die christlichen Feiertage bestimmten, wann man sich von der Arbeit erholen durfte und wann nicht. Der Kirchenbesuch war obligatorisch.

Tatsächlich kann man die wichtigsten historischen Stationen des Mittelalters rund um das Thema Christentum folgendermaßen anordnen:

- Der ach so wichtige Kampf des Papstes gegen den griechischen Patriarchen, die Zeit des griechischen Schismas, war religiös motiviert.
- Die blutigen Kämpfe der Christen gegen die Muslime während der Kreuzzüge waren und sind nicht denkbar ohne das Christentum.
- Die zahlreichen Orden mit all den Hunderttausenden von Heiligen, Priestern, Mönchen und Nonnen sind nur durch das Christentum zu erklären.
- Die Inquisition und der Kampf gegen »Sekten«, Freidenker und Andersgläubige lassen sich ohne die Vorherrschaft des Christentums nicht verstehen.

Kurz und gut, praktisch alle mittelalterlichen Ereignisse von Bedeutung haben zumindest einen christlichen Akzent.

In diesem Zusammenhang wurde zu selten auf ein weiteres hochinteressantes Phänomen aufmerksam gemacht.

## Die Kunst und die Künste

Kunst und Künstler, Musiker und Schriftsteller, Architekten und Maler, einfach alle dienten dem Christentum.

Die zahlreichen Kirchen und Kathedralen waren per se bereits sichtbares Ergebnis des Christentums. Und sie wurden noch mit Hunderten von christlichen Symbolen geschmückt. Sogar ihre Konstruktion war christlich: Das begann mit der Ausrichtung (nach Jerusalem), setzte sich fort mit der Form vieler Kirchen (die oft einem Kreuz ähnelte) und endete mit zahlreichen Darstellungen des Kreuzes und der Dreier-Symbolik, mit der man direkt oder indirekt auf die Heilige Dreifaltigkeit verwies.

Sobald wir zugeben und erkennen, dass das Christentum dem mittelalterlichen Menschen regelrecht eingeimpft wurde, lösen sich unzählige Fragen über diese Periode in Wohlgefallen auf.

Die tatsächlichen oder angeblichen Ereignisse in Jesu Leben wurden in dieser Zeit systematisch in die Köpfe gehämmert. Sie bemächtigten sich der Fantasie und des Vorstellungsvermögens von Millionen von Menschen und wurden somit »Realität«.

Reden wir Klartext: Damit wurden Ereignisse real, die wahrscheinlich nie so stattgefunden hatten. Das heißt, die größten Maler, die begabtesten Autoren und die genialsten Architekten und Baumeister machten sich daran, diese (erfundenen) Geschichten Wirklichkeit werden zu lassen.

Hier eine der zahlreichen Illustrationen der »Vorankündigung« oder »Verkündung«, derzufolge Maria einen göttlichen Sohn gebären werde, eben Jesus Christus.

*Die Verkündung Mariae, L'Annunciazione, von Leonardo da Vinci und Andrea del Verrocchia, ca. 1472 – kurz nach dem »offiziellen Ende« des Mittelalters also. Das originale Bildnis befindet sich in Florenz. Tatsächlich arbeitete noch mindestens ein weiterer Künstler an dem Gemälde. Er ist heute jedoch unbekannt, man weiß nur, dass er nachträglich eine Verlängerung der Engelsflügel vornahm. Das Bild zeigt eine Szene aus dem Neuen Testament: Der Erzengel Gabriel berichtet Maria, dass sie einen Sohn, Jesus Christus, gebären wird.*

Wir heutzutage brauchen über den Wahrheitsgehalt dieser Verkündung nicht zu diskutieren. Für den mittelalterlichen Menschen handelte es sich jedoch um eine absolute, unumstößliche Realität.

Das Gleiche gilt für die jungfräuliche Geburt: Auch sie war für den mittelalterlichen Menschen wahr, sie durfte nicht infrage gestellt werden. Natürlich stellte man den sexuellen Eingriff eines Gottes nicht explizit dar. Aber man verzichtete nie darauf, die »heilige Maria voll der Gnaden« mit möglichst frommem Gesichtsausdruck anschaulich zu machen – in Abertausenden von Figuren, Wandgemälden und Bildnissen. Man weihte ihr zahlreiche Kirchen und schuf unzählige Marien-Statuen. Das Mittelalter war besessen von der heiligen Gottesmutter, von der Jungfrau Maria.

*Das älteste Bildnis der jungfräulichen Maria mit Heiligenschein, Kreuz und Gottessohn. Einige Christen behaupten, dieses Bildnis wäre vom hl. Lukas gemalt worden, aber Historiker haben inzwischen etabliert, dass es im 5. Jahrhundert nach Christi Geburt entstanden ist.*

Der mittelalterliche Mensch stellte auch die Taufe nicht infrage: Jesus selbst unterzog sich laut Neuem Testament einst diesem Ritus; er wurde im Jordanwasser getauft von Johannes dem Täufer.

Dabei existierte die Taufe lange vor Christus. Was bedeutete sie im ursprünglichen Sinne? Nun, die Taufe war ein Reinigungsritus. Durch sie wurden Schuld und Sünde abgewaschen. *Baptizein* (griech. = taufen) bedeutet ein- oder untertauchen. Der Täufling wurde ins Wasser getaucht, um seine Sünden abzuwaschen. Ursprünglich ging es darum, die Reinheit zurückzugewinnen, es ging um »Entsündigung«.

Der Ritus der Taufe ist mindestens dreitausend Jahre alt. Der Vorgang war nicht nur ein Symbol für die Reinheit der Seele, sondern auch für die Reinheit des Körpers. Deshalb mag die Ursprungsidee der Taufe darin bestanden haben, zunächst den Körper von Krankheiten zu reinigen und Schmutz – sehr konkreten physikalischen Schmutz – abzuwaschen, bevor das Ritual zu einer Reinigung der Seele umfunktioniert wurde. Das Christentum übernahm diese Reinigungszeremonie – allerdings in einer abgeänderten Form.

Als Darstellung besonders beliebt war das Letzte Abendmahl. Die berühmteste stammt von Leonardo da Vinci. Aber es gab jede Menge Vorläufer. Leonardos weltberühmtes Gemälde stellt lediglich den Gipfelpunkt all dieser Darstellungen dar.

Auch die Kreuzigung wurde häufig optisch anschaulich gemacht, und zwar auch von Kunsthandwerkern und Bildhauern.

Der mittelalterliche Mensch wurde schier erschlagen vom Christentum und seinen Geschichten.

Beliebt war zudem eine umfängliche Darstellung der Hölle.

*Darstellung der Hölle ungefähr 1180 in einem Manuskript der Nonne Herrad von Landsberg*

## Die Wahrheit und nichts als die Wahrheit

Das Leben dieses Jesus Christus sowie zahlreiche andere Gleichnisse und Erzählungen aus der Bibel aus dem Alten und dem Neuen Testament schufen für den mittelalterlichen Menschen eine neue Realität. Er begegnete dieser Realität in den Grußformeln, in der Kleidung und im Schmuck, in Kopfbedeckungen, in der Kirche, während der regelmäßigen Beichte oder während der heiligen Kommunion. Er traf im Rahmen der zahlreichen Messen, Prozessionen und Feiern, während der Predigten, in den Verhaltenskodizes und in den eigenen Gebeten auf sie. Auch Ablässe und Segnungen, Kreuz- und Handzeichen, das Gebot, zur Ehre Gottes niederzuknien oder Gesänge anzustimmen – einfach alles war christlich. Mit welchem Ergebnis?

# Die Neudefinition von Realität

Die Geschichten und Legenden, die ins Christentum eingingen und das Christentum definierten, beherrschten schließlich das Denken des mittelalterlichen Menschen und damit auch seine Handlungen. Das Christentum drang förmlich in jede Pore ein.

Bischöfe, Kardinäle und Päpste beauftragten die begabtesten Maler, um die Geschichten noch wirklichkeitsgetreuer erscheinen zu lassen. Das Letzte Abendmahl wurde vielfach dargestellt. Leonardo war ja wie gesagt nur ein Künstler unter vielen, der sich an dem Thema versuchte. Vor ihm und nach ihm, aber auch schon zu seinen Lebzeiten stellten Hunderte von Malern diese Szene bildlich dar. Und so wurde es immer glaubwürdiger und wahrer.

Die Bischöfe und Päpste, die die Maler engagierten, wussten genau, dass sie mit diesen Bildern die Fantasie der Gläubigen anheizten. Das Letzte Abendmahl – oft nahezu perfekt dargestellt – setzte sich in Tausend, Hunderttausend, ja Millionen von Köpfen fest. Die großen Maler malten sich schier die Seele aus dem Leib. Für sie ging es um ihre Reputation, es ging um Einkommen, um Geld und Ruhm. Im Mittelalter befand sich das Geld jedoch großenteils in den Händen der Geistlichkeit. Deshalb liehen die Herren Maler eben dieser hohen Geistlichkeit ihren Pinsel – und steuerten damit in einem unvorstellbaren Ausmaß zum christlichen Denken bei. Es entstand ein regelrechter Wettbewerb in der Maler-Gilde, wer biblische Themen besonders wirklichkeitsnah und vollkommen darstellen konnte.

Von da an schauten die Gläubigen voller Ehrfurcht zu den Gemälden auf. Das Ergebnis war die feste Verankerung der christlichen Religion bei Millionen von Menschen. Überall sah man entsprechende Darstellungen, in allen Kirchen, in den Kathedralen und Domen, auf allen Wallfahrtswegen und an allen Orten, die von frommen Pilgern besucht wurden.

Kurz: Die größten Genies der Weltgeschichte, Autoren und Maler, Baumeister und Komponisten, trugen dazu bei, den christlichen Glauben eine unerschütterliche Realität werden zu lassen.

Bildhauer taten ein Übriges. Es entstanden zahlreiche Madonnenskulpturen, Darstellungen der Kreuzigung und unzählige Christusfiguren. Das Christentum wurde immer realer, es wurde dreidimensionale Wirklichkeit. Hin und wieder kamen ein paar Betrügereien hinzu: Einige Priester beauftragten beispielsweise Holzschnitzer damit, eine »heilige Maria voll der Gnaden« zu schaffen, die dank einer primitiven mechanischen Vorrichtung in ihrem Innern weinen konnte oder aus deren Brust Milch floss. Aber das waren zugegebenermaßen Auswüchse. Größeren Eindruck machten die zahlreichen Gemälde, die von Genies geschaffen wurden.

Hinzu kamen beeindruckende Kirchengebäude. Sie waren so gewaltig und mächtig, dass sich der Gläubige sofort klein zu fühlen begann, wenn er sie betrat – ein beabsichtigter psychologischer Effekt.

Und da ein Gottesdienst alle Sinne ansprechen sollte, gab es zum Beispiel Weihrauch als Dufterlebnis für die Nase. Das Auge wurde durch die prachtvollen, erzählenden Darstellungen beglückt, die bis heute als die herrlichsten Kunstwerke gelten – und nicht einmal zu Unrecht. Und es gab Predigten, Gesänge, Musik und Lesungen fürs Ohr.

Auch in der weltberühmten Sixtinischen Kapelle in Rom, genau wie an vielen anderen Orten, schwangen die Meister ihre Pinsel zur höheren Ehre Gottes. Denken wir an Botticelli, Perugino, Ghirlandaio, Rosselli, und wie sie alle hießen, und selbstverständlich an Michelangelo ... alle überschlugen sich förmlich. Beinahe jedes biblische Thema wurde in der Sixtinischen Kapelle dargestellt: unter anderem die Taufe Christi, die Versuchung Christi, die Bergpredigt, das Letzte Abendmahl und die Auferstehung Christi. Am berühmtesten geriet die Deckenmalerei. Hundertfünfzehn überlebensgroße Figuren wurden dargestellt. Am bekanntesten wurde

Michelangelos Bild *Die Erschaffung Adams* – ein Gemälde, das zwar erst im ausgehenden Mittelalter entstand, aber als Höhepunkt der christlich-bildlichen Darstellungen bezeichnet werden darf. Das Mittelalter endete nicht »plötzlich«, wie wir inzwischen wissen.

*Michelangelo, Die Erschaffung Adams. Gottvater erweckt Adam mit ausgestrecktem Finger zum Leben. Entstehungszeit zwischen 1508 und 1512*

Die begabtesten Maler und Bildhauer der Welt unterstützten also die Priester darin, die religiösen Legenden lebensecht, überzeugend und beeindruckend darzustellen.

Bis heute entfachen diese großen Künstler glühende Begeisterung in uns. Und doch waren sie lediglich Stiefelknechte der Priester. Sie schmückten die biblischen Legenden so gekonnt aus, dass man nur staunen und vor Ehrfurcht erstarren konnte. Es wurden zahlreiche Bildwerke und Figuren erschaffen, in unzähligen Kirchen und Klöstern, in Deutschland, Frankreich, England und Italien. Nicht eine Bibel-Erzählung wurde nicht dargestellt. Viele Künstler glaubten, sich damit den Himmel verdienen zu können – wie etwa Michelangelo, der strenggläubig und fromm war, im Gegensatz zu Leonardo da Vinci, bei dem der Zweifel manchmal den Glauben verdrängte. Doch auch Leonardo liebte es, die Priester, Päpste und Prälaten zur Kasse zu bitten.

Daneben komponierten Musiker fromme Melodien, Jungmänner ließen sich kastrieren, damit ihre Stimmen wie Engelsstimmen klangen, und Autoren flunkerten über die Wunder der Heiligen. Dante erfand in seiner *Göttlichen Komödie* eine ganze Hölle, das Fegefeuer und einen umfangreichen Himmel – einer der Gründe, warum sein Werk hochberühmt wurde; er unterstützte das Christentum mit seinem Werk. Einfach alle waren sie in diesem Christentum befangen, ohne zu wissen, dass diese Religion vieles, vielleicht zu vieles anderen, früheren Religionen verdankte. Und da niemand Realität und Wirklichkeit besser erschaffen kann als Künstler, da niemand besser und eindringlicher kommunizieren kann als Schriftsteller, trugen sie alle dazu bei, die Geschichten innerhalb der Bibel immer wahrer zu machen. Bis heute verbeugen wir uns vor diesen raffinierten Kunstwerken. Und doch wurden dadurch nur religiöse Legenden festgeklopft und unterstützt, die die Künstler ihrer Zeit freilich selten als Legenden identifizierten und begriffen.

Die Bischöfe und Päpste, die diese Herrlichkeiten in Auftrag gaben, zahlten gut. Und wer bezahlte, bestimmte die Melodie. Das Christentum musste in die Köpfe der Gläubigen wie ein Implantat eingepflanzt werden. Und so entstanden die unglaublichsten Kunstprodukte.

Die Ironie der Geschichte des Mittelalters besteht darin, dass fast all diese Darstellungen auf griechischen, ägyptischen, persischen, jüdischen und römischen Überlieferungen beruhten. In Wahrheit wurde nicht das Christentum besungen, sondern andere, frühere, ältere religiöse Vorstellungen.

Im Mittelalter war man sich dieser unglaublichen Ironie nicht bewusst. Hätte jemand auf die historischen Tatsachen aufmerksam gemacht, hätte man ihn rasch auf dem Scheiterhaufen verbrannt.

Der springende Punkt ist: Die christliche Religion wurde erst im Mittelalter regelrecht erschaffen und zu einer Wirklichkeit. Jetzt war dieser Glaube mit den Händen zu greifen. Er konnte physisch erfahren werden – mit dem Auge, dem Ohr und sogar mit der

Nase. Die christliche Religion konnte wahrgenommen werden. Dadurch wurde sie erst »wirklich«, wirklicher als die Wirklichkeit.

In dieser Beziehung am einflussreichsten waren natürlich die Heiligen, die Äbte, Ordensgründer und Päpste, schließlich verkörperten sie dieses Christentum.

Unter ihren tummelten sich die interessantesten und beeindruckendsten Gestalten, denen man den Respekt nicht versagen kann. Nehmen wir einige von ihnen genauer unter die Lupe.

# 5. Nonnen und Mönche, Ordensgründer und Heilige

Der Heilige hatte im Mittelalter einen ganz anderen Stellenwert als heutzutage, was nicht unbedingt als ein Kompliment für unsere Zeit zu werten ist, denn oft sind wir viel zu materialistisch motiviert.

Aber auch unter den Christen war nicht alles Gold, was glänzt: Es gab faulenzende, schmutzige Bettelmönche, gefräßige, trunksüchtige Priester, hurende, die Schäflein schröpfende Päpste und herrschsüchtige, mammon- und machtversessene Bischöfe, die sich unter einem geistlichen Gewand versteckten.

Die überwiegende Zahl der Mönche, Priester und Christen lebte jedoch ein anständiges, gottesfürchtiges Leben. Wir müssen annehmen, dass sie das »Wort« ernst nahmen und versuchten, sich das Leben Jesu zum Vorbild zu nehmen.

Diese Beschreibung trifft ganz gewiss auf einen Mann zu, der das Mittelalter enorm beeinflusste.

## Benedikt von Nursia

Nursia ist eine winzige Ortschaft in Mittelitalien. Hier wurde der berühmteste Ordensgründer des Mittelalters, Benedetto di Norcia oder Benedikt von Nursia, um das Jahr 480 geboren. Er war ein Einsiedler, Abt und Ordensgründer eigener Güteklasse, der später die ganze Welt mit seinem Licht erleuchten sollte. Als Spross eines wohlbegüterten Landbesitzers, eines römischen Aristokraten, war für ihn eigentlich ein privilegiertes Leben vorherbestimmt. Früh widerten ihn jedoch die sexuelle Zügellosigkeit und die Immoralität seines Zeitalters an, wie uns seine Biografen versichern. Benedikt nahm in Rom zunächst ein Studium auf, doch die dortige Sittenlosigkeit ließ ihn schaudern. Deshalb suchte er Zuflucht in der Einsiedelei, konkret in einer Höhle östlich von Rom – was nicht bedeutete, dass er seine Gedanken ganz von schönen Frauen abwenden konnte. Ein geneigter mittelalterlicher Biograf, dem wir die legendenhafte Übertreibung nachsehen müssen, beschreibt diese Phase des späteren Ordensgründers so: »Er hatte nämlich einmal eine Frauensperson gesehen; diese führte der böse Feind vor die Augen seiner Seele und entfachte in dem Herzen des Dieners Gottes durch ihre Schönheit ein solches Feuer …, dass er beinahe schon daran dachte, der Sinnlichkeit nachzugeben und die Einsamkeit zu verlassen. Da traf ihn plötzlich ein Blick der göttlichen Gnade, und er kam wieder zu sich; und als er in der Nähe ein dichtes Nessel- und Dornengestrüpp erblickte, zog er sein Gewand aus und warf sich nackt in die spitzigen Dornen und in die brennenden Nesseln. Lange wälzte er sich darin und war, als er herausging, am ganzen Körper verwundet. So entfernte er durch die Wunden der Haut die Wunden der Seele aus seinem Körper.«[12]

Seine Askese und sein mustergültiges Verhalten trugen Benedikt so viel Ruhm ein, dass man an höherer Stelle auf ihn aufmerksam wurde. Man bat ihn, in einem Kloster die Zügel in die Hand zu nehmen und dort für Ordnung zu sorgen. Er willigte ein. Als Erstes warnte er die Klosterbrüder, dass er ein strenges Regiment führen werde. Nach einigen Monaten als Abt versuchte ihn tatsächlich einer der Mönche zu vergiften, so weiß es jedenfalls die mittelalterliche Legende.

Benedikt verließ das Kloster und kehrte in seine Höhle zurück. Er sehnte sich nach dem Einsiedlerleben. Doch sein (guter) Ruf breitete sich in alle Himmelsrichtungen aus. Jünger, Schüler und Verehrer siedelten sich in seiner Nähe an, um ihm nachzueifern und Weisung von ihm zu erbitten. Väter brachten ihm ihre Söhne, damit er sie auf den rechten Pfad führe.

Schon im Jahr 520 entstanden auf diese Art zwölf kleine Klöster mit je zwölf Mönchen, alle in der Umgebung seiner Höhle. Mit den vertrautesten Schülern begab sich Benedikt schließlich im Jahre 529 auf einen Hügel oberhalb des heutigen Cassino, einer Stadt, die rund hundertdreißig Kilometer von Rom entfernt liegt. Hier zerstörte er zunächst alle heidnischen Tempel – der Ort war ursprünglich Apollon geweiht. Dann krempelte er die Ärmel hoch und gründete das Kloster Montecassino, das später zum Mutter- oder Stammkloster aller benediktinischen Klöster geraten sollte. Es ist bis heute der Ursprungsort dieses Ordens, des *Ordo Sancti Benedicti*.

Früh schon stellte er seine berühmten Klosterregeln auf, die sich später in Windeseile verbreiten und von den meisten Klöstern Europas übernommen werden sollten.

Bei jungen Mönchen, die sich seinem Orden anschließen wollten, bestand er zunächst auf einem Noviziat, einer Probezeit. Erst danach durften sie die Gelübde des Ordens ablegen, die sie im Rahmen einer feierlichen Zeremonie unterzeichnen und von Zeugen bestätigen lassen mussten.

Welche Regeln bestimmten das Leben im Kloster?

Demut, Keuschheit und Gehorsam waren die wichtigsten Grundsätze. Ein Mönch lebte zölibatär, zuchtvoll und bescheiden. Auf bestimmte Fleischsorten musste er verzichten, außerdem hatte er sich mit einer gekochten Hauptmahlzeit am Tag zu begnügen. Er durfte Wein trinken, aber nur in Maßen. Fastenzeiten waren streng einzuhalten.

Der Benediktiner betete viel und arbeitete hingebungsvoll, sei es in den Werkstätten des Klosters, in der Küche, im Haushalt, bei der Vervielfältigung von Handschriften oder in der Landwirtschaft – wo auch immer er eingesetzt wurde. *Ora et labora*, »Bete und arbeite«, lautete die Regel, die allerdings erst im Spätmittelalter entstand und später den *Regula Benedicti* zugerechnet wurde.

Eigentlich lautete die Regel *Ora, labora et studia. Deus adest sine more* – »Bete, arbeite und studiere. Gott ist immerzu da«.

Weiter musste ein Mönch lernen, Dinge und Tatsachen genauer zu unterscheiden, womit notwendigerweise die Kunst der Beobachtung einherging. Auch das richtige Maß galt es einzuhalten.

Ein Mönch durfte nur sprechen, wenn es notwendig war, er durfte weder scherzen noch laut lachen. Er musste die Augen niederschlagen und bescheiden auftreten. Er durfte kein Eigentum besitzen, »... weder Buch noch Tafel noch Griffel, nein, gar nichts ...«[13] Ein ehemalige Sklave war als Ordensbruder genauso hoch oder niedrig einzuschätzen wie ein ehemalige Aristokrat.

Besondere Disziplin galt dem Gebet: Um zwei Uhr morgens musste sich der Mönch von seinem Lager erheben, sich in die Kapelle begeben und dort bestimmte Bibelstellen aufsagen oder singen (Nokturn hieß diese Gebetszeit, von lat. *nocturnus* = nächtens). In der Morgendämmerung betete er erneut (die Mette, von lat. *hora matutina* = Morgenstunde). Um sechs Uhr stand die Prim auf dem Plan, wörtlich die erste Stunde. Um neun Uhr war das nächste Gebet angesagt, die Terz, die dritte Stunde, um zwölf Uhr die Non, die neunte Stunde. Bei Sonnenuntergang betete der Mönch die Vesper (lat. *vespera* = Abend). Vor dem Schlafengehen folgte das Completorium (der Abschluss) als letztes Gebet.[14] In bestimmten Klöstern und zu bestimmen Zeiten variierten diese Gebetsstunden auch.

Die Mönche schliefen in Kleidern und nahmen selten ein Bad.

Bei der einheimischen Bevölkerung waren die Benediktiner durchweg beliebt, denn sie standen Menschen in Not bei und kümmerten sich um Kranke und Bedürftige. Benediktiner-Klöster wurden dazu angehalten, Almosen zu spenden und Gastfreundschaft zu gewähren. Ihre Mönche engagierten sich (und engagieren sich bis heute) in Schulen, in der Erwachsenenbildung, in der Landwirtschaft und der Pflege. Krankheiten waren die große Angst im Mittelalter, denn es gab zu wenige Spitäler und ein geringes ärztliches Wissen.

Legenden dichteten dem später heiligen Benedikt spektakuläre Heilungen und sogar Totenerweckungen an. Er gilt als der Begründer der organisierten klösterlichen Pflege.

Im Jahr 547 starb Benedikt – der religiösen Überlieferung nach stehend und betend am Altar, gestützt von zwei Mitbrüdern. Fromme Griffel behaupteten, dass ihn Engel auf einem lichtdurchtränkten Weg direkt in den Himmel trugen.

## Kleine Beurteilung

Wie viel kann man allein aus dieser Biografie über das Mittelalter lernen! Wie haben wir heutzutage diesen Mann und diesen Orden zu beurteilen?

Mit dem besserwisserischen Vorsprung von eineinhalb Jahrtausenden können wir für Schmutz und Unreinheit sicherlich keine Lanze brechen, denn ein derartiger Lebenswandel führt nachweislich zu Krankheiten.

Dass das Lachen verboten und das Reden nur wenn notwendig erlaubt sein sollte, sind ebenfalls unglückliche Regeln – was heute eine unumstößliche Gewissheit ist. Sie führen nicht zu Wohlbefinden. Lachen ist vielmehr eine anerkannte Therapie.

Doch viele benediktinische Regeln nötigen uns Respekt ab. Die Suche nach einer höheren spirituellen Ebene gehört dazu, vor allem die Betonung der genaueren Unterscheidung zwischen Dingen und Personen. Die Fähigkeit zur Differenzierung fördert intelligentes Verhalten. Bei den Benediktinern wird diese Haltung als die »Mutter aller Tugenden« bezeichnet, der Müßiggang hingegen als »Feind der Seele« klassifiziert. Wer könnte dagegen etwas einwenden?!

Außerdem stiegen im Mittelalter viele Benediktinerklöster zu Zentren der Kultur und Bildung auf. Eine große Anzahl von Mönchen geriet zu Experten in der Landwirtschaft, im Ackerbau und der Viehzucht. Sie kannten sich aus mit Obstgärten und dem

Weinbau. Und ihre intimen Kenntnisse vieler Kräuter und Heilkräuter qualifizierten sie als Heiler.

Ihr Wissen in der Landwirtschaft ließ die Bauern staunen. Bis heute zollen sie dem heiligen Benedikt Respekt durch eine köstliche Bauernregel:

Willst du Gersten, Erbsen, Zwiebeln dick,
so säe an St. Benedikt.

Damit ist der 21. März jedes Jahres gemeint, dem ursprünglichen Gedenktag des Heiligen.

Natürlich war die Gründung eines Mönchsordens kein originärer Einfall. Früher schon hatte es in Asien Mönche gegeben, im Buddhismus und Hinduismus. Dort tummelten sich alle möglichen Arten von Heiligen (= *Arhats*), Mönchen, Yogis und Asketen. Im Oströmischen Reich etwa und auch in Syrien existierten lange vor dem heiligen Benedikt Mönchsorden. Aber all das disqualifiziert den Ordensgründer nicht. Auch dass er als Patron der Bergleute und Höhlenforscher, der Kupferschmiede, der Kranken und der Sterbenden gilt, kann man nicht ihm anlasten. Der Aberglaube ist immer ein Cousin des Glaubens. Und dass man den heiligen Benedikt bei Fieber, Entzündungen, Nieren- und Gallensteinen anruft, ist allein der Not der Menschen zuzuschreiben.

Die Benediktiner unterschieden sich insofern wohltuend von anderen Orden, insbesondere von Bettlerorden, dass sie arbeiteten und konkrete Verbesserungen herbeiführten. Die Hilfeleistungen für andere Menschen waren so zahlreich, dass sie sich nicht seriös beziffern lassen. Es ist unmöglich, diese Mönche (und später die Nonnen, die Benediktinerinnen) und ihren Gründer nicht wertzuschätzen, ja zu lieben. Benediktiner förderten die Kultur, unterstützten an allen Ecken und Enden und halfen inmitten einer verkommenen Zeit, wie sie mit dem Niedergang des Imperium Romanum einherging, Inseln der Zucht, der Ruhe und der Ordnung.

Die Benediktiner halfen den Menschen in entferntesten Erdteilen, sogar in Afrika und Asien – und sie tun es bis zum heutigen

Tag. Überall übten sie einen erstaunlichen zivilisatorischen Einfluss aus – und das bis heute durch ihre Lehrtätigkeit etwa, in der Jugendarbeit, in der Landwirtschaft und auf weiteren Gebieten. Im Mittelalter waren sie Inseln der Ruhe und der körperlichen und seelischen Heilung. Die zahlreichen Legenden um sie müssen wir der Zeit verzeihen. Denn im hochchristlichen Mittelalter wurde alles mit den Girlanden des Wunders und der Sage umwoben. Bis heute verehren verschiedene christliche Konfessionen den heiligen Benedikt von Nursia als Lichtgestalt.

## Andere Mönchsorden

Es wäre eine schlimme Unterlassung, nicht auch die anderen Mönchsorden zumindest zu erwähnen, wenn wir ihnen auch nicht so viel Aufmerksamkeit widmen können wie den Benediktinern. Und es wäre unverzeihlich, nicht mindestens auf einen anderen Abt und Ordensgründer zu verweisen, der das Mittelalter in eine neue Richtung dirigierte, und auf seinen spektakulären Orden, der bis heute die Gemüter erregt, weil er unermessliche Reichtümer anhäufte und mächtiger war als so mancher König. Wir zielen auf den heiligen Bernhard und die geheimnisvollen Tempelritter.

Neben und nach den Benediktinern gab es unter anderem Augustiner, Dominikaner, Franziskaner, Karmeliter, Kartäuser, Kluniazenser, Johanniter, Prämonstratenser und Zisterzienser. Rund zwanzig andere Orden haben wir bei dieser Aufzählung absichtlich unter den Tisch fallen lassen, genau wie die Namen der Nonnenorden.

Die augustinischen Orden beriefen sich auf Augustinus von Hippo (im östlichen Algerien gelegen), einen Bischof und Kirchenlehrer aus dem 4. Jahrhundert nach Christus, der selbst zwar keinen Orden begründete, aber zahlreiche Mönchsorden inspirierte. Zu den Augustinerregeln gehörten – in der Sprache der Zeit ausgedrückt – Gottinnigkeit und Nächstenliebe, evangelische (dem Evangelium entsprechende) Armut und Demut, selbstlose Dienstbereitschaft sowie Geduld und Herzensgüte. Es gab zahlreiche augustinische Varianten, so die Augustiner-Eremiten oder die Augustiner-Barfüßer – Namen, die für sich selbst sprechen. Zu den Augustinerorden zählten im weiteren Sinne auch die als »Barmherzige Brüder« bezeichneten Männerorden, ferner die Dominikaner (die den heiligen Dominikus als ihren Gründer angeben und zu Unrecht nur mit der Inquisition in Verbindung gebracht werden), der Malteserorden (ein geistlicher Ritterorden, benannt nach der Mittelmeerinsel Malta) und die Prämonstratenser (benannt nach der Ortschaft Prémontré in Frankreich).

Enträtseln wir noch einige weitere Ordensnamen: Die Franziskaner führen ihren Orden auf Franz von Assisi zurück – Assisi ist ein Ort in Mittelitalien. Der heilige Franz wurde auch aufgrund seiner unendlichen Liebe zu Tieren berühmt. Die Karmeliter verdanken ihren Namen ebenfalls einem Ort, dem Berg Karmel in Palästina; sie sind ein »Orden der Brüder der allerseligsten Jungfrau Maria«. Die Johanniter, benannt nach dem heiligen Johannes dem Täufer, machten sich um die Krankenpflege im Heiligen Land verdient. Noch heute engagieren sie sich in vielen karitativen Einrichtungen. Die Kartäuser, benannt nach ihrem Mutterkloster in Frankreich, galten als besonders strenge Eremiten und bezeichnen den heiligen Bruno von Köln als ihren Gründer. Die Kluniazienser wurden nach ihrem Kloster Cluny (im heutigen Frankreich) benannt, die Zisterzienser nach dem Ort Citeaux, der ebenfalls in Frankreich liegt; dieser Orden entstand durch eine Reform des Benediktinerordens.

Man könnte leicht zwischen dreißig und dreihundert Bücher über all diese Orden füllen, aber es würde uns von dem Vorhaben wegführen, das Mittelalter besser zu verstehen.

Generell kann man festhalten: Obwohl es selbstredend Auswüchse in allen Orden gab – wiewohl regelmäßig Reformen in verschiedenen Klöstern eingeleitet wurden und obgleich in einigen Klöstern die schlimmsten Zustände herrschten –, wurde im Allgemeinen die Moral hoch gehalten – vielleicht abgesehen von zeitweiligen Zuständen in einigen Bettlerorden. Aber da Geschichte stets auch unterhalten will und die fromme Nonne oder der betende Mönch in schriftstellerischer Hinsicht weniger hergeben als die mannstolle Nonne oder der Wein saufende, verfressene, verhurte Mönch, reflektiert Historie in der Regel zu wenig auf die guten und edlen Taten, die im Namen des Christentums vollbracht wurden.

Mönche (und zum Priester geweihte Mönche) sorgten für Predigten, Unterrichtsstunden, die Krankenpflege und Wohltätigkeiten. Viele zeichneten sich während der mittelalterlichen Hungerjahre durch Armenspeisungen aus. Manche Mönche betrieben Bauernhöfe, sie wandelten Sümpfe und Ödland in Ackerbauland um und betätigten sich als Handwerker. Sie halfen den Kranken, den Unterprivilegierten, den Ausgesetzten und den vom Schicksal Gebeutelten.

Sicherlich wurden die Gelübde der Armut, der Keuschheit und des Gehorsams tausendmal gebrochen – sie wurden aber auch hunderttausendmal eingehalten.

Nonnen nahmen ausgesetzte Kinder auf, unterrichteten Kinder, pflegten Kranke gesund, heilten gebrochene Herzen, bildeten Erwachsene aus und unterrichteten Mädchen in den häuslichen Fertigkeiten und in der Gesundheitspflege. Auch ihre guten Taten lassen sich nicht zählen. Und so sind wir geneigt, diesem Aspekt des Christentums Respekt zu zollen.

Doch wie war es um das Papsttum bestellt?

Nehmen wir die machtvollste Institution des Zeitalters aufs Korn, die die Geschichte des Mittelalters in vielerlei Hinsicht sogar stärker prägte als die Monarchie.

# 6. Die geheim gehaltene Geschichte der Päpste

Nichts ist geheimnisumwitterter als die Geschichte der Päpste, und über kein Thema wird sorgfältiger der Mantel des Schweigens gebreitet. Kaum einem Autor, der sich trotzdem an das Thema heranwagt, gelingt es, in das Inner Sanctum der päpstlichen Kanzleien Einblick zu nehmen – es sei denn, er ist erzkatholisch und gehört zum innersten Machtzirkel rund um den Petrusthron. Und so kann selbst ein geübter Griffel lediglich einige Auswirkungen feststellen; er schnappt hie und da ein paar Informationsbröckchen auf, die er noch dazu sorgfältig belegen muss ... mehr geht nicht.

Bis heute ist die Vatikanische Apostolische Bibliothek für die meisten Geschichtswissenschaftler ein Buch mit sieben Siegeln. Selbst der Zutritt zu einer einzigen Rolle oder einem Buch unterliegt strengsten Bestimmungen.

Der Grund ist verständlich: Das Papsttum war mindestens eintausend Jahre lang, also während des ganzen Mittelalters, die machtvollste Institution in Europa. Der Papst repräsentierte und personifizierte Macht. Macht unterlag jedoch schon immer ihren eigenen Gesetzen.

Eines dieser Gesetze war und ist die Geheimhaltung. Wenn alle »Sünden«, sprich die politischen Winkelzüge des höchsten Vertreters der Christenheit, vollumfänglich bekannt werden würden – so kalkulierte man –, liefen die Gläubigen möglicherweise in Scharen davon. Man fürchtete, der Ruf, das Image, der Nimbus des Papstes könnten zerstört werden, der Geruch der »Heiligkeit« ginge verloren.

Vergessen wir nie, dass der päpstlichen Machtausübung nicht mit Soldaten Nachdruck verliehen werden konnte, Ausnahmen seien zugestanden. Die Mittel, Politik in die genehme Richtung zu lenken, die Methoden, Macht aufrechtzuerhalten, waren begrenzt. Nur folgende Instrumente konnte der Papst einsetzen, wollte er etwas erzwingen: Exkommunikation, Bann und Fluch. Gelegentlich konnte er mit fetten Pfründen locken und Public-Relations-Aktionen unternehmen. Er konnte Schriften herausgeben und/oder fälschen, getürkte Dokumente in geheimen Kanzleien herstellen, von Wundern berichten und versuchen, zum Berater von Königen und Meinungsführern aufzusteigen. Die Predigt, die unter die Haut ging, die Strategie, mit Höllenstrafen zu drohen oder mit dem Himmel zu locken, um das Volk auf seine Seite zu ziehen, waren weitere Methoden. Aber schon der Einzug von Geldern, der in riesigem Umfang notwendig war, um die Macht des Papsttums aufrechtzuerhalten, war nicht unproblematisch. Der emotionsgeladenen Rede, die auf Gott verwies, kam deshalb ein besonderer Stellenwert zu, wie auch dem Gesang und der Erinnerung an Jesus Christus. Karitative Einrichtungen trugen dazu bei, die Herzen der Menschen zu gewinnen. Alte religiöse Legenden wurden wieder und wieder aufgewärmt. Die Mittel der Intrige und der gezielten Manipulation, die auch vom Papsttum eingesetzt wurden, durften jedoch keinesfalls ans Licht kommen. Denn bewegte man sich als geistige und geistliche Institution nicht mehr unter dem Schutzmantel der reinsten Ethik, verspielte man seine Karten.

Auf der anderen Seite musste der Papst dafür sorgen, dass sich das Christentum weiter ausbreitete – natürlich unter dem eigenen Diktat, der eigenen Führung. Abspaltungen, Sekten, andere Meinungen und Glaubensgemeinschaften durfte er keinesfalls dulden. Sie musste er zurückdrängen, ja idealerweise vollständig ausrotten. Hierfür bediente er sich eines »weltlichen Arms«. Er musste gewissenlose Haudegen und militante Könige dafür gewinnen, die

Drecksarbeit für ihn zu erledigen. Selbst »regierte« er nur mittels Manipulation von Menschen.

Das alles kostete Geld. Also bemühte sich der Papst, die lukrativsten Pöstchen für seine Familie und Anhänger zu reservieren. Über Nuntien, sprich hochrangige Botschafter, versuchte er, die Politik bisweilen in einhundert Ländern gleichzeitig zu beeinflussen. Um diese Aufgabe zu bewerkstelligen, musste der Papst überall seine Informanten und Spione, Stellvertreter und Bischöfe lancieren, sonst kam er nicht zum Zuge. Er war darauf angewiesen, möglichst viel Gelder aus den Gläubigen herauspressen, um den riesigen Apparat überhaupt aufrechtzuerhalten, dank dessen er in diesem Umfang operieren konnte. Bei dieser Mammutaufgabe blieb der Faktor Ethik oft auf der Strecke. Denn Macht geht selten im Gewand eines Heiligen spazieren und trägt keine Samthandschuhe.

Und doch ... wurde schon im Mittelalter viel, nach dem Geschmack der Päpste allzu viel, bekannt über die Verfehlungen des *papas*, des Bischofs von Rom. Es wurde publik, dass viele »Stellvertreter Christi« und »Nachfolger des heiligen Petrus« Blut an ihren Händen hatten. Ein »kleiner Mord« gehörte wie selbstverständlich zum Repertoire der Mächtigen, manchmal sogar ein Krieg, der unter der Decke angestiftet worden war.

Intrigen, Lügen und Sexskandale erschütterten den Glauben an die Heiligkeit des »Heiligen Stuhls« weiter. Zahllos waren zudem die Fälschungen innerhalb der Kirche, Fälschungen von Dokumenten, die juristisch einen Besitz garantierten, Fälschungen von Heiligenlegenden, Fälschungen von Reliquien, Fälschungen von Papst- und Bischofslisten, Fälschungen von allem und jedem, was Macht garantierte und Einnahmen versprach. Es war und ist nicht leicht, »heilig« zu sein und gleichzeitig Papst.

# Die Kirche vor Gericht

Die Kirche, die ihren Gläubigen so gern mit dem Jüngsten Gericht droht, muss es sich gefallen lassen, selbst vor Gericht gestellt zu werden; anders kann man geschichtlicher Wahrheit nicht auf die Spur kommen. Wie stand es also um das Ethik-Niveau der Päpste?

Fraglos waren viele mittelalterliche Päpste von den besten Vorsätzen beseelt. Es gab auch fromme Stellvertreter Christi, denen man die gute Absicht nicht absprechen kann. Sie versuchten das riesige Schiff der Kirche in die richtige Richtung zu lenken und dabei gleichzeitig nicht zu viel zu sündigen.

Das beweisen die unzähligen Reformen des Papsttums im gesamten Mittelalter, lange vor Luther. Andererseits gab es auch immer wieder Zeiten, da das Papsttum völlig verrottete und am Bodensatz anlangte. Selbst Historiker katholischer Provenienz geben das heute unumwunden zu.

Nicht nur der Papst, auch Kardinäle, Bischöfe und Priester jagten allzu oft hinter dem Geld her wie der Teufel hinter der armen Seele. Dabei wurde alles Erdenkliche in klingende Münze umgesetzt: Ämter wurden verschachert, Urteilssprüche in (geistlichen) Gerichten höchstbietend verkauft, Gläubige bei der Messe und den Sakramenten zur Kasse gebeten und auf einfach alles kirchliche Steuern erhoben.

Viele kirchliche Würdenträger, auch Päpste, versuchten außerdem, alle denkbaren Wonnen aus dem Leben herauszupressen. Viele Päpste hielten sich Kurtisanen. Auch die Völlerei war an der Tagesordnung. Bischöfe, Kardinäle und Päpste kleideten sich zudem stets in die feinsten Gewänder. Viele hielten Hof wie Fürsten. Einige gingen gern auf die Jagd – benahmen sich also ganz wie Könige. Mehr als ein Papst betete den Mammon an.

Früh wurde die Kirche steinreich, schon im Spätmittelalter. »Ein katholischer Historiker berechnete den Anteil der Kirche am

Nationalvermögen Deutschlands auf ein Drittel, an dem von Frankreich auf ein Fünftel.«[15] Und im Früh- und Hochmittelalter rafften die Päpste auch schon in einem schleichenden Prozess mehr und mehr Besitz zusammen.

Die Kirche war vor allem an Grundbesitz interessiert. Sie verkaufte neue Ämter, Pfründe und immer wieder Ablässe. Sie erhob zahlreiche Steuern – angeblich nur, um die Gläubigen dem Himmel näher zu bringen, in Wahrheit aber, um die Schafe zu scheren. Korruption, neue Taxen (= Steuern) und Fälschungen von Reliquien (die man teuer verkaufen konnte) waren zu gewissen Zeiten an der Tagesordnung. Dabei machte der Papst keine Ausnahme. Im Gegenteil: Er stand im Mittelpunkt des Geschehens. Für Riesensummen wurden Kardinalshüte verhökert.

Löbliche Ausnahmen in puncto Ethik bildeten oft niedere Kleriker, die eng mit dem Volk verbunden waren; doch an der Spitze sah es wüst aus. Am verkommensten war Rom, das in manchen Zeiten einem einzigen, großen Bordell glich. Einige Päpste hielten sich gleich mehrere Mätressen und/oder bevorzugten professionelle Liebesdienerinnen.

Immer wieder gab es daher »gute Gründe«, aus dem Volk noch mehr herauszupressen – sei es für die Kreuzzüge oder für die Türkenfeldzüge. Die Gelder wurden nachweislich oft missbräuchlich verwendet und etwa für protzige Bauten verwendet, die angeblich einzig dem Herrn dienten.

Noch einmal: Besonders katastrophal sah es an der Spitze der Christenheit aus, in den Reihen der Päpste. Hier nur einige dürre, stichwortartige Anmerkungen, die die Verworfenheit vieler Päpste illustrieren mögen:

Im Jahr 897 exhumierte man den Leichnam von Papst Formosus (ca. 816–896), kleidete den Körper in Purpurgewänder, klagte den Toten (!) inoffiziell bei einem kirchlichen Schauprozess (der sogenannten Leichensynode) an, bei dem er der Übertretung vieler Kirchengesetze für schuldig befunden wurde. Anschließend warf man den Leichnam in den Tiber.

Papst Sergius III. wurde 904 auf den Papstthron gehoben und starb 911. Die Drahtzieherin hinter den Kulissen war Marozia Theophylaktus, eine mächtige Dame aus einem noch mächtigeren römischen Geschlecht.

Papst Johannes X. (860–929) bestieg im Jahr 914 den Thron. Die ehemalige Mätresse von Sergius III. hatte die Wahl manipuliert, wahrscheinlich war er ihr Liebhaber.

Im Jahr 931 wurde die berüchtigte Marozia erneut aktiv. Sie sorgte dafür, dass Papst Johannes XI. (ca. 910–935) an die Macht kam, aller Wahrscheinlichkeit nach der gemeinsame Sohn von ihr und Sergius III.

Johannes XIII., ein Enkel Marozias, bestieg 965 den Papstthron und starb 972. Er wurde später angeklagt, einen zehnjährigen Knaben zum Kardinal erhoben, Bestechungsgelder für Bischofsweihen kassiert, ein Verhältnis mit seines Vaters Konkubines und ein inzestuöses Verhältnis mit der Witwe seines Vaters unterhalten sowie den Vatikan in ein Bordell verwandelt zu haben.

Im Jahr 984 machte sich Bonifatius VII. zum Papst. Er füllte sich rechts und links die Taschen, wurde später abgesetzt und floh nach Konstantinopel. Er starb 985.

Papst Johannes XVI. wurden aufgrund seiner Untaten die Augen ausgestochen und Zunge und Nase abgeschnitten. Man setzte ihn verkehrt herum auf einen Esel und führte ihn so durch Rom. Er starb 1001.

Papst Benedikt VIII. (ca. 980–1024) regierte von 1012 bis 1024. Er feierte eine Orgie nach der anderen.[16]

Besonders »verdient« um die Kreuzzüge machten sich folgende Päpste: Urban II., Papst von 1088 bis zu seinem Tod im Jahr 1099; Papst Eugen III., im Amt von 1145 bis zu seinem Tod 1153; Papst Gregor VIII., Amtsdauer nur einen Monat bis zu seinem Tod im Jahr 1187; und später Innozenz III. Die Schlächtereien waren entsetzlich.

Innozenz III. (1161–1216), im Amt von 1198 bis 1216, der mächtigste Papst der Geschichte, der sich selbst folgendermaßen beschrieb: »... in der Mitte zwischen Gott und Mensch, weniger als Gott, mehr als Mensch«, fälschte, log, war bestechlich und bestach, war größenwahnsinnig und soll im Jahre 1212 unter anderem einen Kinderkreuzzug abgesegnet haben, der immerhin von fünfzig historischen Quellen belegt wird. Waffenlose, ausschließlich arme und ärmste zehn- bis zwölfjährige Kinder suchten »das Kreuz jenseits des Meeres« und gerieten dabei in die Fänge von Sklavenhändlern. Junge Mädchen endeten in der Prostitution.

Kreuzzüge wurden auch gegen Dänen, Norweger, Livländer, Balten und Preußen geführt und mit Ablässen belohnt. Zahlreiche Sekten metzelte man auf grausamste Art nieder, und diese Massaker wurden als »Kreuzzüge« deklariert. Die eingesammelten Gelder für diese Kreuzzüge wurden von den Päpsten oft veruntreut.

Bonifaz VIII. (ca. 1235–1303), durch Habgier, Fresslust, Blutdurst und Grausamkeiten berühmt-berüchtigt, steckte ein Viertel aller Einnahmen aus der Kurie (= die päpstliche Behörde) der eigenen Familie zu. Er ernannte fünf Verwandte zu Kardinälen, darunter einen Bankier, der Bonifaz dafür als Kuppler diente. Er soll Bonifaz »sowohl in eigener Person wie mit Sohn und Tochter gut befriedigt haben und ganz gewiss nicht nur um Gotteslohn«.[17]

Um den Papstthron wurde stets gestritten. Es gab im 12. und 13. Jahrhundert Päpste und Gegenpäpste in schöner Regelmäßigkeit. Am Ende siegte der Kandidat, der reich, listig und brutal genug war. Dabei verketzerte und exkommunizierte man sich gegenseitig. Konzile suchten manchmal zu retten, was zu retten war, oft ohne Erfolg.

Hie und da herrschten gleichzeitig mehrere Päpste. Im Jahre 1409 gab es zum Beispiel einen Papst und zwei Gegenpäpste. Einer von ihnen, der Gegenpapst Johannes XXIII., besteuerte sogar Prostitution, Wucher und Glücksspiel, um an Geld zu kommen. Dabei besaß er selbst etwa zweihundert Frauen und verführte Jungfrauen und Nonnen in schöner Regelmäßigkeit, behauptete jedenfalls sein Sekretär. Darüber hinaus hielt er sich eine eigene

Söldnertruppe. Er wurde später unzähliger Verbrechen angeklagt und für schuldig befunden, unter anderem des Heidentums, der Gewalttätigkeit, der Lüge, der Gewinnsucht, des Verrats, der Unzucht und des Diebstahls.

Innozenz VIII. (1432–1492) feierte die Hochzeiten seiner Kinder öffentlich im Vatikanpalast.

Alexander VI. (1431–1503) hatte fünf, vielleicht mehr Kinder. Dieser Papst ernannte seinen Sohn Cesare zum päpstlichen Heerführer, der mit unvorstellbarer Brutalität ganze Ländereien für den Papstthron eroberte.

Papst Julius II. (1443–1513), führte seine Truppen sogar persönlich in den Krieg und kannte kein größeres Vergnügen, als Soldat zu spielen. Auch er presste Geld, Geld und nochmals Geld aus der Bevölkerung heraus.

## Einkommensquellen

Und so wurde der Gläubige gemolken, dass es eine Wonne war. Eine der sichersten Einkommensquellen war dabei der Ablasshandel. Er entwickelte sich bereits im 12. Jahrhundert. Im Prinzip wurde dem Gläubigen weisgemacht, dass er sich von seinen Sünden ohne weiteres freikaufen könne, wenn er nur genügend Geld lockermachte. Tausende, Zehntausende, ja Hunderttausende von Jahren im Fegefeuer blieben ihm angeblich erspart, manchmal sogar die Hölle, wenn er nur ordentlich löhnte.

»Sobald das Geld im Kasten klingt, die Seele in den Himmel springt.« Hurra! Das war ein einträgliches Geschäft! Die Ablassprediger überschlugen sich. Sie versuchten, diese Geldquelle ständig höher sprudeln zu lassen. Die Kosten richteten sich auch nach der Zahlungsfähigkeit eines Kunden.

Den Ärmsten der Armen gab man jedoch auch schon für zwei Pfennige Dispens (kirchenlat. *dispensa* = Erlass einer Pflicht), da nicht mehr aus ihnen herauszuholen war. Manche Ablassbriefe wurden gelegentlich für einen Krug Wein oder ein Bier ausgestellt, und Prostituierte erkauften sich den Ablass mitunter durch Beischlaf.

Die Kirche wurde dabei fetter und fetter. Das Geschäft mit der Sünde und Schuld gedieh. »Zum Schluss ging der Handel mit … Beichtbriefen so weit, dass diese auf Vorrat gekauft und – wie Wertpapiere – nach Belieben weitergegeben werden konnten.«[18]

Neben diesen Beichtbriefen gab es noch die sogenannten Butterbriefe. Damit konnte sich der Gläubige freikaufen, wenn es um Abstinenz ging, also um das Fasten und die Fastentage. Während sich der kleine Mann des Fleischgenusses enthalten musste, schlemmte der Reiche – er hatte den Butterbrief ja bereits in der Tasche. Damit durfte er jeden Tag mit höchster kirchlicher Erlaubnis Fleisch, Eier und Käse in sich hineinstopfen.

Auch von Gelübden, die man aus der Not heraus abgelegt hatte, konnte man sich freikaufen. Sogar gestohlenes Gut durfte man behalten, wenn man nur die richtigen Ablassbriefe erwischte.

Man muss sich dabei wirklich bildhaft vorstellen, unter welchem Prunk und Pomp solche Ablassverkäufe stattfanden. So ließ beispielsweise der berühmte Ablassverkäufer Tetzel seinen Einzug in eine Stadt mit dem Läuten der Kirchenglocken bekannt machen. Die Glocke war das Radio des Mittelalters.

Große Empfänge fanden statt, wenn Tetzel mit seiner Truppe in die deutschen Städte einzog, die Menschen mit seinen marktschreierischen Reden an ihre Sünden erinnerte und ihnen damit eine Höllenangst einjagte, sodass sie das Feuer schon auf der Haut zu spüren glaubten. Fahnen, Wappen und Wimpel wurden bemüht und ein regelrechtes öffentliches Spektakel inszeniert. Wagen karrten hinter Tetzel her, gefüllt mit Ablassbriefen – mit schönen, geschriebenen Urkunden, die alles Mögliche und Unmögliche versprachen. Und dann predigte dieser Tetzel bildhaft und mit wilden Gesten und Worten, die bis ins Mark trafen (gefunden bei H. Herrmann): »Hört ihr nicht, eure toten Eltern schreien und rufen ›Erbarmt euch doch mein! Wir sind in schwerer Strafe und Pein, daraus ihr uns mit geringen Almosen erretten könnt‹?« Auch seine Anverwandten, seine Liebsten, konnte man freikaufen.

Da der Mensch nicht ohne Sünde auskommt, flossen unermessliche Summen in Roms weite Taschen, wo es verprasst, verhurt oder in zweifelhafte Projekte gesteckt wurde. Während das Volk darbte und zahlte, sah es die dickwanstigen, gefräßigen Bischöfe und Kardinäle sich ihre fetttriefenden Hände ablecken und die Priester ihre drallen Dirnen nach Hause schleppen.

Die Päpste in Rom setzten allem die Krone auf. Die Zeit am Ende des Spätmittelalters glich einem Pulverfass, speziell in Deutschland, wo man gutes deutsches Geld den fremden römischen Päpsten nachschleuderte, sodass der Reichtum außer Landes getragen wurde.

Mit diesen Beispielen sind wir in zeitlicher Hinsicht jedoch bereits in der frühen Neuzeit angelangt, bei Martin Luther etwa.

Die endgültige, eigentliche »Reformation« stand damit vor der Tür, der im Mittelalter jedoch zahlreiche »Reformationen« vorausgegangen waren.

Doch stimmt es wirklich, dass so viele Päpste verkommen waren?

Untersuchen wir einige konkrete Biografien, denn damit kommt man der Wahrheit gewöhnlich schneller auf die Spur.

## Papst Gregor I. der Große

Wir haben absichtlich die rein chronologische Darstellung auf den vorherigen Seiten verletzt, um zunächst einen Überblick über das Papsttum während des Mittelalters zu bekommen.

Im Frühmittelalter ging es vermutlich nicht so wüst zu wie im Hoch- und Spätmittelalter. Kronzeuge dafür ist Gregor I., ein Papst mit besonderen Qualitäten.

Geboren etwa 540, entstammte Gregor I. einer alten, begüterten, römischen Senatorenfamilie. Er genoss eine Jugendzeit, in der es ihm an nichts fehlte. Das Leben war gut zu ihm: Er hatte ein großes Erbe in Aussicht und die besten Aufstiegschancen. Zunächst durchlief er eine gründliche rhetorische und juristische Ausbildung.

Kaum erwachsen, fiel er tatsächlich rasch die politische Erfolgsleiter in Rom hinauf. Schon als Dreiunddreißigjähriger war er Präfekt der Stadt. Doch Gregor liebte die Politik nicht wirklich. Eines Tages machte er eine Kehrtwende, trat von allen politischen Ämtern zurück und begab sich in den Schoß der alleinseligmachenden Kirche. Als Erstes gründete er mit dem größten Teil seines Vermögens sieben Klöster. Selbst seine Villa wandelte er in ein Kloster um. Er bestand darauf, dass alle Mönche die Benediktinerregeln genau befolgten und ging selbst mit gutem Beispiel voran. Den Rest seines Vermögens verschenkte er an die Armen und Bedürftigen.

Wir wissen nicht, was genau seine Wende verursachte, aber wir wissen, dass sein Verhalten den Zeitgenossen Respekt abnötigte. Als Abt und Klosterbruder unterwarf er sich selbst der strengsten Askese, er aß nur rohes Gemüse und Früchte und fastete häufig. Gleichzeitig half er, wo immer er konnte.

So wurde der Papst auf ihn aufmerksam. Im Jahre 579 schickte er ihn als Gesandten an den Kaiserhof von Konstantinopel. Wahrscheinlich lernte Gregor dort alle Kniffe der Diplomatie und alle Tricks der Verwaltung kennen, hörte aber nie auf, sich im Grunde seines Herzens wie ein Mönch zu fühlen. Im Jahre 586 kehrte er zurück nach Rom. Innerlich sehnte er sich danach, wieder als Abt eines Klosters ein gottgefälliges, besinnliches Leben zu führen.

Da fiel der amtierende Papst der Pest zum Opfer.

In der Folge wurde Gregor von allen Seiten bestürmt, auf Petris Stuhl Platz zu nehmen. Er sträubte sich mit Händen und Füßen, woraufhin man ihn nur umso eindringlicher bat, Papst zu werden. Dem Vernehmen nach versuchte Gregor sogar zu fliehen, aber er »wurde gewaltsam in die Peterskirche gebracht und dort zum Papst geweiht«.[19] Gregor, der bescheidene Mönch, der an Verdauungsschwäche, an Gicht und möglicherweise noch an ein paar anderen körperlichen Gebrechen litt, fand sich im Jahre 590 unvermittelt im höchsten Kirchenamt wieder.

Wie uns die Quellen versichern, war Gregor von den besten Vorsätzen beseelt. Privatim lebte er weiter wie ein Mönch, kleidete sich in ein raues Gewand, verzehrte nur einfachste Kost und zeichnete sich durch Demut aus. Das Geld, das sich in seinen Händen ansammelte, verwendete er für karitative Zwecke. Er erkaufte Kriegsgefangenen die Freiheit und spendete überreich Almosen. Stets kümmerte er sich um die Armen und die Bedürftigen und versorgte sie mit Kleidern, Speise und Trank. Selbst in puncto Getreideversorgung, die in dieser Zeit daniederlag, erwarb er sich Anerkennung. Die umfangreichen Ländereien der Kirche in Italien und Sizilien wurden auf seine Anweisung hin umorganisiert und intelligenter bewirtschaftet, sodass die Erträge höher lagen und man den Armen vermehrt helfen konnte.

Als ehemaliger Politiker und erfahrener Diplomat kannte er sich bestens in Verwaltungsangelegenheiten aus. Dem Vernehmen nach erledigte er sogar diese Aufgaben zur allseitigen Zufriedenheit.

Unter seinem Zepter vergrößerte sich der Einfluss des Christentums ständig. Es dehnte sich in alle Himmelsrichtungen aus, speziell in Italien, Spanien und England. Nie verzichtete er darauf, selbst ein gutes Vorbild zu sein.

Gregor bekämpfte erfolgreich die Simonie – den Kauf oder Verkauf eines geistlichen oder kirchlichen Amtes, von einkommensstarken Pfründen, von Sakramenten und Reliquien. Der Begriff geht auf einen gewissen Simon zurück, einen im Neuen Testament erwähnten Zauberer, der Gott persönlich oder bestimmte geistige Kräfte mit Geld (ein)kaufen zu können glaubte.

Weiter sorgte Gregor für mehr Zucht und Ordnung in den Reihen der Mönche, Priester und Bischöfe, vor allem in sexueller Hinsicht.

Wie stand es um seine eigene, seine persönliche Auffassung von Theologie? Gregor I. schrieb zahlreiche Abhandlungen und

Traktate, die beträchtlichen Einfluss nahmen. Trotz aller Sympathien, die man gegenüber Gregor I. haben mag, müssen wir darauf hinweisen, dass seine Schriften von Propaganda nur so strotzten. In ihnen wimmelte es von christlichen Ekstasen und Übertreibungen. Er war – wie viele frühe Christen – besessen vom »Ende der Welt«, das angeblich kurz bevorstand und das er immer wieder beschwor. Seine Werke dienten vor allem der Bekehrung. Gregor berichtete enthusiastisch über Wunder, wie zum Beispiel über Felsblöcke, die allein durch die Macht des Gebetes bewegt wurden, oder über Heilige, die sich unsichtbar machen konnten. Er berichtete, wie sich Brot und Nahrungsmittel allein durch den Glauben vermehrten, genau wie es im Neuen Testament bereits geschrieben stand. Mit der gleichen Einfalt erzählte er von spektakulären Krankenheilungen und Toten, die angeblich bloß aufgrund des Christus-Glaubens wieder auferstanden waren. Obwohl er die Simonie zurückdrängte, glaubte Gregor doch an die Kraft der Reliquien, ohne zu wissen, welches Schindluder damit zu seiner Zeit getrieben wurde.

Fast besessen war er von der Hölle. Auch an ihre Existenz glaubte er, beschrieb sie als einen unterirdischen Abgrund, in dem das Feuer ewig brennt und die Sünder und Ungläubigen peinigt. Die Seele, die sich während ihres Erdenwandelns nicht dem Christentum und dem Guten verschrieben hätte, erdulde dort für alle Ewigkeiten furchtbare Qualen. Die Welt schien für ihn von Teufeln und Dämonen bevölkert zu sein, deren Fallstricken man unter allen Umständen entkommen müsse.

Auch vor Hexen und Zauberern warnte er.

Gleichzeitig berichtete er immer wieder von den Wundern, die durch Engel oder die Gnade Gottes bewirkt werden könnten. Gregor liebte Heiligenbilder, fromme, erbauliche Sprüche und alle Arten der mystischen Ekstase.[20]

Nach langer Krankheit starb er im Jahre 604. Man ehrte ihn mit der Bezeichnung »der Große«. 1295 wurde er sogar heiliggesprochen. Bis heute gilt Gregor I. als einer der bedeutendsten Päpste des Mittelalters, nicht zuletzt aufgrund seiner zahlreichen Schriften, die im Mittelalter massenhaft gelesen wurden. Sein volksnaher, demütiger Stil trug zu einer zuvor nie dagewesenen Volksfrömmigkeit bei.

Wie also kann man, wie muss man Gregor I. bewerten?

## Kleine Beurteilung

Auf den ersten Blick war Gregor I. ein typischer Vertreter des hochchristlichen Mittelalters, auf den zweiten Blick trug er erheblich dazu bei, dass sich das Mittelalter überhaupt in jene christliche Richtung bewegte, die es in den folgenden sieben Jahrhunderten (!) beibehalten sollte. Lange bis ins 12. Jahrhundert nach Christus, ja selbst heute noch, hatte man an diesem asketischen Papst großes Interesse, der im Grunde seines Herzens ein Mönch blieb und am liebsten die gesamte Christenheit zu den Regeln des heiligen Benedikt bekehrt hätte.

Positiv bleibt anzumerken, dass er zur Verderbtheit seiner Zeit einen Gegenpol bildete, nicht zuletzt durch sein eigenes vorbildliches Verhalten und seine karitative Tätigkeit. Durch den einfachen, demütigen Stil seiner Werke beeinflusste er das Volk nachhaltiger als es jede verschnörkelte, gelehrte, komplizierte theologische Schrift vermocht hätte. Er bezeichnete sich als Erster als *Servus servorum Dei*, als »Diener der Diener Gottes« – ein Titel, den die folgenden Päpste übernahmen. Gleichzeitig schrieb er den Begriff Papst endgültig als Amtsbezeichnung für den Bischof von Rom fest.

Gregor befreite das Papsttum von der weltlichen römischen Oberhoheit. Während seines Pontifikats verschob sich die Macht, ein neues Ordnungsgefüge griff Platz, die weltliche Macht wich der geistlichen. Durch seine Klugheit in der Verwaltung, durch seine persönliche Rechtschaffenheit, durch die Hilfe, die er anderen angedeihen ließ, kann man wenig bei ihm kritisieren.

Bis auf eine Ausnahme.

Von christlich-kirchlichen Autoren weitgehend unterdrückt wurde die Tatsache, dass Gregors Bekehrungsversuche bisweilen von erheblicher Intoleranz zeugten. So empfahl er, bei verstockten Gemütern Gewalt anzuwenden. Wörtlich schrieb er: »Wenn ihr feststellt, dass sie [= die Ungläubigen] nicht gewillt sind, ihr Verhalten zu ändern, so befehlen wir, dass ihr sie mit größtem Eifer verfolgt. Sind sie unfrei, so züchtigt sie mit Prügel und Folter, um sie zur Besserung zu zwingen. Sind sie aber freie Menschen, so sollten sie durch strengste Kerkerhaft zur Einsicht gebracht werden, wie es angemessen ist, damit jene, die sich weigern, die heilsamen Worte zu hören, welche sie aus den Gefahren des Todes erretten können, durch körperlich Qual der erwünschten geistigen Gesundheit zugeführt werden.«[21]

Gregor I. war kompromisslos, was den »einzigen wahren« Glauben anging. Dies schmälert seine Tugenden zwar nicht, beeinträchtigt allerdings das Gesamturteil.

Und so müssen wir festhalten, dass wir sogar einen der besten Päpste des Mittelalters, der uns in so vielen Charakterzügen, Taten und Entscheidungen nur sympathisch sein kann, mit einer gewissen Distanz betrachten müssen. Er machte sich in zahlreichen Belangen verdient, mehr als verdient. Seine Armenfürsorge war unübertroffen, und sein Einsatz für den Anstand verdient Applaus.[22]

Die Biografie Gregors I. hilft uns, nicht nur das Mittelalter, sondern auch das Christentum besser zu verstehen, das die ganze Welt bekehren wollte. In kirchlich-politischer Hinsicht stieg das Papsttum zu einem Machtfaktor auf, wie es ihn in der religiösen Welt nie zuvor gegeben hatte.

# 7. Könige, Kaiser und eine neue Art des Christentums

Bevor wir uns dem nächsten Papst zuwenden, der aus der Reihe hervorsticht, müssen wir zunächst die Entwicklung auf militärisch-politischem Gebiet verfolgen. Auch auf diesem Parkett spielte die Musik, und sie spielte laut und dröhnend.

Wir alle wissen, wie sich der Übergang vom Imperium Romanum zum Mittelalter gestaltete: Aufgrund des Machtvakuums herrschte zunächst Chaos. Verschiedene germanische Stämme schlugen sich gegenseitig die Schädel ein. Schließlich mauserten sich die Franken zum mächtigsten Volk. Die Franken (*frank* bedeutete ursprünglich »frei« oder »tapfer«) waren ein Zusammenschluss von zwölf Stämmen. Zu Beginn herrschte ein König aus dem Geschlecht der Merowinger. Merowinger? Der Name stammt von dem legendären Ahnherrn und König namens Merovich, was »berühmt im Kampf« bedeutet. Jedenfalls hielten die Merowinger anfänglich diese Franken fest im Zaum, machten dann aber einen entscheidenden Fehler: Sie delegierten einen Großteil ihrer Macht an einen sogenannten Majordomus (*maior domus* = Haupt der Hofhaltung), der mit der Zeit immer mehr Befugnisse an sich riss, während sich die Merowinger-Könige zunehmend dem Vergnügen hingaben, sich auf der Jagd verlustierten, die Faulheit zur höchsten Philosophie erhoben, Heerscharen von Konkubinen hielten und kurz gesagt ein ausschweifendes Leben führten.

Ursprünglich hatte der Majordomus nur die Oberaufsicht über die Hofhaltung und die Befehlsgewalt über die königlichen Güter inne. Zum Schluss erstreckte sich sein Einflussbereich aber auch auf die Finanzen, die Gerichte und das Heer. Und eines Tages war es so weit: Ein Majordomus, Pippin III. (714–768), ließ beim Papst in Rom anfragen, ob es sündhaft sei, die merowingische Puppe zu entthronen und sich selbst zum König zu machen. Der Papst, der die Unterstützung der Franken gegen den germanischen Stamm der Langobarden (in Oberitalien) dringend brauchte und natürlich wusste, wer de facto die Zügel in der Hand hielt, schüttelte gnädig den Kopf und gab seinen Segen. Pippin III., auch Pippin der Kurze genannt, berief eine Versammlung der wichtigsten Adligen und Geistlichen ein, ließ sich zum König ausrufen – und steckte den letzten Merowinger-König in ein Kloster, wo er verschimmelte.

So nahm die Dynastie der Karolinger ihren Anfang, so benannt nach Pippins Vater, Karl Martell. Sein bedeutendster Spross sollte sein Sohn Karl der Große werden, der mächtigste und berühmteste Karolinger und der einflussreichste König des Mittelalters.

## Eine außergewöhnliche Biografie

Biografen aller Provenienz überschlagen sich darin, das Leben Karls des Großen (auf gut Latein *Carolus Magnus*) zu beschreiben. Und so viel ist richtig: Sein Leben lässt sich nicht in gewöhnliche Kategorien fassen. Er war ohne Frage eine starke Persönlichkeit, denn er besiegte alle seine Feinde. Er schuf in Europa eine ganz neue Ordnung und zwang die Bischöfe und den Papst gleichermaßen unter seine Knute. Er hob das »Frankenreich« auf ein neues kulturelles Niveau, schuf eine stabile Administration sowie ein neues Regierungssystem und fand dabei noch Zeit, zahlreiche Kinder und Bastarde zu zeugen.

Schon optisch beeindruckte er mit einer Größe von ungefähr 1,90 Meter. Er war ein athletischer Typ, blond, ein Krieger, strotzend vor Gesundheit und seiner Sprache nach ein »Deutscher«. Tatsächlich krempelte er ein ganzes Zeitalter um.

Karl der Große führte dreiundfünfzig Feldzüge und weitete das Frankenreich aus wie nie zuvor. Er unterwarf die Langobarden, Slawen und die Bayern, schlug mehrmals – in achtzehn Feldzügen – die Sachsen, vernichtete die Awaren, kämpfte gegen die Mauren in Spanien und besiegte die vordringenden Slawen.

Die Awaren waren ein zentralasiatisches Reitervolk, möglicherweise mit den Hunnen verwandt. Als Mauren (zu griech. *amauros* = dunkelhäutig) bezeichnete man damals alle Nomaden in Nordafrika, die die Araber islamisiert und die ihnen bei der Eroberung halb Spaniens geholfen hatten. Die Slawen siedelten weitgehend in Osteuropa, heute sind beispielsweise Russland, Tschechien, die Slowakei und Polen mehrheitlich slawischer Prägung. Aber Karl kämpfte auch erfolgreich gegen die Dänen, die Böhmen oder gegen Venedig; der Krieg war sein Handwerk, der Sieg sein Produkt. Kein Herrscher im Mittelalter war so erfolgreich wie Karl der Große. Dabei wurden die Grenzen des Frankenreiches ständig nach außen verschoben. Auf der Höhe seiner Macht beherrschte Karl der Große nicht nur die späteren deutschen Lande und den Raum des heutigen Frankreichs, nein, er befehligte beinahe ganz Italien, weite Teile im heutigen Osteuropa, wichtige Landstriche in Nordspanien sowie Länder und Land entlang der heutigen jugoslawischen Küste.

Sein eigentlicher Coup gelang ihm indes mit der Kaiserkrönung: Im Jahre 800 zog Karl mit prächtigem Gefolge in Rom ein, wo er von Papst Leo III. empfangen wurde. Dieser war dem Frankenkönig mehr als verpflichtet – aufgrund von Umständen, auf die wir gleich zu sprechen kommen.

Karl besuchte am Weihnachtstag die Peterskirche und kniete vor dem Altar nieder, als Leo III. völlig überraschend eine mit wertvollen Edelsteinen besetzte Krone hervorholte und sie Karl aufs Haupt drückte. Die Gemeinde jubelte und rief dreimal: »Karl, dem Augustus, dem von Gott gekrönten, großen und Friede bringenden Kaiser der Römer, Heil und Sieg!« Der Frankenkönig wurde mit heiligem Öl gesalbt – und der Papst begrüßte ihn fortan als Kaiser.

Seit der Absetzung des letzten römischen Kaisers war dieser Titel nicht mehr verliehen worden. Karls neuer Titel lautete jetzt: *Karolus serenissimus augustus* a *Deo coronatus magnus pacificus imperator Romanum gubernans imperium, qui et per misericordiam dei rex Francorum, atque Langobardorum.* Auf gut Deutsch: »Karl, der allergnädigste, erhabene, von Gott gekrönte, Frieden stiftende Kaiser, der das römische Reich regiert, von Gottes Gnaden außerdem König der Franken und Langobarden«.

Ein lupenreiner Coup in Sachen Public Relations, mit dem jedermann Sand in die Augen gestreut wurde. Es liest sich so hübsch, wenn uns Einhard, Karls offizieller Biograf, erzählt, dass der Frankenkönig von der Kaiserkrönung völlig überrascht worden sei!

Wer will das glauben?

Geht es um Machtpoker in dieser Größenordnung, so wird in der Regel alles im Vorfeld hinter verschlossenen Türen abgekartet. Und genau das war natürlich auch hier passiert, wie sorgfältig recherchierende Historiker später herausfanden: Papst Leo III., der Karl den Großen krönte, verdankte dem Frankenherrscher viel. Leo III. war kein unbeschriebenes Blatt. Ihm waren ehemals Unzucht, Bestechung und Meineid vorgeworfen worden – und nicht nur von einer Seite. Bereits Jahre vor der Kaiserkrönung hatte er Karl den Großen getroffen und verdankte ihm eine offizielle Absolution seiner päpstlichen Sünden. Mit anderen Worten: Karl der Große hatte Papst Leo vorher aus dieser Bedrängnis gerettet.

Und so waren der Kaiserkrönung mit ihren weitreichenden Konsequenzen ziemlich wahrscheinlich hinter den Kulissen genaue Absprachen vorausgegangen, eine Art *quid pro quo*. Quid pro quo (lat. für »dies für das«) ist ein Prinzip, nach dem eine Person, die etwas gibt, eine angemessene Gegenleistung dafür erhält. Deutlicher gesagt: Eine Hand wäscht die andere. Karl hatte Leo aus der Patsche geholfen, und jetzt half Leo Karl.

Der Coup hatte weitreichendere Folgen, als man zunächst glauben könnte. Zum Ersten trat Karl der Große damit in die Fußstapfen der römischen Kaiser und setzte gewissermaßen das Römische

Reich fort – womit selbstverständlich auch gewisse Ansprüche einhergingen. Das fränkische Reich wurde Roms Nachfolgereich.

Zum Zweiten wurde das Kaisertum vom Papst höchstpersönlich sanktioniert. Demzufolge leitete Karl von da an seine Machtbefugnisse direkt von Gott ab oder genauer gesagt vom christlichen Oberhaupt. So vergrößerte er seinen Einfluss gegenüber den Adligen, begab sich andererseits aber auch zu einem gewissen Grad in die Hände des Papstes.

Die Einheit von Kirche und Staat war geboren: Rein formal musste jetzt jeder in Karls Reich das *Pater Noster* (Vaterunser) kennen und ein Christ sein. Das alte römische Weltreich erstand wieder auf – allerdings in neuem, christlichem Gewand.

Niemand kam Karl dem Großen jetzt gleich.

Besitzt man Macht, sollte man sie auch einsetzen. Karl entfaltete also eine ungeheure Aktivität. Der frischgebackene Kaiser reorganisierte das neugeschaffene Riesenreich von Grund auf. Es wurde in Grafschaften unterteilt und seinen Getreuen übereignet, die als Karls Stellvertreter fungierten und ihm Rechenschaft abzulegen hatten, zusammen mit einem Bischof oder Erzbischof.

Ein eigenes Botensystem wurde etabliert, dank dessen der Kaiser seine Ohren überall haben und Einfluss nehmen konnte. Die Königsboten (*missi dominici*) überbrachten Karls Wünsche an die verschiedenen Grafen und Bischöfe, deren Handlungen, Rechtsprechungen und Verwaltungen nun überwacht werden konnten.

Es wurden Maße, Gewichte und Preise vereinheitlicht und eine Währung etabliert. Brücken, Straßen, Kanäle und Wege wurden gebaut. Die Waren unterlagen seinem besonderen Schutz.

Zudem zog Karl viele Gelehrte an seinen Hof, sogar gescheite Köpfe aus Irland, Britannien und Italien. Mit ihnen und mit den Mönchen und Bischöfen begründete er das Schulwesen. Grammatik, Sprache, Musik, Rechnen … all das wurde nun erstmalig im Frankenreich gelehrt.

Trotz alledem fand Karl noch Zeit, vier Frauen und fünf Konkubinen glücklich zu machen und achtzehn Kinder zu zeugen, darunter acht legitime. Der Papst drückte beide Augen zu. Wer wollte, wer konnte dem Frankenkönig, dessen Reich größer war als jedes andere Reich, das diese Welt je gesehen hatte, Vorschriften machen?

Nach einem erfüllten Leben übergab Karl 813 sein Reich an seinen Erben Ludwig (der später »Ludwig der Fromme« genannt werden sollte). 814 starb er. Er wurde in seiner Kapelle in Aachen beigesetzt, in seine kaiserlichen Gewänder gehüllt. Rund dreieinhalb Jahrhunderte später nahm die Kirche ihren treuen Diener in die Schar der Heiligen auf. Sie hatte Karls Missetaten gegen seine guten Taten abgewogen und war zu dem Schluss gekommen, dass er im Himmelreich einen besonderen Platz verdient habe.[23]

## Die andere Seite der Medaille

Großzügig »vergessen« hatte die Kirche, dass Karl viele andere Machthaber ausgepokert und manchen Rivalen beseitigt hatte; dass er Langobarden hingemetzelt und in Sachsen ein Blutbad nach dem anderen angerichtet und die Stämme mit dem Schwert in der Faust zwangschristianisiert hatte. Seine Trompeter sprachen von der »Schwertmission« und davon, welche Wonne es sei, sich dem »sanften und süßen Joch Christi« zu beugen. Doch die Wahrheit sah anders aus: Es wurde Eigentum konfisziert, Menschen wurden vertrieben und Geiseln getötet – unter dem Vorwand, nun die »Frohe Botschaft« verkünden zu können. Im Jahre 782 schlachtete Karl, der »Leuchtturm Europas«, viertausendfünfhundert Sachsen ab. Nachdem die Sachsen besiegt waren, wurde der Rest zusammengepfercht und ebenfalls umgebracht. Karl befahl, ihre Köpfe abzuhacken und ihre Leiber in einen Fluss zu werfen. Danach feierte der fromme Karl Weihnachten und lobte den Herrn.

Der Paganismus, das Heidentum, wurde ausgerottet. Wälder wurden verbrannt, Saaten vernichtet, Brunnen zugeschüttet und Bauern getötet. Alle Sachsenkriege wurden mit äußerster Brutalität geführt und nach vielen Siegen Massendeportationen angeordnet. In den Jahren 795 bis 799 und im Jahre 804 wurden rund zehntausend Familien mit Frau und Kind verschleppt.

Karl siedelte die Sachsen unter anderem in Gallien an, dem heutigen Frankreich, wo sie zinstragende Bauern wurden, die dort die reichen Herren ernähren mussten.

Die sächsischen Frauen verkaufte er in die Sklaverei. Zeitgleich wurden in der verbleibenden Bevölkerung Massentaufen erzwungen. Harte und härteste Gesetze wurden für die Sachsen erlassen. Hielten sie die Fastengebote nicht genau ein – aß auch nur ein Sachse während der Fastenzeit Fleisch –, wurde sein Tod verfügt. Karl selbst schlemmte während der Fastentage, weil ihm das Fasten angeblich nicht bekam.

Die andauernden Sachsenkriege, die heutzutage kein Historiker gutheißt, sind das schwärzeste Kapitel im Buche Karls des Großen. Später wurde dieser gnadenlose Eroberungskrieg von zweifelhaften Geschichtsschreibern in eine »friedliche Bekehrung« uminterpretiert. In Wahrheit kämpften manchmal sogar Bischöfe und Äbte mit dem Schwert in der Hand an vorderster Front, wenn es galt, die Sachsen zu erschlagen, aufzuhängen, zu köpfen und auszurotten.

Auch der Sieg gegen die Bayern lässt sich von zwei Seiten betrachten. Karl entmachtete den Bayernfürsten Tassilo III. Auch hier spielte der Papst eine zwielichtige Rolle. Er versprach Karl, ihn von jeder Sünde freizusprechen, wenn im Lande der Bayern gebrandschatzt, getötet oder geraubt werden würde. Karl rückte also in Bayern ein, er hatte die Absolution ja bereits in der Tasche.

Ohne große Probleme siegte er – wohl auch, weil sich die bayerischen Bischöfe auf Karls Seite schlugen. Später wurde Tassilo der Prozess gemacht, in einer juristischen Farce beschuldigte man ihn des Hochverrats. Nach bewährtem Muster wurde Tassilo daraufhin zum Mönch geschoren und in Klosterhaft gesteckt. Nachdem sich die klösterlichen Mauern hinter ihm geschlossen hatten, hörte man nie wieder von ihm.

Wir brauchen an dieser Stelle nicht alle Kriege aufzuführen und hinter die Kulissen zu leuchten. Karl führte auch gegen die Slawen regelmäßig Krieg, er vernichtete Land und Leute im heutigen Böhmen und Tschechien und hauste wie ein Berserker. Er unterjochte, verheerte und stahl wie ein Hunnenfürst. Er beging tausendfaches Unrecht und terrorisierte nahezu alle Länder in seiner Nachbarschaft.

*Karolus serenissimus augustus a Deo coronatus Magnus pacificus* – »Karl, der durchlauchteste, von Gott gekrönte und Frieden bringende Kaiser« unternahm während seiner ganzen Regierungszeit jährlich mindestens einen Feldzug, mit Ausnahme von zwei Jahren. Fast immer handelte es sich dabei um Angriffskriege. Karl rottete aus, sengte, plünderte und raubte, er unterjochte, versklavte, eroberte, mordete und tötete. Das war sein Tagesgeschäft. Kein einzelner Mann brachte so viel Leid über seine Zeit wie Karl, der sogenannte Große.

Sein Biograf Einhard verherrlichte Karl den Großen beinahe wie einen Gott – was uns nicht weiter verwundert, da er vom Kaiser bezahlt wurde. Die Kirche liebte Karl ebenfalls. Auch das erstaunt nicht übermäßig, da er sowohl Rom als auch Bischöfe und Äbte im Frankenreich reich machte und mit Geld, Land, Leibeigenen und Pfründen versorgte. Und da in dieser Zeit nur Priester schreiben konnten, stimmten sie alle natürlich Lobgesänge auf ihn an. Auf diese Quellen griffen spätere Generationen zurück. Und so entstand im Laufe der Jahrhunderte ein Geschichtsbild, das nicht weiter von der Wahrheit entfernt sein könnte.

Karl ging es nur darum, ein Weltreich zu erobern und sich vielleicht, falls es einen Himmel gab, dort einen Ehrenplatz zu sichern. Dafür watete er knietief im Blut. Wie viele Menschen er dabei tötete, danach fragte er nicht. Glaubte er selbst an seine Mission? Glaubte er an das Christentum? Wahrscheinlich. Trotzdem behandelte er Papst und Bischöfe wie Untertanen, manchmal wie Stallburschen, ja, er mischte sich sogar in die kirchliche Gesetzgebung ein und stellte sich stets über den Papst.[24]

Er war ein Macht-Genie und zementierte sie, indem er mit dem Papst, den Bischöfen und den Priestern eine zuvor unbekannte Art von Kontrolle etablierte. Er benutzte das Christentum und die christliche Lehre, um mental zu herrschen, nicht nur durch das Schwert.

Es entstand eine neue Art des Christentums.

Erst jetzt beginnen wir, das Mittelalter langsam zu verstehen.

## Die ungesehene Revolution oder das veränderte Christentum

Sofern wir das geheimnisvolle Mittelalter wirklich ergründen wollen, müssen wir diese Veränderung nachvollziehen. Das neue Christentum erfuhr mindestens drei entscheidende Veränderungen, die man sich vor Augen halten muss.

Erstens und am wichtigsten: Das einstmals friedliche Christentum verwandelte sich in ein kriegerisches Christentum. Weder Jesus Christus noch die Verfasser des Neuen Testaments hatten je davon gesprochen, mit dem Schwert in der Faust zu missionieren. Jetzt wurde die neue Religion dazu benutzt, Machtansprüche geltend zu machen.

Sicherlich spielte dabei auch der alte Germanenglaube mit. Die früheren germanischen Götter waren mitleidlose, kampffreudige Gesellen, die nicht weiter von der liebevollen Christusfigur hätten entfernt sein können.

Der Germane selbst war ein furchtloser Krieger, ein starker, zäher, mitunter aber auch brutaler Geselle. Die höchste Ehre bestand darin, im Kampf zu fallen, am besten mit dem Schwert in der Faust. Dann konnte man ins Walhalla eingehen, den mythischen Aufenthaltsort, die Halle der Toten, die so ganz anders war als der christliche Himmel.

Odin (oder Wotan, Wodan), der Hauptgott der Germanen, war ein furchterregender Riese, ein einäugiger Kriegs- und Totengott, der schrecklich anzusehen war auf seinem achtbeinigen Ross. Und der Donnergott Thor (Donar) schleuderte wütend seinen Hammer, wenn ihm jemand in die Quere kam. Die germanischen Götter bekriegten sich untereinander oder bekämpften Unholde.

Der Germane an sich liebte den Krieg, die Schlacht und die Beute; in voller Rüstung durch einen reißenden Fluss zu schwimmen, galt als Zeichen der Stärke. Er verachtete jeden, der im Bett starb.

Derartige Grundhaltungen und Einstellungen flossen ins Christentum mit ein. Die germanischen Götter schlichen sich sozusagen durch die Hintertür in die einstmals friedliche Religion ein und veränderten sie komplett.

Zweitens: Mit der Schwertmission ging zwar oft die Zerstörung der germanischen Heiligtümer einher, doch viele Sitten und Gebräuche wurden unversehens in das christliche Weltbild integriert: Aus heidnischen Ritualen wurden christliche Riten, aus heidnischen Glaubenssätzen christliche Vorstellungen.

Die alten Germanen glaubten an Geister – flugs wurden sie durch Teufel ersetzt. Walhalla geriet zum Himmel mit eigenen Vorzeichen. Auch den Kampf zwischen Licht und Finsternis kannten die alten Germanen. Jetzt wurde diese Idee nahtlos fortgesetzt, nur mit geänderten Worten. Selbst die Totenverehrung, die den Germanen ein besonderes Anliegen war, war im Christentum möglich.

Sogar die heidnischen Feiertage wurden ins Christentum integriert: Um 500 vor Christus hatten die Römer den 25. Dezember bereits als Geburtstag des Sonnengottes Sol gefeiert; Weihnachten war ursprünglich kein christliches Fest. Die germanischen Völker kannten den Begriff Jul, was »Weihnachten« bedeutete, die geweihte Nacht. Grundsätzlich wurde an Weihnachten die Wiedergeburt der Sonne gefeiert. Der Gott des Lichtes siegte, der »Winterriese« starb. Von diesem Tag an nahm das Licht wieder zu, die Dunkelheit wurde besiegt. Mit ein paar Verrenkungen wurde daraus mir nichts dir nichts die Geburt Christi.

Auch der Tannen- oder Weihnachtsbaum, wie wir ihn heute noch lieben, ist heidnischen Ursprungs als Symbol der Fruchtbarkeit. Germanen verteilten zur Wintersonnenwende/Weihnachten Tannenzweige an öffentlichen Orten und vor ihren Häusern, um den Winter zu verabschieden.

Die Germanen kannten ebenfalls eine Art Hölle, und zwar das Reich Hel, in das jeder verbannt wurde, der nicht auf dem Schlachtfeld gestorben war.

Der heilige Nikolaus, der den Kindern Geschenke bringt, hat ebenfalls seine heidnischen Vorläufer. Genau wie die Fastnacht – ein Vorfrühlingsfest der Germanen. Mit Masken, Verkleidungen und Geschrei wollte man den Winter, sprich die bösen Geister, verscheuchen. Hässliche Figuren, die den Winter darstellten, wurden verspottet, die Lebensfreude hielt wieder Einzug.

Ostern markiert im Christentum die Wiederauferstehung Christi von den Toten. Aber schon der Name Ostern geht auf Ostara zurück, eine germanische Göttin der Fruchtbarkeit. Den Osterhasen, ursprünglich eine Häsin, erschuf Ostara.

Selbst die Taufe gab es bereits. Die Germanen tauchten das Neugeborene ins Wasser und nahmen es damit in die Sippe auf.

Als das Christentum Einzug hielt, benannte man viele wichtige christliche Feiertage nach christlichen Kirchenpatronen oder Heiligen.

Im Juni, da die Sonne den Höchststand erreichte, feierten die Germanen ein rauschendes Fest – woraus bei den Christen das Herz-Jesu-Feuer wurde.

Mitte August wird in der christlichen Kirche der Himmelfahrt Mariens gedacht, es gab jedoch auch dafür eine Entsprechung bei den alten Germanen, ein Fest, das an Odins Gattin erinnerte, eine Göttin der Fruchtbarkeit und des Haushaltes.

Met und Bier flossen bei all diesen Festen in Strömen. Auch das veränderte sich im Christentum nicht.

Drittens: Der Volksaberglaube veränderte das Christentum ebenfalls. Gerne vergessen wird heutzutage, wie abergläubisch die

Menschen im Mittelalter waren. Fast alle, auch die Germanen, glaubten an Zeichen, Vorzeichen, Wunder, Magie und Zauberei. Die Menschen nahmen Trolle, Elfen, Kobolde, Gnome, Zwerge, Oger, Drachen und Vampire als gegeben an. Dass es wirklich und wahrhaftig Werwölfe gab – also Menschen, die sich zeitweise in Wölfe verwandeln konnten –, hielten sie ebenfalls für wahr.

Verschiedene Amulette, Steine und Ringe wurden benutzt, um schwarzer Magie und dem Unglück entgegenzuwirken. »Das Hufeisen galt als glücksbringend, weil es die Gestalt des zunehmenden Mondes … besaß.«[25] Einst war der Mond eine Gottheit. Mit dem Hufeisen versicherte man sich folglich der Unterstützung eines früheren Gottes.

Im Mittelalter glaubte man unverbrüchlich an Zaubersprüche, an schwarze und weiße Magie, an Dämonen, die man sich dienstbar machen konnte, und an Beschwörungen. Mit den richtigen Formeln, so die Hoffnung, vermochte man Fehlgeburten zu vermeiden und Krankheiten zu heilen.

Und auch das Christentum war nicht frei von Aberglauben. So rechnete man zum Beispiel damit, dass die Seelen von Kindern, die ungetauft verstorben waren, als Irrlichter über den Mooren schwebten. Selbst das Kreuzzeichen der Christen war eine Art magisches Zeichen. Damit konnte man Unglück abwenden. Der frühere Aberglaube vermischte sich mit dem späteren, der mit dem Christentum einherging. Krankheiten kam man mit Gebeten bei oder mit dem Versprechen, eine Kirche oder Kapelle zu bauen, sollte man wieder gesund werden. Als probates Mittel zur Epidemie-Bekämpfung galten die Teilnahme an Prozessionen und der tägliche Besuch der Messe. Auch die segnende Handbewegung war im Grunde weiße Magie.

Überdies hielt die Bibel für allerlei Kunststückchen her. Man schlug die Bibel an einer beliebigen Seite auf, zeigte mit dem Zeigefinger auf einen Vers oder eine Zeile und bemühte sich, den Text auf die gegenwärtige Situation zuzuschneiden, um einen Ratschlag daraus abzuleiten.

Kurz gesagt: Der Aberglaube gehörte zum Mittelalter wie die Pille zum Doktor. Er war typisch für das Früh-, Hoch- und Spätmittelalter und konnte nicht einmal in der Neuzeit ausgerottet werden.

Noch einmal: Der alte Aberglaube vermischte sich mit dem neuen Aberglauben.

Auch auf diese Weise entstand ein neues Christentum.

## Kleine Zusammenfassung

### Das neue Christentum war also

1. kriegerisch,
2. rettete zum Teil die alten Götter und Gebräuche in die neue Zeit hinein und
3. strotzte vor abergläubischen Vorstellungen.

Auf diese Weise wurde der Glaube der Germanen in das Christentum hinübergerettet.

Die mentale Herrschaft, die durch die Priester und die Bibel etabliert wurde, veränderte die Menschen zwar, aber nicht so stark, dass sie von allen alten Vorstellungen und Traditionen endgültig Abschied genommen hätten.

Umgekehrt beeinflusste die kriegerische Komponente des Germanentums das ehemals friedliche Christentum – eine Entwicklung, die bei Licht betrachtet schon unter Konstantin dem Großen (306–337 römischer Kaiser) begonnen hatte. Doch erst jetzt erreichte die »Schwertmission« ihre volle Blüte.

Germanen wurden christlich, und das Christentum germanisch. Zusammen mit den alten Römern, die den Krieg ja gleichfalls angebetet hatten, entwickelte sich so eine neue Religion mit ganz anderen Vorzeichen.

Das Mittelalter begann dem Mittelalter zu entsprechen, das wir alle kennen. Gleichzeitig verbreitete sich dieses neue, veränderte

Christentum unaufhaltsam. Dabei stieß es jedoch völlig überraschend an seine Grenzen, als es mit dem byzantinischen Reich aneinandergeriet – mit Ostrom, das einen eigenen Weg eingeschlagen hatte.

Wieder standen die Zeichen auf Sturm.

# 8. Das große Schisma

Mit dem Voranschreiten des Mittelalters mussten sich Priester, Bischöfe und Päpste permanent mit der »Konkurrenz« auseinandersetzen. Sprich, zahlreiche Sekten, Abspaltungen und unabhängige christliche Glaubensrichtungen schlugen ihren eigenen Weg ein. Sie pfiffen auf Rom und den allgewaltigen Papst.

Das war dem *papa* in Rom mehr als ein Dorn im Auge. Stets versuchte jeder Papst, alle anderen Patriarchen oder Erzbischöfe unter seine Kontrolle zu bringen. Das forderte sein Verständnis des Christentums ein, schließlich sah er sich als Nachfolger des heiligen Petrus, dem einstmals die gesamte Kirche übergeben worden war.

Trotzdem war dem Papst im Osten ein Gegenspieler von vergleichbarer Größe erwachsen, was im 11. Jahrhundert zu dem sogenannten Großen Schisma führte. Das Große Schisma wird auch Morgenländisches Schisma genannt oder lateinisch *Schisma Graecorum*. Hier spalteten sich die griechisch-orthodoxen Kirchen von der römisch-katholischen Kirche ab. Gemeinhin deuten Historiker auf das Jahr 1054, wenn sie von diesem Schisma (Kirchenlatein *Schisma* = Spaltung) sprechen. In diesem Jahr erreichten die Auseinandersetzungen ihren Höhepunkt. In Wahrheit brodelte es unter der Decke zwischen diesen beiden großen christlichen (Glaubens-)Richtungen schon eine geraume Weile.

## Die beiden Seiten

Die Bestrebungen der römischen Kirche und der Päpste, die Weltherrschaft über alle Seelen zu erringen, bezogen sich grundsätzlich auch auf das Byzantinische Reich (395–1453), also auf Griechenland und die Türkei, jedoch auch auf Länder des Balkans, ganz allgemein auf Teile Asiens.

Wir haben bereits gehört, dass das Imperium Romanum im Osten länger Bestand hatte und sich als Byzantinisches Reich zäh behauptete. Es hatte seine spezielle Ausformung und unterschied sich in vielen Punkten von Italien, Frankreich und Deutschland – vom Westen. Die griechische Sprache dominierte. Es entwickelte sich eine eigene Variante des Christentums, die sich in vielen Einzelheiten von Rom unterschied. Man driftete auseinander. Im Byzantinischen Reich lebten die verschiedensten Völkerschaften, es unterlag zahlreichen Einflüssen. Söldner aus vielen Ländern hielten sich hier auf, die Türken und Araber waren Nachbarn und drängten herein, und Asien lag vor der Tür. Es entstand eine ganz eigene, typische Kultur.

Im Mittelalter gab es im Byzantinischen Reich ein ständiges Hauen und Stechen, speziell in der Hauptstadt Konstantinopel, in der nahezu unaufhörlich der Kampf um den Kaiserthron tobte. Intrigen, Morde, Kriege und Aufstände waren an der Tagesordnung.

Spüren wir einen Moment lang der Herkunft des Wortes Byzanz nach. Der Ursprung und die Herkunft des Begriffs sind bis heute nicht gesichert. Der Name Byzanz lautete im Griechischen *Byzantion*, auf Latein *Byzantium* und in der türkischen Sprache *Bizans*. Ursprünglich wurde der Begriff Byzanz nur für die Stadt Konstantinopel verwendet, das heutige Istanbul, später auch für das gesamte Byzantinische Reich, dessen Ausdehnung sich während seiner tausendjährigen Geschichte unaufhörlich veränderte.

Aber vielleicht ist doch ein Vorschlag zu der möglichen Herkunft des Wortes erlaubt: Im Altgriechischen bedeutet *buzén* so viel wie »voll« oder »dichtgedrängt«. Möglicherweise handelte es sich bei Byzanz um einen dichtgedrängten, das heißt stark bevölkerten Ort?

Fest steht lediglich, dass Kaiser Konstantin I. im 4. Jahrhundert nach Christus Byzanz eroberte und zur neuen Hauptstadt des Römischen Reiches ausbaute. Nach seinem Tod im Jahr 337 wurde die Stadt deshalb in *Constantinopolis* umbenannt, sprich die »Stadt des Konstantin«, *polis* bedeutet auf Griechisch »Stadt«.

Später zerfiel das Imperium Romanum in zwei Teile, wie ebenfalls bereits bekannt. Nach seinem Untergang blieb diese Teilung bestehen, sowohl in politischer als auch in kultureller Hinsicht. Man entfernte sich immer weiter voneinander, auch in theologischer Beziehung. Und so war es in gewissem Sinne logisch oder zumindest abzusehen, dass auch die Glaubensbekenntnisse eine unterschiedliche Färbung annahmen.

Worum ging es, worum stritt man?

Um die Heilige Dreifaltigkeit.

Folgende Frage stand im Raum: Wie waren die drei Personen – Gottvater, Gott Sohn und der Heilige Geist – zu bewerten? Wer hatte Vorrang? Wer war am wichtigsten? Und wie war das überhaupt zu verstehen, dass drei Personen gleichzeitig eine einzige Person sein konnten?

Wir werden hierauf ganz neu antworten und das Rätsel schon im nächsten Kapitel lösen.

Damals erhitzte das Problem die Gemüter und gab Anlass zu endlosen Diskussionen. Heute kann man den Streit über die Heilige Dreifaltigkeit kaum mehr nachvollziehen, aber damals schlug man sich deswegen fast die Köpfe ein. Jeder sprach darüber, vor allem in Konstantinopel. Selbst der einfache, kleine Mann prügelte sich auf offener Straße, sobald eine Person eine andere Meinung über Jesus Christus oder den Heiligen Geist äußerte und die Trinität nach Gutdünken auslegte.

Die Zeit der theologischen Tollwut brach an.

# Die Gegensätze

Natürlich gab es unterschiedliche Meinungen über alle möglichen Themen. Doch im Grunde ging es um die Vorrangstellung des Papstes. Sollte man es ihm gestatten, auch über das Christentum im Osten zu herrschen, also in Griechenland und so fort? Konnte man ihm die Entscheidung überlassen, welch besondere Bewandtnis es mit Gott hatte? Eine schrittweise Entfremdung setzte schon vor dem Jahr 1054 ein. Doch nun schritt die jahrhundertelange Entfremdung zwischen der Ost- und Westkirche ihrem Höhepunkt entgegen.

Die Griechen traten gegen die Römer an, wie man die beiden Kampfhähne verkürzt beschrieb. Die Griechen bezeichneten die Römer als »Barbaren«, die Römer die Griechen als »hochnäsig«. Man beschimpfte sich wechselseitig.

Die Griechen erlaubten die Priesterehe und bestanden darauf, in der heiligen Messe nur auf eine bestimmte Art gebackenes Brot zu verwenden. Die Römer widersprachen und verteidigten das Zölibat und ihre Art, Brot herzustellen.

Wirklich wichtig schien den Griechen nur der Zusatz eines Wortes im christlich-römischen Glaubensbekenntnis, des Wortes *filioque.* Wörtlich bedeutet es »und aus dem Sohn«.

Die Römer beteten: »… und wir glauben an den Heiligen Geist, der Herr ist und lebendig macht, der aus dem Vater und dem Sohn [= filioque] hervorgeht.«

Die Griechen dagegen bestanden darauf, folgendermaßen zu beten: »… und an den Heiligen Geist, den Herrn, den Lebendigmacher, der aus dem Vater hervorgeht …«

Das heißt, einmal war der Heilige Geist aus Gottvater *und* dem Sohn hervorgegangen, ein andermal nur aus dem Vater. Einmal wurde Jesus mehr Gewicht beigemessen, einmal weniger. Für Theologen ein sehr bedeutsamer Unterschied!

In Rom bestand man darauf, dass sich der Papst auch in dieser Beziehung unmöglich irren könne; dem widersprach man in Konstantinopel.

Zunächst versuchte man im Jahre 1054 einen Kompromiss zu finden und unternahm einen Versöhnungsversuch, indem man Gesandte von Rom nach Konstantinopel schickte. Doch die Griechen hörten mit ihrer Kritik nicht auf. Sie beanstandeten, dass römische Priester keinen Bart trügen, während man selbst beeindruckend lange, schöne Bärte zur Schau stellte, was man als ein Stück religiöser Identität empfand. In Wahrheit waren das alles nur Nebenkriegs-Schauplätze. Eigentlich ging es um die Vorherrschaft des Papstes über die gesamte Christenheit. Sollte er das letzte Wort in Glaubensfragen haben oder nicht? Sollte es ihm erlaubt sein, das *filioquo* in das Glaubensbekenntnis einzuschmuggeln, oder nicht? Im Osten hatte sich längst ein eigenes hierarchisches System entwickelt, mit einem Patriarchen an der Spitze. Hier wollte man sich nicht hineinreden lassen. Warum sollte man den barbarischen, bartlosen Römern, die nicht einmal die griechische Sprache beherrschten, die Oberhoheit zugestehen? Auch das von den Römern geforderte Verbot der Priesterehe torpedierte den Kompromiss. Sollten jetzt alle griechischen Priester ihre Frauen zum Teufel jagen?

Und so kam es, wie es kommen musste. Der Papst bannte durch seine Gesandten in Konstantinopel die »orthodoxen« griechischen Kirchenführer, der Patriarch und seine Vertreter bannten umgekehrt die »römisch-katholische« Kirche. Man bannte, exkommunizierte und verfluchte sich gegenseitig.

Das Schisma war perfekt, der Versöhnungsversuch gescheitert.

Als später – im Rahmen der Kreuzzüge – Konstantinopel von den »Römern« geplündert wurde, vertiefte sich dieser Bruch noch. 1204 war das Schisma endgültig festgeschrieben. Wohl gab es noch einige Vereinigungsbestrebungen im Mittelalter, aber sie scheiterten ebenfalls, teilweise am Widerstand der griechischen Bevölkerung.

Sie scheiterten an einem Wort: *filioque.*

Das Zerwürfnis besteht bis heute fort.

# Der Streitpunkt

Heutzutage ist es kaum mehr nachvollziehbar, dass ein einziges Wort innerhalb des Glaubensbekenntnisses eine solche Bedeutung haben soll.

Skeptisch könnte man anmerken, dass der menschliche Geist sicher nicht in der Lage ist, sich *über* Gott zu stellen; er sollte nicht versuchen, Gott zu definieren. Weiter könnte man sich regelrecht lustig machen über den Streitgegenstand, über ein einziges Wort. Aber in diesem Fall würde man den mittelalterlichen Menschen nicht gerecht werden, vor allem nicht ihren Theologen und Priestern.

Gottvater, Jesus Christus, der Heilige Geist … das waren todernste Angelegenheiten. Darüber spaßte man nicht. Das ging an die Substanz des eigenen Glaubens. Konnte man Jesus in die zweite Reihe stellen? Konnte man zulassen, dass aus ihm der Heilige Geist *nicht* hervorgegangen war? War das nicht frevelhaft?

Hunderte von Fragen taten sich auf, die alle heftig diskutiert wurden.

Gab es einen Unterschied zwischen den drei Göttern, die im Prinzip nur ein einziger Gott waren? WER war am wichtigsten?

Der mittelalterliche Theologe hätte einen modernen Spötter auf dem Scheiterhaufen verbrannt. Über die höchsten und letzten Dinge scherzte man nicht! Gott war eine Vokabel, die religiöse Magie besaß. Wenn man sich darüber lustig machte, verriet man Gott selbst.

Fragen über Fragen tauchten auf. Wie war das überhaupt zu verstehen – ein einziger Gott, in drei Gestalten?

Zugegeben, letztlich ging es um das Primat des Papstes, aber vor allem in Konstantinopel wollte man die Frage selbstständig durchdenken. Griechen kämpften gegen Römer, mit Worten, Flüchen und Beleidigungen. Und so besteht das Schisma bis heute fort.

Was der mittelalterliche Mensch nicht wusste, war, was es mit der Heiligen Dreifaltigkeit in Wahrheit auf sich hatte. Er kannte kurz gesagt die Geschichte nicht.

Gönnen wir uns einen Abstecher in die Religionsgeschichte und berichten wir mit dem Wissensvorsprung von tausend Jahren, was der Vorstellung von der Heiligen Dreifaltigkeit wirklich zugrundeliegt. Das Ergebnis könnte überraschender nicht sein.

# 9. Das Rätsel der Heiligen Dreifaltigkeit

Schon immer – nicht nur im Mittelalter – irritierte viele Menschen die geheimnisvolle Lehre der Heiligen Dreifaltigkeit.

Wie sollte, wie konnte man das verstehen?

Einerseits sprachen die wortgewaltigen Herren Theologen von *einem* Gott und behaupteten andererseits, eben dieser eine Gott manifestiere sich in *drei* Personen. Sie sprachen mit hoch erhobenem Zeigefinger von erstens Gott Vater, zweitens Gottes Sohn (Jesus Christus) und drittens vom Heiligen Geist. Sie sprachen von der geheimnisvollen Trinität, von der »Dreiheit« oder eben von der Heiligen Dreifaltigkeit. Ihnen zufolge ging es sowohl um eine Person – als auch um drei Personen.

Wie sollte man das verstehen, ausgerüstet mit einem kleinen, erbärmlichen, menschlichen Verstand? Entweder ein Ding, eine Sache oder eine Person existierte drei Mal *oder* ein Mal. Aber nicht drei Mal *und* ein Mal. Eine solche Behauptung lief jeder Vernunft zuwider. $1 + 1 + 1 = 1$? Diese Gleichung konnte unmöglich stimmen. Der gesunde Menschenverstand sträubte sich mit Händen und Füßen dagegen.

Wagte man es jedoch, auf diese Unlogik hinzuweisen, erhoben die mittelalterlichen Theologen sofort warnend den Zeigefinger. Was erlaubte sich ein kleiner, jämmerlicher Mensch, Gott verstehen zu wollen? Das war Blasphemie! Hochmut! Gotteslästerung! Gott konnte man nicht begreifen. Gott konnte aus einer Eins eine Drei machen, wenn es ihm beliebte. Er konnte jede menschliche

Logik auf den Kopf stellen. Er stand über der Logik. Als unbedeutendes Menschlein hatte man im Staub zu kriechen, sofern es um Gott oder seine Stellvertreter, die Priester, ging. »Staub, gehorche!«, schleuderten die Priester den Menschen entgegen – vielleicht noch mit einem Fluch oder Bannstrahl gewürzt, falls es doch jemand wagen sollte, aufzubegehren und seinen eigenen Verstand zu benutzen.

In gut abgeschotteten Zirkeln versuchten die gescheitesten theologischen Köpfe das Rätsel rund um die Heilige Dreifaltigkeit zu begreifen. Viele Jahrhunderte lang brüteten sie über die Unmöglichkeit, dass *eine* Person gleichzeitig Gott Vater, Gott Sohn und der Heilige Geist zu sein vermochte, also *drei* Personen.

Die Heilige Dreifaltigkeit! Das war wirklich ein Rätsel, das es in sich hatte. Aber es durfte nicht infrage gestellt werden. Das Christentum beruhte schließlich auf dieser Annahme. Beim Konzil von Nicäa – einem Ort, der heute Iznik heißt und nicht allzu weit entfernt von Istanbul in der Türkei liegt –, wurde 325 nach Christi Geburt die Trinität unwiderruflich festgeschrieben. Ein paar andere Konzile und Kirchenväter feilten später noch an diesem Problem.

Sogar die Herren Theologen, die mit Gott doch eigentlich auf Du und Du standen, durften eigentlich nur »glauben«. Und trotzdem wehrte sich selbst ihr Verstand gegen dieses göttliche Rätsel.

Die abenteuerlichsten theologischen Spekulationen und wilde, intellektuelle Verrenkungen wurden angestellt – genau wie bei der jungfräulichen Geburt, an die man ebenfalls nur glauben konnte. Aber selbst die gescheitesten theologischen Autoritäten kapitulierten im Falle der Heiligen Dreifaltigkeit. Und so einigte man sich schließlich auf Folgendes: Man vermochte Gott nicht in die Karten zu schauen. Vielleicht war es sogar eine Sünde, Gott verstehen zu wollen. Diese Frage wurde einfach abgebügelt, selbst innerhalb theologischer Zirkel.

Dabei kann man das Rätsel um die Heilige Dreifaltigkeit ganz einfach lösen – wenn man die Geschichte kennt. *Vier* historische

Tatsachen lassen uns die Heilige Dreifaltigkeit unmittelbar verstehen. Man hätte sich nur mit ein wenig historischem Hintergrundwissen an diese Dreiheit heranpirschen müssen, was zugegebenermaßen im Mittelalter unmöglich war.

In dieser Epoche wurde beispielsweise nie auf die präzisen, geschichtlichen Vorbilder für diese Trinität hingewiesen. Und noch hartnäckiger verschwieg man, dass es tatsächlich ein Geheimnis in Bezug auf diese göttliche Trinität gab. Enthüllte man es, würde sich das Rätsel der Heiligen Dreifaltigkeit in Wohlgefallen auflösen. Plötzlich verstünde man, was *wirklich* dahintersteckte und mit dieser Trinität ausgedrückt werden sollte.

Lösen wir ein für alle Mal das Rätsel der Heiligen Dreifaltigkeit.

## Tatsachen

Die göttliche Trinität war beileibe keine Erfindung des Christentums. Gehen wir ein wenig in der Religionsgeschichte zurück.

Schon im alten Rom gab es eine göttliche Trinität. Eine Dreifaltigkeit, Dreieinigkeit oder Trinität – auf gut Latein *trinitas*, im Altgriechischen bedeutet *trias* Dreizahl – wurde bereits im Falle von Jupiter, Juno und Minerva angenommen. Das waren drei respektable Götter, die die Römer von den Griechen übernommen hatten, wo sie Zeus, Hera und Athene hießen.

### Jupiter, Juno und Minerva

Zeus (bei den Griechen) oder Jupiter (bei den Römern) war der Göttervater, er war der oberste, der erste Gott. Gern wurde er bärtig dargestellt. Jupiter schleuderte Blitze zur Erde und ließ den Donner grollen. Er war der erste Teil der römischen Trinität.

Ihm zur Seite stand seine Gemahlin, die Göttin Hera (bei den Römern Juno genannt) – der zweite Teil der Dreifaltigkeit. Die eifersüchtige Juno war die Beschützerin der Ehe und der Frauen. Unser Monatsname Juni leitet sich von *Juno* her. Sie wurde auch *Iuno Regina* genannt, Königin Juno. Religionsgeschichtlich gesehen besteht eine fortlaufende gerade Linie von der ägyptischen Göttin Isis – ebenfalls für Geburt, Ehe und Frauen zuständig – zur griechische Hera, weiter zur römischen Juno bis zur heiligen Maria im Christentum. Auch die heilige Maria, die Mutter Gottes, »voll der Gnaden«, wurde gern um Beistand angefleht, wenn es um Kinder, die Familie oder um die Ehe ging. Juno jedenfalls war die Zweite im Bunde der römischen Trinität.

Die Dritte im Bunde war Minerva, bei den Griechen Athene genannt. Diese Göttin verkörperte die Weisheit, war aber auch die Göttin des Kampfes, der Kunst, des Handwerks und der Handarbeit. Der Stadt Athen diente sie als Schutzgöttin.

### Die römische Dreifaltigkeit

Die drei Gottheiten – Jupiter, Juno und Minerva – bildeten im alten Rom also eine Trinität, die sogenannte Kapitolinische Trias. Die Kapitolinische Trias stellte eine vergleichbare Dreifaltigkeit dar wie die Dreifaltigkeit in der christlichen Theologie.

Das Capitolium war der Haupttempel im alten Rom, er befand sich auf einem der sieben Hügel des antiken Rom. Hier gab es drei Räume, die als *cellae* bezeichnet wurden. (Nebenbei bemerkt entdecken wir in diesem Begriff unser deutsches Wort Zelle.) Jeder dieser drei Räume war einer der drei Gottheiten zugeordnet.

Tatsächlich gab es mehrere derartige Tempel im Römischen Reich. Stets wurden sie als Capitolium bezeichnet. Die erste *cella*, der Raum Jupiters, lag in der Mitte. Juno siedelte man zu seiner linken und Minerva zu seiner rechten Seite an.

Rief man diese göttliche Dreiheit an, so hatte man dem Glauben der alten Römer zufolge die wichtigsten Götter sozusagen in der Tasche. Nun konnte man der Zukunft getrost entgegensehen, schließlich standen einem die drei mächtigsten Gottheiten zur Seite.

Mit anderen Worten: Die Dreifaltigkeit ist keine Erfindung des Christentums.

Im alten Rom waren sogar verschiedene Trinitäten bekannt.

Bevor Jupiter, Juno und Minerva Karriere machten, gab es schon eine andere römische Dreiheit: Jupiter, Mars und Quirinus bildeten in Roms Frühzeit eine göttliche Trinität. Mars war der Gott des Krieges und Quirinus ebenfalls ein Kriegsgott, der in den Anfängen Roms verehrt wurde.

Und man traf eine weitere römische Trinität aus Ceres, Liber und Libera an. Ceres war unter anderem die Göttin des Ackerbaus, der Fruchtbarkeit und der Ehe. Liber galt als Gott der pflanzlichen und animalischen Befruchtung. Libera war das weibliche Pendant zu Liber, sie galt als Göttin der (weiblichen) Fruchtbarkeit. Diese drei Götter bildeten ebenfalls eine Trinität.

Und so begegnen wir im alten Rom gleich mehreren unterschiedlichen »Dreifaltigkeiten«.

Spätestens jetzt bemerken wir, dass der Zahl drei eine besondere Bedeutung zugemessen wurde. Die Drei war »heilig«. Warum? Dazu gleich mehr. Bleiben wir zunächst noch ein wenig beim Thema der göttlichen Trinitäten.

## Die griechischen Dreieinigkeiten

Auch im alten Griechenland treffen wir in auffallender Häufigkeit auf göttliche Gestalten, die in *Triaden* auftraten, dreigebündelt also. Die drei stärksten Götter in der griechischen Antike waren der Hauptgott Zeus, Poseidon, der Gott des Meeres, und Hades, der Gott der Unterwelt. Man nahm an, dass die drei mächtigsten Götter die Welt unter sich aufgeteilt hatten – der eine war für die Meere zuständig, der andere für die Unterwelt und der dritte, Zeus, für alles, was oberhalb der Erde kreucht und fleucht.

Dazu gab es ursprünglich drei Musen (später neun), die für die schönen Künste zuständig waren. Es gab drei Totenrichter, und selbst Quellnymphen (= Quellgeister) verehrte man in Dreiergruppen.

Auch Leto, Artemis und Apollon bildeten ein Trio. Der Sage nach war Leto eine Geliebte des Wüstlings Zeus, der mit ihr die beiden Kinder Artemis und Apollon zeugte. Artemis verehrte man als Göttin der Jagd, des Waldes, des Mondes, aber auch als Hüterin der Frauen und Kinder. Apollon war der Gott des Lichts, der Heilung, der Reinheit und Mäßigung, der Künste und der Weissagung.

Wir müssen nicht alle Aufgaben der Götter im Blick behalten. Nur so viel: Im Laufe der Zeit wurden verschiedenen Göttern mehr und mehr Aufgaben aufgebürdet. Einige Götter gewannen an Beliebtheit und wurden überhäuft mit Pflichten und Zuständigkeiten. Interessant ist hier nur, dass man Götter stets in Dreiergruppen zusammenfasste.

Pluton, Demeter und Kore bildeten eine weitere Dreiheit in der griechischen Antike. Pluton war der Gott der Totenwelt, Demeter zuständig für die Fruchtbarkeit der Erde, des Getreides, der Saat und der Jahreszeiten und Kore, auch Persephone genannt, eine Tochter des Zeus, galt als Göttin der Fruchtbarkeit und der Unterwelt.

Ignorieren wir die vielfältigen Aufgaben. Seien Sie sich jedoch bewusst: Wohin das Auge blickt, überall gab es Trinitäten.

## Trinität im Taoismus

Im Taoismus fand (und findet) sich ebenfalls eine Trinität oder Dreifaltigkeit. Man bezeichnet sie als die »Drei Reinen« oder die »Drei Reinheiten«, worunter man drei himmelbewohnende Götter oder Unsterbliche versteht.

Die drei Götter waren Yuánshi Tiānzūn (der Himmelsehrwürdige des Uranfangs), Tàishàng Dàojūn (der Himmelsehrwürdige des göttlichen Schatzes) und Lǎojūn (der Himmelsehrwürdige des Weges und der Tugend). Nach taoistischen Vorstellungen sind diese drei Götter eine einzige Gottheit und gleichzeitig drei.

## Trinitäten im alten Ägypten

Selbst aus dem ägyptischen Raum kennen wir Trinitäten.

Osiris, Isis und Horus bilden ebenfalls eine Heilige Dreifaltigkeit: Der Gott Osiris war der Gott des Jenseits, der Wiedergeburt und der Toten. Er herrschte über die menschlichen Verstorbenen, das Totenreich war ihm untertan. Vor ihm mussten sich die Toten verantworten. Isis war die Göttin der Geburt und Wiedergeburt, aber auch eine Totengöttin. Horus kann man als Himmelsgott bezeichnen – er war der Sohn des Osiris und der Isis. Es gab also »Gottvater«, eine »Gottesmutter« und einen »Gottessohn« – genau wie im Christentum.

Im alten Ägypten gab es noch eine weitere Trinität aus den Göttern Osiris, Ptha und Sokar, die gern zu einer singulären Gottheit zusammengesetzt wurden. Ptah wurde zeitweilig als oberster Schöpfergott angesehen und zum Herrn aller Götter erklärt. Sokar war ein Totengott. Auch hier galt die Gleichung 1 + 1 + 1 = 1.

## Trinitäten im Hinduismus

Der Hinduismus verfügte und verfügt über erstaunlich viele Götter. Hier tummeln sich Tausende ganz unbekümmert. Jeder Gläubige kann sich praktisch aussuchen, welcher Gott ihm am meisten zusagt und wen er verehren möchte. Das ist insofern recht praktisch, als die Götter mehr auf die Menschen angewiesen sind als umgekehrt.

Aber auch im Hinduismus gibt es drei besondere Götter, eine Dreigestalt, eine Dreifaltigkeit, die auf Sanskrit *Trimurti* heißt.

Die drei Götter dieser Trimurti sind Brahma (der Weltschöpfer), Vishnu (der Erhalter) und Shiva (der Zerstörer). In einigen heiligen indischen Schriften werden diese drei Götter als die Erscheinungsform einer einzigen, singulären Wesenheit bezeichnet, als höchster Gott namens Ishvara. Zahlreiche Skulpturen, die eine dreifache Gestalt in einer Person darstellen, weisen auf diese Dreifaltigkeit hin. Auch Körper mit drei Köpfen gibt es zuhauf in bildlichen Darstellungen; Maler und Bildhauer lösten das Problem $1 + 1 + 1 = 1$ auf ihre Weise.

Darüber hinaus kennt man im Hinduismus sogar eine weibliche Dreifaltigkeit. Sie besteht aus Saravati (= die Schöpferin), Lakshimi (= die Erhaltende) und Kali (= die Zerstörerin).

## THEO-LOGIK

Natürlich behaupteten die Priester jeder Religion, in ihrem Fall handele es sich um eine einzigartige, unvergleichliche Dreifaltigkeit. Im Christentum galt es, besonders deutlich herauszustreichen, dass Jesus ein Gott war und nicht etwa »nur« ein Prophet. Es galt, die Einzigartigkeit von Jesus Christus zu betonen. Jesus nur als menschlich zu bezeichnen oder als eine Person, die halb menschlich und halb göttlich war, genügte nicht. Auf dem Konzil von Nicäa wurden solche Vorstellungen als Irrlehre verdammt. In der Folge erschienen zahlreiche theologische Abhandlungen, die die Göttlichkeit Jesu, aber auch die Göttlichkeit des Heiligen Geistes herausstrichen. Wieder und wieder setzte man sich auf verschiedenen Konzilen mit dieser Frage auseinander. Kirchen spalteten sich ab und Sekten entstanden, weil diese Dreifaltigkeit einigen Bischöfen oder Kirchenfürsten zu unlogisch erschien. Die katholische Kirche formulierte im Jahre 675 nach Christi Geburt das Dogma der Dreifaltigkeit. Wer etwas anderes glaubte, konnte nicht selig werden und ging des Himmels verlustig.

Trotzdem stießen sich Gläubige wie Theologen an dieser Unlogik. Bibelstellen wurden gegeneinander ausgespielt, und Kirchenväter bekriegten sich. Die scharfsinnigsten Argumente wurden wie Geschütze aufgefahren – über tausend Jahre lang. Doch auch der gewaltigste Intellekt konnte diese mathematische Kapriole nicht erklären.

Für die einfacheren Gemüter im Mittelalter bemühte man Metaphern. Man erklärte ihnen, dass doch auch Kleeblätter dreiblättrig seien; das heißt, es gäbe drei Blätter, aber trotzdem handele es sich nur um eine einzige Pflanze. Analogien und Vergleiche wurden bemüht, um das Unerklärliche zu erklären.

Auch ein Baum bestand aus Wurzeln, dem Stamm und aus Zweigen. Der Mensch bestand aus Körper, Geist und Seele. Hielt man drei Fackeln dicht aneinander, so vereinigten sie sich zu einem einzigen Licht. Ein Würfel bestand aus drei Dimensionen – und war doch nur ein einziger Würfel. Das Dreieck geriet zum Symbol der Dreifaltigkeit. Drei sich überschneidende Kreise wurden ebenfalls bemüht – ein Grund, warum sich entsprechende Darstellungen bis heute in vielen christlichen Kirchen finden, die selbst oft auch drei Teile haben, drei Großräume, kurz Dreiteilungen aller Art.

Doch nie wurde im Mittelalter darauf hingewiesen, dass es in allen möglichen Religionen jede Menge Trinitäten gab. Und in vielen dieser Religionen wurde interessanterweise ebenfalls behauptet, dass diese jeweilige Dreifaltigkeit nur eine einzige Person sei.

Das christliche Rätsel ist also uralt. Es ist nicht auszuschließen, dass es einfach von früheren Religionen abgekupfert wurde. Doch damit haben wir das eigentliche Rätsel noch immer nicht gelöst. Wir haben lediglich erkannt, dass es sich hier um ein uraltes religiöses Symbol handelt, dass allerorten und zu allen möglichen Zeiten im Rahmen verschiedener Glaubensbekenntnisse auftrat.

Graben wir also tiefer und forschen wir weiter. Fragen wir uns, warum es sich ausgerechnet immer um drei Götter handelte.

## Die heilige Zahl Drei

Schon immer kam der Zahl Drei eine besondere Bedeutung zu. Tiefsinnige Denker stellten fest, dass unsere ganze Welt, der Raum, dreidimensional ist. Und die Zeit? Nun, es gibt die Vergangenheit, die Gegenwart und die Zukunft. Aristoteles, der gescheite Grieche, erkannte, dass die Drei die erste Zahl ist, die einen Anfang, eine Mitte und ein Ende besitzt. Eine Familie bestand aus Vater, Mutter und Kind. Es gab einen zunehmenden Mond, einen Vollmond und einen abnehmenden Mond.

Überall, in der gesamten Natur, konnte man die Zahl Drei entdecken. In Geheimzirkeln und in verschiedenen religiösen Schriften wurde stets über die Drei nachgedacht. Einige Seher und Esoteriker verloren sich komplett in der Zahlensymbolik.

Am berühmtesten wurde die Lehre des Pythagoras, des erleuchteten Griechen, der jeder Zahl eine bestimmte Bedeutung zugewiesen hatte. Verbargen gar die Zahlen selbst tiefere Geheimnisse? Gemäß Pythagoras repräsentierte die Eins die »Einheit«, die Identität, den Urgrund, den Ausgangspunkt. Die Zwei war ebenfalls von größter Bedeutung, denn es gab Vater und Mutter, Hell und Dunkel, Groß und Klein, Plus und Minus. Die Drei verkörperte Anfang, Fortdauer und Ende und beschrieb zahlreiche Phänomene, wie beispielsweise den Zyklus einer Aktion – Anfang, Fortdauer und Ende.

Die Vier schließlich war insofern etwas Besonderes, als es Vierecke gab und Würfel, sie hatte etwas mit dem Raum zu tun und der »Welt« überhaupt. Ursprünglich glaubten die griechischen Naturphilosophen, es gebe nur vier Elemente – Feuer, Wasser, Erde und Luft.

Kurz gesagt beschrieb allein die Zahl zahlreiche Erscheinungen, mit ihr konnte man vielleicht Dinge verstehen, die man vorher nicht erfassen konnte. Zumindest näherte man sich mit Zahlen gewissen Phänomenen auf eine ganz andere Art und Weise an. Es handelte sich bei der Mathematik offenbar um eine »kosmische«

Sprache, eine »überirdische« Sprache. Jedenfalls schafften die Zahlen an sich bereits eine gewisse Ordnung.

Zudem war das Verhältnis der Zahlen untereinander höchst bemerkenswert: 1 + 2 + 3 + 4 ergab beispielsweise die vollkommene 10; weiter 3 + 4 die Zahl 7, die in so vielen Kulturen als heilige Zahl galt.

Doch in Wahrheit ging es Pythagoras bei aller intellektuellen Schärfe, bei aller mathematischen Begabung eben nicht um die Rechenkunst. Der Philosoph benutzte die Mathematik lediglich dazu, die Welt besser zu verstehen. Mathematik besaß keinen Eigenzweck, sie war nur ein fantastischer Schlüssel, mit dem man alles Existierende besser beschreiben und begreifen konnte. Der Sinn, diese »mathematische Sprache« zu erlernen, bestand lediglich darin, die höheren Welten zu verstehen.

In der Folge wurde dieser Zahlen-Symbolismus immer weiter ausgeführt, einige Denker verloren sich darin wie in einem Irrgarten. Die Drei, die heilige Zahl, wurde mit mysteriösen Girlanden umwunden. Dabei lag die Antwort für die »Dreiheit« auf der Hand.

Erst jetzt lichtet sich das Dunkel.

## Der ewige Zyklus

Will man Religion wirklich verstehen, muss man zu ihren Anfängen und Urgründen zurückkehren. Zahlreiche religiöse Lehren nahmen in Indien ihren Anfang. Kein Land war je so religiös! Von Indien aus wanderten zahlreiche religiöse Bräuche, Glaubensvorstellungen, Kulte, Engel und Götter nach Persien, Ägypten, Griechenland und Italien. Selbst die Namen der Götter blieben teilweise erhalten. Indische Götternamen finden sich bis heute in Persien und in Griechenland. Deshalb müssen wir unseren Blick nach Indien richten, wenn wir die Heilige Dreifaltigkeit verstehen wollen, nicht auf die Römer, nicht auf die alten Griechen, nicht auf den Taoismus und auch nicht auf die alten Ägypter. Von Indien aus verbreitete sich die Idee der Dreifaltigkeit in alle Himmelsrichtungen.

Keine der angeführten Dreifaltigkeit ist älter als die uralte vedische Gottheit Brahma, der Schöpfergott der Hinduisten. Die Veden, die heiligen Schriften, sind der Ausgangspunkt. Sie sind viel älter als nur dreitausendfünfhundert Jahre, wie einige Gelehrte heute behaupten. Wir dürfen ja nie vergessen, dass die Veden vor ihrer Aufzeichnung bereits viele Jahrtausende mündlich weitergegeben wurden. Die Veden (*Veda* bedeutet »Wissen«) wurden penibel auswendiggelernt und über zahlreiche Generationen hinweg mündlich tradiert. Einige Forscher nehmen an, sie seien weit älter als zehntausend Jahre. Unserer Einschätzung nach sind die vedischen Götter, einschließlich Brahma, Vishnu und Shiva, älter als die alten ägyptischen Götter ..., falls man diese mündliche Tradition in Rechnung stellt.

Wiederholen wir: Die drei Götter der hinduistischen Dreifaltigkeit sind Brahma (der Weltschöpfer), Vishnu (der Erhalter) und Shiva (der Zerstörer).

Die Dreieinigkeit beschrieb also lediglich die Erschaffung, die Fortdauer und die Zerstörung. Sie beschrieb Anfang, Fortdauer und Ende. Sie war ein Symbol für... alles.

Tatsächlich lässt sich das Dasein an sich mit diesen drei Stadien begreifen: Immer und ausnahmslos gibt es bei einer Sache Anfang, Fortdauer und Ende. Oder: Starten, Verändern und Stoppen. Oder: Geburt, Überleben und Tod. Es ist der ewige Zyklus, der allem anhaftet und dem niemand entkommt. Wir alle werden geboren, leben und sterben. Jede Zivilisation steigt auf, hat ihren Höhepunkt und geht unter. Jedes Tier und jede Pflanze unterliegen diesem Ablauf. Sogar Planeten entstehen, bleiben eine Weile und verglühen dann oder »sterben«. Einfach alles unterliegt diesem dreifachen Schritt. Und eben diesen Dreischritt symbolisieren die Götter Brahma, Vishnu und Shiva.

*Das* ist die wahre Lehre der göttlichen Dreifaltigkeit. Pythagoras wusste darum, als er im Falle der Zahl Drei von Beginn, Fortdauer und Ende sprach. Auch Aristoteles erkannte es. Immer wieder entdeckten erleuchtete Geister diese gleiche Botschaft. Und das ist auch das Geheimnis der Heiligen Dreifaltigkeit, jedenfalls in ihren historischen Ursprüngen. Das ist die grundlegende Botschaft, die philosophische Basis, die später im Christentum völlig verlorenging. Kein noch so gewitzter, mittelalterlicher christlicher Theologe konnte sie ausgraben. Denn das hätte bedeutet, sich mit anderen, früheren Religionen intensiv auseinandersetzen zu müssen – was den eigenen Glauben erschüttert hätte. Noch einmal: Anfang – Fortdauer – Ende oder: Erschaffen – Überleben – Zerstören. Hierin erschöpft sich die Existenz an sich, damit beschreibt man alles!

Das also ist des Rätsels Lösung der Dreifaltigkeit … von einem allerletzten und noch größeren Geheimnis abgesehen.

### Eine Person, die drei Personen ist

Lösen wir endlich die Gleichung 1 + 1 + 1 = 1. Offen ist nur noch die Frage, wie eine einzige Person gleichzeitig drei Personen sein kann. Es handelt sich um eine mathematische Unmöglichkeit, aber spirituell gesehen geht die Gleichung auf. Auch hierauf gibt uns der Hinduismus eine Antwort.

Betrachten wir Vishnu, die Figur des Erhalters. Gott Vishnu gilt als »Manifestation des Höchsten«, so klären uns verschiedene Lexika auf. Doch was haben wir darunter zu verstehen? Nun, natürlich die Wiedergeburt, die Reinkarnation. Der Hinduismus ist voll von Geschichten über Seelenwanderung oder Reinkarnation. Man geht kurz gesagt davon aus, dass man nicht nur einmal lebt, sondern ständig wiedergeboren wird – in einem neuen Körper.

Das gilt selbstverständlich genauso für die Götter. Vishnu wurden zahlreiche Inkarnationen zugeschrieben. Ursprünglich war er ein Sonnen- oder Lichtgott, wurde aber auch als Gott der Zeit und des Raumes, ja des gesamten Universums gehandelt. Vishnu war also einst ein Schöpfergott, genau wie Brahma.

In zahlreichen Reinkarnationen oder Wiedergeburten als Mensch oder Tier kämpfte er – so verrät uns die Legende – später gegen Dämonen und half so, die Welt zu erhalten. Hier begegnen wir Vishnu, dem Erhalter. Einigen heiligen Schriften zufolge trat Vishnu als Fisch, Schildkröte, Eber, Löwenmensch, Zwerg, ja selbst als Buddha auf.

Und in verschiedenen hinduistischen Texten wird darauf hingewiesen, dass Vishnu alle drei Aspekte in sich verkörperte, dass er alle drei Aktivitäten auszuführen vermochte: Er konnte erschaffen – aufrechterhalten – und zerstören.

Wiederholen wir: Vishnu, eigentlich der Erhalter, kann auch zerstören und erschaffen.

Wenn man mit der Idee der Wiedergeburt vertraut ist, fällt es uns wie Schuppen von den Augen: Götter können in verschiedenen Gestalten wiedergeboren werden. Und insofern sind die Körper zwar unterschiedlich, die Seele jedoch, die diese Körper bewohnt, ist stets dieselbe.

Und so verstehen wir endlich die Gleichung 1 + 1 + 1 = 1. Es handelt sich immer um die gleiche Person, die sich freilich in verschiedenen Körpern verlustiert, sie benutzt und in ihnen spazieren geht.

Brahma, Vishnu und Shiva sind ein einziger Gott!

Damit haben wir die ursprüngliche Bedeutung der Dreifaltigkeit verstanden. Wir betrachten hier das Konzept der Wiedergeburt.

Deswegen wurden viele indische Götter mitunter auch mit mehreren Köpfen dargestellt, mit vier Köpfen etwa oder mit zehn Armen. Der Grund: Wiedergeburt und nochmals Wiedergeburt. Ein Gott oder eine Göttin konnte sich in beliebig vielen Körpern manifestieren. Und so lässt sich das christliche Konzept der Heiligen Dreifaltigkeit spielend leicht verstehen, wenn … man die Religionsgeschichte kennt. Ein Gott, der gleiche Gott, spielte erst den Erschaffer, dann den Erhalter und zuletzt den Zerstörer.

Zunächst sollte mit Jesus Erhebung zum Gott, ja mit der Gleichsetzung zu Gottvater die Einzigartigkeit dieses Christus für alle Zeiten in Stein gemeißelt werden. Es ging darum, ketzerische Sekten, die in Jesus Christus lediglich einen Propheten sahen, in ihre Schranken zu weisen und auszuschließen.

Und da ein zweigeteilter Gott zu wenige Vorbilder besaß und es selbst im alten Rom und in Griechenland immer nur Trinitäten gab, ergänzte man das Gottesbild schließlich durch den Heiligen Geist.

Zudem hat die gesegnete Zahl Drei eine hochheilige Tradition.

Verschwiegen oder »vergessen« wurde dabei die ursprüngliche Bedeutung all dieser Trinitäten: Geburt, Überleben, Tod oder Anfang, Fortdauer, Ende.

Das ist die eigentliche Botschaft, mit der sich das Dasein erklären ließ – und heute noch lässt.

Erst recht verschwiegen wurde die Tatsache der Reinkarnation, dank derer Götter drei neue Körper (oder mehr) annehmen konnten. Ein Gott durfte einen Menschenleib aufgreifen, benutzen und wegwerfen, ganz nach Belieben. Er schnappte sich im Falle seines Todes schnell einen neuen, frischen Körper. Kein Problem! Das war nichts Besonderes. Das war geradezu der kleinste Trick, den ein Gott beherrschte.

Doch obwohl die Lehre der Reinkarnation das ursprüngliche Konzept der Trinität gewesen war, wurde die Idee der Wiedergeburt im Christentum früh verdammt – konkret bei zwei Konzilen. Sie hätte die Christen nur verwirrt.

Und so erkennen wir erneut, dass wir es mit und im Christentum mit nichts anderem zu tun haben als mit veränderten Ideen und Prinzipien. Die ursprünglichen Konzepte und Ideen wurden von einigen Priestern und Kirchenvätern auf Konzilen unter den Tisch gekehrt, speziell auf dem Konzil von Nicäa, 325 nach Christi Geburt.

Damit aber haben wir das Mysterium der Heiligen Dreifaltigkeit endgültig gelöst. Man muss lediglich vier Tatsachen kennen:

1. Im Laufe der Geschichte gab es zahlreiche Trinitäten.
2. Die Zahl Drei galt Jahrtausende lang als heilig.
3. Geburt, Fortdauer und Tod war die ursprüngliche Bedeutung der Metapher der Dreifaltigkeit.
4. Das Konzept der Wiedergeburt ermöglichte die Gleichung $1+1+1=1$.

# 10. Gregor VII., ein paar Päpste und Könige und der Investitur-Streit

Im Mittelalter hätte man diese historische, religionswissenschaftliche Diskussion über die Heilige Dreifaltigkeit, wie wir sie uns erlaubt haben, nie zugelassen. Man hätte solche Behauptungen in den Bereich des Märchens verwiesen und jeden, der auf diese Zusammenhänge aufmerksam gemacht hätte, auf einem Rost gebraten.

Dazu ergaben sich ständig weitere theologische Probleme, die mit der größten Ernsthaftigkeit diskutiert wurden. Die Unsicherheiten rund um die Heilige Dreifaltigkeit und die unterschiedlichen Interpretationen über Jesus Christus waren dabei nicht die einzige Gefahr, der sich die Päpste gegenübersahen. Es gab beispielsweise Fragen rund um Macht, die mit konkreter Verfügungsgewalt einherging: Da musste dieser deutsche König oder Kaiser in seine Schranken verwiesen werden, nicht nur der griechische Patriarch.

Der Papst, der sich nicht scheute, sogar der weltlichen Macht die Zähne zu zeigen, war der siebte Gregor – eine Schlüsselfigur des Mittelalters, weshalb wir uns näher mit ihm beschäftigen wollen.

# Gregor VII.

Schon seine Zeitgenossen bezeichneten Gregor VII. als »Höllenbrand« (der Begriff wurde wegen seines ursprünglichen Namens »Hildebrand« geprägt), weiter als »Zuchtrute Gottes« und »heiligen Satan« – Ausdrücke, die man kaum als Kompliment werten kann. Gregor VII. (ca. 1028–1085), der im Jahre 1073 auf Petris Stuhl Platz nahm, hätte nicht weiter von Gregor I. entfernt sein können, obwohl er dessen Namen annahm – Gregor bedeutet wörtlich »der Wachsame«. Vielleicht war der Name bereits Programm, denn er versuchte, gegenüber den wirklichen oder eingebildeten Feinden des Papststuhls wachsamer zu sein als alle früheren Päpste. Auch Gregor VII. begann vielleicht als Mönch seine Laufbahn; Historiker vermuten jedoch, er sei ursprünglich Weltpriester gewesen, habe dabei allerdings ein klosterähnliches Leben geführt. Wie Gregor I. kämpfte der siebte Gregor einen heroischen Kampf gegen Simonie und Priesterehe – allerdings weit verbissener, wodurch er sich keine Freunde machte. Anfangs stand das Volk hinter ihm, nicht so der deutsche König und die Kardinäle.

Grundsätzlich war Gregor ein glühender Verfechter der Kreuzzugsidee, die er zu seinem Bedauern allerdings nie in die Realität umsetzen konnte. Das militante Christentum nahm unter ihm allerdings zunehmend Gestalt an.

Seine große Stunde als Papst schlug, als der sogenannte Investiturstreit ausbrach. Sprich, als die Frage aufgeworfen wurde, *wer* die Geistlichen einsetzen durfte – der König oder der Papst?

Bei der Investitur (lat. *investitura* = Einkleidung) ging es auch um das Recht, Bischöfe zu erheben und zu benennen, also um einen beträchtlichen Machtfaktor; wer Bischofssitze und damit satte Einkünfte vergeben konnte, hatte das Land in der Tasche, er regierte, er bestimmte.

Der Streit zwischen König und Papst eskalierte, beide Seiten dachten nicht daran nachzugeben.

Im Jahre 1075 formulierte Gregor VII. seinen berühmten *Dictatus Papae*, also zwölf Thesen, die erstmalig sogar eine Vormachtstellung des Papstes gegenüber Königen einforderten. Das Papsttum hatte sich schon früher mehr und mehr Macht angemaßt. Gregor behauptete zudem, dass sich die römische Kirche niemals geirrt habe und in Ewigkeit niemals irren werde.

Die Gegner des Papstes schüttelten bloß den Kopf und sprachen von Größenwahn, Überheblichkeit und Dreistigkeit. Doch Gregor VII. – ein Bauernsohn von kleinem Wuchs mit verkniffenem Gesichtsausdruck, wie ihn Chronisten beschreiben – schüttelte nur die Fäuste und verlangte noch mehr: Lauthals forderte er, dass sich ihm in Zukunft alle Kaiser und Könige – ob in Deutschland, England, Frankreich, Russland, Spanien, Polen, Ungarn, Dänemark und so fort – völlig unterordnen müssten. Er beanspruchte die Herrschaft über die ganze Welt!

Der deutsche König/Kaiser (Heinrich IV.) schäumte, und auch unter den Bischöfen in Deutschland erhoben sich murrende Stimmen, verdankten sie doch ihre Macht dem König und eben nicht dem *papa* in Rom.

Gregor benutzte eine militante, marktschreierische, beleidigende Sprache, was den deutschen König und seine Mannen noch mehr erboste.

Dieser Papst schmähte generell Könige und Potentaten, er klagte sie des Hochmuts, des Raubes, des Verrats und des Mordes an, ohne jedes diplomatische Einfühlungsvermögen. Rigoros befahl er ihnen, dem Nachfolger des heiligen Petrus zu gehorchen – also ihm selbst. Er verlangte außerdem, dass es in Zukunft allein dem Papst erlaubt sein dürfe, neue Gesetze zu erlassen und die kaiserlichen Herrschaftszeichen zu verwenden, und gebot, alle weltlichen Potentaten hätten dem Papst die Füße zu küssen.

Der Streit schaukelte sich hoch. Im Gegenzug forderte Heinrich den Papst zur Abdankung auf (*Descende, descende – »Steige herab, steige herab!«)* und verwies auf den Hochmut des Papstes.

## Der Gegenspieler: Heinrich IV.

Heinrich IV. zählte beim Tod seines Vaters gerade sechs Lenze und saß mit fünfzehn Jahren bereits auf dem Thron. Kaum hatte er die Krone auf dem Kopf, erhoben sich viele Adlige, um dem Jüngling die Zähne zu zeigen. Vor allem die Steuern waren ihnen ein Dorn im Auge. Immer und immer wieder musste Heinrich IV. gegen die deutschen Fürsten ins Feld ziehen. Kaum hatten sie endlich ihr Knie vor ihm gebeugt, erließ Gregor VII., unser von Ehrgeiz zerfressener Papst, einen Erlass, der die Laieninvestitur verbot – die Investitur der Bischöfe durch Heinrich.

Das konnte nur eines bedeuten: Krieg zwischen Papst und König, Krieg zwischen Rom und der deutschen Monarchie. In der Vergangenheit hatten seit Karl dem Großen alle Kaiser ihre Macht dadurch abgestützt, dass sie ihnen genehme Bischöfe mit Land und Lehen versorgten. Und jetzt beanspruchte der Papst in Rom dieses Privileg für sich! Zehn Jahre bekämpfte Heinrich IV. den Papst mit allen erdenklichen diplomatischen und kriegerischen Mitteln, mit lauteren und unlauteren Methoden. Und der Papst ließ sich nicht lumpen: Er schlug auf die gleiche Art zurück.

Die deutschen Fürsten sahen feixend zu und nutzten die Gunst der Stunde. Da der König unaufhörlich mit Rom beschäftigt war, versuchten sie, so viele Privilegien wie möglich an sich zu reißen. Viele sächsische Adlige probten den Aufstand. Zu allem Überfluss setzte eine Verschwörung ein, der sich Heinrichs eigene Söhne anschlossen. Und als ob all das noch nicht genug gewesen wäre, trat noch ein Gegenkönig auf den Plan.

Heinrich wusste nicht mehr, wohin er sich zuerst wenden sollte.

Die Angelegenheit mit dem Papst hatte Priorität. Seine spitzfindigen Juristen argumentierten, ein König sei von Geburt an von Gott in sein Amt berufen worden, der Papst dagegen lediglich von Menschen gewählt. Gregor VII. schäumte, als er davon erfuhr und schleuderte die gefährlichste Waffe gegen den deutschen König, die die Kirche besaß: Er belegte Heinrich mit dem Kirchenbann. Er exkommunizierte den König und schloss ihn aus der Gemeinschaft der Gläubigen aus; damit forderte er jeden Christen auf, Heinrich IV. den Gehorsam zu versagen.

Das brachte Heinrich in Bedrängnis. Die deutschen Bischöfe wollten es sich mit dem Oberhirten der Kirche nicht gänzlich verscherzen, und das Volk war schockiert. Heinrich IV. suchte zu retten, was zu retten war. Eine diplomatische Note löste die andere ab, aber der halsstarrige, düstere Gregor VII. ließ sich nicht umstimmen.

Und so trat der deutsche König schließlich den berühmten Gang nach Canossa an – eine Burg in Oberitalien, von der heute nur noch ein paar Mauerreste stehen. Für Heinrich IV. bedeutete das die Flucht nach vorn. Er musste von dem Bann gelöst und wieder in den Schoß der Kirche aufgenommen werden, wenn er seine Macht nicht verlieren wollte. Also brach der deutsche König im Jahre 1076 mitten im Dezember auf, um Gregor persönlich zu treffen und die Angelegenheit aus der Welt zu schaffen.

Auf der Burg Canossa traf er mit dem Oberhirten der römischen Kirche zusammen. Die Legende will wissen, dass Heinrich in einem Büßergewand erschien und dreimal vor das Burgtor pilgerte, dass er in Eis und Schnee erbärmlich fror und demütig warten musste, bevor ihn der Papst gnädig empfing. Gregor jedenfalls nahm Heinrich 1077 wieder in die Kirchengemeinschaft auf und löste den Bann.

In Italien und in Deutschland jubelte man, alles schien wieder in Ordnung. Doch der Schein trog; der Streit zwischen Papst und König war nur aufgeschoben, nicht aufgehoben. Zudem hatte sich inzwischen eine weitere Front aufgebaut, ein neues Problem tauchte auf.

Die deutschen Fürsten wollten die Schwächung des Königtums rasch für sich ausnutzen und wählten 1077 einen Gegenkönig – woraufhin sich Heinrich IV. an den Papst wandte und ihn aufforderte, den unrechtmäßigen Gegenkönig sofort mit dem Bann zu belegen. Er drohte, andernfalls einen Gegenpapst zu ernennen.

Gregor VII. spuckte Gift und Galle. Wie konnte es dieser kleine deutsche König wagen, der gerade vor ihm auf dem Bauch gelegen hatte und zu Kreuze gekrochen war, so mit ihm zu sprechen? Und so erklärte der Papst den König im Jahre 1080 für abgesetzt.

Heinrich IV. zögerte nicht und stellte sofort einen Gegenpapst auf. Er scharte seine Mannen um sich und zog sozusagen mit dem blanken Schwert in der Faust nach Rom. Ohne Probleme nahm er die ewige Stadt ein und ließ sich vom Gegenpapst, den er rasch aus der Taufe gehoben hatte, flugs zum Kaiser krönen.

Gregor schäumte, konnte aber den deutschen Schwertern nichts entgegensetzen. Er verschanzte sich in der Engelsburg in Rom und benachrichtigte gleichzeitig einige Verbündete, die ihn schließlich in einer Nacht- und Nebelaktion befreiten. Gregor floh aus Rom und zog sich tobend, lästernd und gedemütigt in eine andere italienische Stadt zurück.

## Papst contra König

Da schlug das Schicksal zu: 1085 starb Gregor VII., ohne ein Jota von seinen Ansprüchen abgerückt zu sein. Sein Gift und seinen wahnhaften Herrschaftsanspruch hinterließ er seinen Nachfolgern, die die Politik Gregors VII. unnachgiebig weiterverfolgten. Gregor VII. war tot, doch sein Erbe lebte weiter. Der Kampf hatte gerade erst begonnen.

Wie gestaltete sich in der Folge das Schicksal Heinrichs IV.? Wir haben bereits gehört, dass sich seine eigenen Söhne gegen ihn erhoben hatten, vielleicht inspiriert von den Drohungen und Schmeicheleien des verstorbenen Papstes. Deshalb ließ Heinrich seinen Sohn und designierten Nachfolger Konrad absetzen und bestellte den jüngeren Sohn Heinrich (den späteren Heinrich V.) zu seinem neuen Nachfolger. Doch auch der fiel seinem Vater in den Rücken und schlug sich auf die Seite des neuen Papstes – Paschalis II. Heinrich V. versprach dem neuen Papst demütig Gehorsam. Er verbündete sich außerdem mit dem deutschen Hochadel gegen seinen Vater. Und so standen sich eines Tages die Heere des Sohnes und des Vaters gegenüber. Allerdings fand die Schlacht nicht statt, weil wichtige Verbündete von Heinrich IV. abfielen.

Ende 1105 gelang es dem Sohn schließlich, seinen Vater durch Verrat gefangen zu setzen und zur Abdankung zu zwingen. Heinrich IV. jedoch entkam aus dem Gefängnis. Er war gerade dabei, ein neues Heer aufzustellen, um hart zurückzuschlagen – da ereilte ihn mitten in seinen Vorbereitungen der Tod. Gevatter Tod ist ein sarkastischer Geselle, der selbst für die Ehrgeizigsten unter uns nichts als Hohn und Spott übrighat.

## Das Spielfeld

Nun gab es im Mittelalter vier Machtfaktoren:

1. den Kaiser,
2. den Papst,
3. die Bischöfe und Äbte und
4. die Adligen.

Alle suchten mit legalen und illegalen Mitteln, mit hundert Tricks und tausend Finten den eigenen Einflussbereich zu erweitern – wodurch sie ständig wechselnde Koalitionen eingingen. Loyalitäten gab es kaum, selbst in der eigenen Familie nicht; dafür aber eine unfassbare Gier in allen Lagern; Gier nach Macht, nach Besitz und Ruhm, in genau dieser Reihenfolge.

Grundsätzlich hatte der Papst die Machtfrage neu gestellt und bestand darauf, dass sie endlich beantwortet werden müsse. Der neue König, Heinrich V., der treulose Sohn, erbte das Problem seines Vaters, den er eigenhändig ins Gefängnis gesteckt, zur Abdankung gezwungen und vielleicht in den Tod getrieben hatte. Die Geschichte schlug einen Salto mortale und begann von vorn.

# Heinrich V.

Heinrich V. – befreit von seinem ärgsten Widersacher, dem eigenen Vater – erkannte mit Entsetzen, dass er nun vor demselben Problem stand, mit dem sein Vater gekämpft hatte. Zunächst begegnete er dem Papst und den Geistlichen voller Ergebenheit, er schmeichelte sich devot beim Petrusnachfolger ein. Als es aber darum ging, Bischofsämter zu besetzen, machte er eine Kehrtwendung. Sprich, als der neue Papst lautstark das Investiturrecht einforderte, schüttelte Heinrich V. plötzlich den Kopf.

Zeitgleich war er mit anderen Problemen befasst: Die Ungarn, die Böhmen und die Polen probten den Aufstand. Heinrich musste gegen seine Feinde ziehen.

Doch das wirkliche und an ihm nagende Problem blieb der Investiturstreit. Andere Herrscher in Europa hatten sich des Problems inzwischen mit diplomatischen Mitteln galant entledigt und einen Kompromiss mit dem Papst ausgehandelt.

Nachdem verschiedene diplomatische Bemühungen zwischen Heinrich und dem Papst gescheitert waren, zog der König im Jahre 1110 nach Italien, um das Problem vor Ort mit Waffengewalt zu lösen und die Kaiserkrone einzufordern. Der Papst rief einige Verbündete zu Hilfe, wurde von ihnen aber schmählich im Stich gelassen. Folglich war er schlagartig zu Verhandlungen bereit.

Kürzen wir die Story ab und verzichten wir auf einige Zwischenschritte: Die Verhandlungen scheiterten.

Schließlich nahm Heinrich Papst Paschalis II. kurzerhand gefangen und inhaftierte ihn. Notgedrungen lenkte Paschalis II. ein. Er gestand dem König das Recht der Investitur zu, gelobte eidlich, Heinrich künftig keine Schwierigkeiten mehr zu machen und ihn niemals zu bannen. Ein paar Tage später krönte er ihn in der Peterskirche zum Kaiser.

Heinrich hatte scheinbar auf ganzer Linie gesiegt – scheinbar –, denn er hatte nicht mit der Intriganz des Papstes gerechnet. Kaum befand sich Paschalis nämlich wieder auf freiem Fuß, und kaum war Heinrich V. nach Deutschland zurückgekehrt, ließ er den frisch gekrönten Kaiser bannen – und zwar von verschiedenen, ihm untergebenen Geistlichen, um nach dem Buchstaben des Eides nicht wortbrüchig zu werden – und erklärte alle Abmachungen für null und nichtig. Bann über Bann wurde nun in Richtung des deutschen Herrschers geschleudert. Der Papst wütete und tobte, aber stets nur durch den Mund anderer.

Die deutschen Reichsfürsten horchten auf. War das nicht wieder eine fabelhafte Gelegenheit, die Position des Herrschers zu schwächen und die eigene Machtstellung auszubauen? Ihnen war es nämlich ein Dorn im Auge, dass Heinrich V. in Deutschland zahlreiche Burgen kaufte und erbaute und damit sein Reichsgut stetig vergrößerte.

Vor allem der sächsische Herzog geriet zu Heinrichs Gegenspieler, musste sich letztendlich jedoch dem König in einem härenen Büßergewand unterwerfen. Diese erniedrigende Behandlung fachte den Zorn der Reichsfürsten und verschiedener deutscher Erzbischöfe nur umso mehr an. Man stand kurz vor einem deutschen Bürgerkrieg.

Heinrichs V. Position geriet ins Wanken.

Mit Mühe konnten die innerdeutschen Streitigkeiten schließlich beigelegt werden.

Doch da gab es noch immer diesen verdammten Papst, der in Rom durch die Münder seiner geistlichen Untergebenen pausenlos Bannsprüche in seine Richtung schleudern ließ. In Rom redete man nur von den gottlosen Deutschen und beschimpfte sie als Barbaren, ja sogar als Sarazenen.

Also brach Heinrich V. im Jahre 1116 erneut nach Rom auf, um dem wortbrüchigen Papst endgültig das heilige Maul zu stopfen. Paschalis II. floh stehenden Fußes, als er von den herannahenden Deutschen hörte. Heinrich zog unbehelligt in Rom ein und ließ seine neue Gemahlin Mathilde zur Kaiserin krönen – von einem Geistlichen, der ihm gewogen war.

Der Papst schrie in seinem Versteck auf und exkommunizierte den abtrünnigen Geistlichen sofort. Doch es nützte nichts. Erst als Heinrich V. im Jahre 1118 Rom den Rücken kehrte, wagte sich Paschalis aus seinem Schlupfwinkel heraus und zog wieder in Rom ein. Wenige Tage danach starb er.

Die Institution Papsttum allerdings konnte nicht sterben. Längst war sie die mächtigste religiöse Einrichtung auf der Welt.

Auf Papst Paschalis II. folgte Papst Gelasius II. Deshalb kehrte Heinrich im Jahre 1118 völlig überraschend nach Rom zurück, woraufhin Gelasius II. ebenfalls Fersengeld gab. Der deutsche Kaiser ernannte ohne Zögern einen Gegenpapst. Das verschärfte die Situation erneut.

Gelasius, der durch keinen Eid gebunden war, bannte Heinrich V. und den Gegenpapst gleich mit. Daraufhin erhob sich ein Sturm des Protestes in Deutschland – gegen Heinrich! Die Fürsten verlangten von ihm, sofort nach Deutschland zurückzukehren und sich zu verantworten. Sogar die Absetzung wurde ihm angedroht. Mit dem Papst konnte, ja durfte man sich nicht anlegen. Er besaß Macht über die ewige Seligkeit! Eilig zog Heinrich zurück über die Alpen, um es mit der neuen Opposition in den heimatlichen Gefilden aufzunehmen.

Einige Fürsten gaben direkt klein bei, doch speziell der Erzbischof von Mainz gab keine Ruhe. Schließlich stand wieder ein deutsches Heer einem deutschen Heer gegenüber. Erst im letzten Moment konnte ein neuer Bruderkrieg verhindert werden.

Die Fürsten bedrängten Heinrich, endlich Frieden zu wahren und eine Einigung mit Rom herbeizuführen. Inzwischen war auch Papst Gelasius II. verstorben. Sein Nachfolger war Calixt II. Er hielt jetzt die Zügel in der Hand.

Der (deutschhörige) Gegenpapst, dem seine Gegner in Anlehnung an seinen Familiennamen Bourdin den Spitznamen Burdinus (= Eselchen) gegeben hatten, floh aus Rom. Er verschanzte sich in einem gut befestigten Stützpunkt. Doch Calixt berannte ihn mit einigen gekauften Haudegen, siegte – und ließ ihn sich ausliefern.

Burdinus wurde zuerst gefoltert und in ein Bocksfell gesteckt. Dann führte man ihn, verkehrt herum auf einem Kamel sitzend, als Spottfigur durch die Straßen Roms. Hier wurde er mit weiterer Prügel und Steinen bedacht. Dann kerkerte man ihn in einem süditalienischen Kloster ein, wo er starb, ohne seinen Anspruch auf den Papstthron je aufgegeben zu haben. Calixt triumphierte. Und fühlte sich nun stark genug, es wieder mit dem deutschen Kaiser aufzunehmen.

Heinrich V. wiederum versuchte zunächst, sich mit dem neuen Papst zu einigen – vergebens. Als der Druck der deutschen Fürsten zunahm, einigte man sich im Jahre 1022 schließlich. Genauer gesagt beugte sich der deutsche Kaiser dem Druck aus Rom. Kaiser Heinrich akzeptierte den Anspruch der Kirche auf die Investitur. Der Text, der die Einigung festhielt, lautete in Auszügen so:

»Ich, Heinrich, durch Gottes Gnaden erhabener Kaiser der Römer (…) überlasse (…) der heiligen katholischen Kirche jegliche Investitur (…) und gestatte, dass in allen Kirchen eine Wahl und freie Weihen stattfinden (…) ich gebe wahren Frieden Calixt und der Heiligen Römischen Kirche, sowie allen, die auf seiner Seite sind oder waren.« (Wer das Zitat in Originalschrift sehen will, siehe hier: www.deutschlandfunk.de/wormser-konkordat-investiturstreit-100.html)

Umgekehrt gestand Calixt, »der Knecht Gottes«, wie er sich selbst bezeichnete, dem deutschen Kaiser zu, dass die neu gewählten Bischöfe (und Äbte) dem Kaiser geben müssten, was des Kaisers ist, also verschiedene (weltliche) Abgaben. Nicht mehr als ein Trostpflaster. In Italien und Burgund ging der Einfluss auf die Einsetzung von Bischöfen durch den deutschen Kaiser vollkommen verloren.

Mit anderen Worten: Die Monarchie wurde vom Papsttum besiegt, das mit Gregor VII. einen neuen Anfang genommen hatte. Das Papsttum zwang den deutschen Kaiser in die Knie. Die geistliche Gewalt triumphierte über die weltliche, die spirituelle Power siegte über die Power des Schwertes. Ein fast fünfzigjähriger Krieg, der Deutschland wieder und wieder verheert hatte, war damit beendet. Der neue Papst Calixt hatte nichts Eiligeres zu tun, als seinen Triumph durch ein Monumentalgemälde in Rom verewigen zu lassen.

Heinrich V. dagegen war ein gebrochener Mann. Ein erfolgloser Frankreichfeldzug, in den er durch seine verwandtschaftlichen Beziehungen zum englischen Königshaus hineingezogen wurde, gab ihm den Rest. Er starb im Jahre 1125.

An seinem Sterbebett hatten sich die möglichen Nachfolger versammelt, es ging ja um fette Beute. Ein Gremium, das aus je zehn Vertretern der vier mächtigsten Stämme Sachsen, Schwaben, Franken und Bayern bestand, einigte sich nach seinem Tod auf den sächsischen Herzog Lothar als Nachfolger. Der erklärte Feind Heinrichs V. sollte zum neuen König gekürt werden, Heinrich hatte ja keine Kinder. Und so verschwand sein Geschlecht auf Nimmerwiedersehen aus der Geschichte.

## Erkenntnisse

Glücklicherweise können wir einen Sack voller Erkenntnisse nach Hause tragen. Nicht zum ersten Mal in der Geschichte bekamen Priester und Oberpriester die Machtfrage gestellt und entschieden sie zu ihren Gunsten. Man denke nur an das alte Ägypten, wo die Priester gegen Ende so mächtig waren, dass kein Pharao ohne sie regieren konnte. Auch die Herrschaft der Brahmanen, der hinduistischen Priester im alten Indien, könnte man hier anführen.

Zudem wurde die Achillesferse der Monarchie sichtbar. Wenn sie ihre Existenzberechtigung von Gott herleitete, bedeutete das gleichzeitig, dass sie die Priesterkaste stärkte, die schließlich den Willen Gottes am besten kannte.

Bemerkenswert ist außerdem, dass

1. das Römische Reich,
2. das Christentum und
3. das Germanentum

eine ganz neue Verbindung eingegangen waren, die schon damals als »deutsch« bezeichnet wurde. Viele der Träume und Techniken des Römischen Reichs flossen in dieses sich formende »Deutschland« ein, ferner die Dogmen und Lehren des Christentums, die freilich recht freizügig und auf »germanische Art« ausgelegt wurden.

Tragisch nimmt sich der Umstand aus, dass Heinrich IV. nicht einmal seinen eigenen Söhnen vertrauen konnte. Das Papsttum verkörperte eine intelligentere Institution, dessen Fortdauer nicht an verwandtschaftliche Bande geknüpft war.

Zudem erkennen wir, dass der Papst eine immer zwielichtigere Rolle zu spielen begann. Während auf dem Stuhl des heiligen Petrus ehemals durchaus auch ehrenwerte Personen Platz genommen hatten, verstrickte sich der Papst jetzt zunehmend in weltliche Machtkämpfe. Viele Päpste verhielten sich aggressiv und kriegerisch, was sie von der ursprünglichen friedlichen Lehre des Christentums immer weiter entfernte. Sie neigten der dunklen Seite der Macht zu.

Der größenwahnsinnige Papst Gregor VII. versuchte zum ersten Mal, sich als geistlicher Weltmonarch zu etablieren, und nicht eben wenige Päpste folgten seinen Spuren.

Macht ist immer ein zweischneidiges Schwert; Machtgelüste saugen eine Person in andere Dimensionen, nicht selten in schwarze Abgründe.

Der Kirchenbann und die Exkommunikation nutzten sich ab, je häufiger diese Mittel eingesetzt wurden. Die Gläubigen wurden im Laufe der Zeit immer gleichgültiger gegenüber diesen Waffen. Auf der anderen Seite ist es erstaunlich, dass mit diesem offiziellen Fluch überhaupt eine solche Wirkung hervorgerufen werden konnte.

All das beweist, wie stark das christliche Gedankengebäude bereits in den Köpfen der Menschen verankert war. Es beherrschte die Vorstellungen weltweit.

Dabei hatte die religiöse Hysterie noch nicht einmal ihren Höhepunkt erreicht.

# 11. Die Wahrheit über die Kreuzzüge

Drehen wir das Rad der Geschichte zunächst noch einmal zurück. Sträflich vernachlässigt haben wir bislang ein Thema, das weite Teile des Mittelalters durchzog und schon vor dem Griechischen Schisma die Herzen ergriffen hatte: die Kreuzzüge.

So viel schon vorab: Da wir Geheimnissen des Mittelalters auf der Spur sind, kommen wir auch hier zu einem ganz anderen Ergebnis als gemeinhin in den Geschichtsbüchern.

Doch zunächst zur Sache.

Worum ging es eigentlich bei den Kreuzzügen?

Im engeren Sinne verstand man darunter die Züge ins Heilige Land, ins heutige Israel, wo Jesus gewirkt und gepredigt und sein Blut für die gesamte Menschheit vergossen hatte – sofern man den frommen Überlieferungen Glauben schenken durfte. Hier war dem Neuen Testament zufolge Christus von den Juden gekreuzigt worden. Somit avancierte das Kreuz, das man sich auf die Stirn zeichnete oder sich in verschiedenen Farben auf Brust oder Rücken malen oder nähen ließ, zum Symbol für diese Kreuzzüge. Einige Orden schrieben bestimmte Farbkombinationen vor.

Allen voran empfanden es bestimmte Päpste zunehmend als Schande, dass der heilige Boden, auf dem Jesus Christus gewandelt war, sich in den Händen von Muslimen befand. Fromme Wallfahrer, die nach Jerusalem pilgerten, wurden von ihnen angeblich zunehmend unterdrückt. Die ganze Wahrheit war indes, dass auch aufstrebende Städte wie Venedig oder Genua nicht uninteressiert an Kreuzzügen waren. Dadurch konnten sie ihre Einflusssphäre ausdehnen. Das Byzantinische Kaiserreich, von dem wir gerade so viel gehört haben, lag auf dem Weg ins Heilige Land. Hier konnte man ja vielleicht fette Beute machen. Auch eine Eroberung von Ägypten, Syrien und Palästina/Israel lockte die Kreuzfahrer. Gregor VII. hatte bereits Kreuzzüge visioniert, doch erst Papst Urban II. (ab 1088 auf dem Petrusthron) gelang es, Ritter und Bauern, Adlige und Leibeigene, Bürger und Verbrecher, Kaufleute und Abenteurer, Mönche und Halunken dafür zu gewinnen, »das Kreuz zu nehmen« und sich tatsächlich ins Heilige Land aufzumachen.[26]

## Der erste Kreuzzug

Im Jahre 1095 hatte das Kreuzzugs-Fieber scheinbar das ganze Christentum gepackt. Die Franzosen waren zwar besonders eifrig, doch auch die Deutschen konnten ihre Begeisterung kaum zügeln. In Deutschland folgten viele Tausende einem Priester namens Gottschalk sowie einem Grafen Emico von Leiningen. Ein wilder, ungeordneter Haufen von Bauern und Adligen, kurz Menschen aus allen Gesellschaftsschichten, brachen jubelnd auf. Ohne Bedenken töteten sie auf dem Weg nach Jerusalem viele Juden, überfielen und beraubten Bauern und plünderten Dörfer, die am Wege lagen. Schließlich ging es ja um eine heilige Sache.

Der wilde Haufen überwand Hunger und Krankheit, Hitze und selbst die Pest – und fand sich unversehens mitten in Syrien wieder, wo die ersten Kreuzfahrer fast vollständig von einem Türkenheer vernichtet wurden. Auf diesem ersten Zug waren nicht allzu viele Deutsche dabei, da der deutsche König Heinrich IV. ja gebannt worden war. Diesem ungeordneten Haufen folgten nach einiger Zeit Ritter, Grafen und Blaublütige – allerdings viel geordneter. Sie waren eine ernstzunehmende Gefahr für das Morgenland.

In Byzanz/Konstantinopel unterstützte der byzantinische Kaiser die Kreuzfahrer. Er rechnete sich ebenfalls fette Beute aus, wenn die Muslime besiegt würden. In Syrien und Palästina eroberte dieses Kreuzfahrerheer mehrere wichtige Städte, aber der Kampf, die Hitze und der Durst rieben große Teile des Heeres auf, bis nur noch zwölftausend Mann vor den Toren Jerusalems standen. Allerdings verteidigten auch nur eintausend Mann Jerusalem. Die Angreifer wüteten wie Berserker, und so fiel Jerusalem, die heiligste Stadt der Welt, unter dem ohrenbetäubenden Jubelgeschrei der Kreuzfahrer.

Menschen wurden gefoltert, enthauptet, erschossen, von Türmen gestürzt oder verbrannt. »Frauen wurden erdolcht, Säuglinge von der Mutterbrust gerissen und über die Stadtmauern geschleudert oder an Pfählen zerschmettert«[27], berichtete ein Chronist. Danach umarmten sich die Kreuzfahrer, weinten heiße Tränen vor Glück und stürzten in die Grabeskirche, wo Christus angeblich einst nach seinem Tod aufgebahrt worden war.

Das Ziel war erreicht, die Heilige Stadt befand sich wieder im Besitz des Christentums. Eilig wurde das »Königreich Jerusalem« errichtet, das offiziell unter päpstlicher Herrschaft stand, in Wahrheit jedoch von einigen Aristokraten beherrscht wurde. Grund und Boden wurden neu verteilt und die früheren Lehnsherren zu Leibeigenen erniedrigt, christliche ebenso wie muslimische. Die einheimischen Christen blickten mit Wehmut auf die frühere muslimische Herrschaft zurück, als man sie erheblich toleranter und gerechter behandelt hatte.

Die neuen mönchischen Ritterorden – Johanniter und Tempelritter, auf die wir noch sehr genau zu sprechen kommen werden – hatten nun die Macht in den Händen. Im Jahre 1190 wurde zudem der Deutschritterorden gegründet.

Die meisten Kreuzfahrer kehrten in ihre angestammten Lande zurück, sodass das neue Königreich Jerusalem nur noch unzureichend geschützt wurde. Und so kam es, wie es kommen musste: In dieser Region fiel eine Stadt nach der anderen zurück in die Hände der »Ungläubigen« – was in Europa helle Empörung und den zweiten Kreuzzug auslöste.

## Der zweite Kreuzzug

Der heilige Bernhard von Clairvaux und ein neuer Papst zeichneten dafür verantwortlich, dass sich besonders in Frankreich und Deutschland die Gemüter erneut erhitzten. Clairvaux gelang es durch seine »feurige Beredsamkeit«, dass abermals jede Menge Menschen das Kreuz nahmen, um in einem zweiten Kreuzzug (1147–1149) das Heilige Land endgültig unter die Kontrolle der Christen zu bringen.

Diesmal standen Könige an der Spitze des Zugs. Doch das verhinderte nicht, dass man auf dem Weg ins Heilige Land erneut zahlreiche Städte ausplünderte. Wasserlose Wüsten und geschickt gelegte Hinterhalte dezimierten die Deutschen und die Franzosen im Laufe dieses Zuges allerdings so stark, dass sich die christliche Armee schließlich auflöste und der deutsche König gedemütigt, krank und besiegt nach Hause zurückkehren musste.

Im Heiligen Land gewannen unterdessen die Muslime eine Region nach der anderen zurück. Hinter all dem steckte – direkt oder indirekt – der fast legendärer Sultan Saladin, der durch seine Klugheit und seine beispiellose Toleranz von sich reden machte. Strategisch raffiniert eroberte er Stadt um Stadt, zeigte sich aber erstaunlich milde und gnädig im Sieg. Ja, er gestattete sogar, dass sich Juden in Jerusalem ansiedelten und Christen die Stadt besuchten, wenn auch ohne Waffen.

In Rom raste der Papst vor Zorn. Unmöglich konnte der Herr im Himmel die Ungläubigen den Sieg davontragen lassen! Unmöglich!

## Der dritte Kreuzzug

Aus diesem Grunde schien der dritte Kreuzzug (1189–1192) eine schiere Notwendigkeit zu sein. Er wurde weitgehend von deutschen Kreuzrittern angeführt. Diesmal stand der Staufer Friedrich I. (Barbarossa, Rotbart) an der Spitze. Ganz Deutschland klatschte Beifall, als der 67-jährige Kaiser, tief bewegt von den Worten eines Erzbischofs, aufbrach, um die Scharte des Zweiten Kreuzzuges auszuwetzen. Ein zweiter Moses schien die Christenheit anzuführen, ein rotbärtiger Moses. Religiöse Schwärmer dankten auf wundgescheuerten Knien dem Herrn.

Doch auf den glanzvollen Aufbruch folgte schon bald Ernüchterung. Im Heiligen Land geriet das Kreuzzugsheer abermals in verschiedene Hinterhalte. Zudem wurde der Nachschub des deutschen Heeres mehrmals abgeschnitten, sodass Elend, Hunger und Krankheit die hochgestimmten Ritter heimsuchten. Und auch das Schicksal schlug unbarmherzig zu: Barbarossa ertrank, wahrscheinlich bei dem Versuch, ein kleines Flüsschen zu überqueren. So waren die Deutschen von einem Moment auf den anderen ihrer Integrations- und Symbolfigur beraubt.

Immerhin gab es noch die tapferen Engländer. Der englische König Richard I. Löwenherz machte von sich reden, indem er sich in der Folge eine Schlacht nach der anderen mit Sultan Saladin lieferte. Beide waren echte Helden, voller Brillanz, Scharfsinn und Löwenmut.

Die verschiedenen Kämpfe endeten damit, dass Richard einige Küstenstädte behalten durfte, es Christen wie Muslimen gleichermaßen erlaubt war, die Territorien der jeweils anderen Religion unbehindert zu betreten und Pilger jetzt sicher und unbelästigt nach Jerusalem reisen durften – während die Stadt an sich in den Händen der Muslime blieb: ein Patt, wenn man so will.

## Der vierte Kreuzzug

Deshalb ließ der vierte Kreuzzug (1202–1204) nicht lange auf sich warten. Diesmal war Papst Innozenz III. die treibende Kraft dahinter. Und mit ihm ein gewisser Fulko von Neuilly. Der Priester suchte Richard Löwenherz persönlich in England auf und ermahnte ihn, »seine drei Töchter Stolz, Habgier und Unkeuschheit von sich zu weisen« und stattdessen noch einmal das Kreuz zu nehmen. Der ebenso tapfere wie geistreiche Richard Löwenherz lachte ihm ins Gesicht und gab dem Priester zur Antwort: »Ich vermache sie [= die drei »Töchter«] denen, die sie am meisten verdienen: meinen Stolz den Templern, meine Habgier den Mönchen …, meine Unkeuschheit den Geistlichen.«[28] Ein Kreuzzug schien ihm genug!

Nach langem Schachern mit dem Papst erklärte sich schließlich Venedig bereit, für eine beträchtliche Summe noch einmal gegen die »Ungläubigen« mobil zu machen. Gleichzeitig ließ es sich hinter dem Rücken des Papstes von den Muslimen bestechen, die Kreuzritter von Palästina fernzuhalten – behauptete jedenfalls ein Chronist dieser Zeit. Wie auch immer, fest steht, Venedig spielte falsch. Als ein weiteres gewaltiges Heer ins Heilige Land aufbrach, rieben sich die geschäftstüchtigen Venezianer die Hände. Das alles lief auf eine üppige Erweiterung ihres Machtbereiches hinaus. Auf dem Weg ins Heilige Land wurde als Erstes Konstantinopel eingenommen, die reichste Stadt der Welt, die doch »eigentlich« christlich war und die Kreuzfahrer bislang unterstützt und sie sogar eingelassen hatte. Aber Konstantinopel war Venedigs Konkurrent im Handel!

Wie wurde der Überfall auf Konstantinopel gerechtfertigt? Nun, einige gutgläubige Christen empörten sich, dass im hochchristlichen Konstantinopel Muslime ungehindert ihre Moscheen besuchen durften, und zettelten einen Aufstand an. Der Aufstand eskalierte. Kreuzfahrer mordeten und raubten, plünderten und sengten wie die ärgsten Barbaren. Konstantinopels Kaiser floh, und der Doge von Venedig sicherte sich eilig drei Achtel der Stadt.

Die Kreuzfahrer stahlen Gold, Silber, Kunstwerke, kostbare Bücher, Reliquien, Statuen, Stoffe, Sklaven und Edelsteine. »Nie in der gesamten Geschichte der Welt wurde so reiche Beute gemacht«[29], kommentierte ein Chronist. Jetzt war Venedig die unumstrittene Handelsmacht im Mittelmeer. Mit Konstantinopels Ausschaltung war Venedig die vorherrschende Nummer eins in Sachen Handelsrouten. Zudem wurden die wichtigsten Posten im neuen Konstantinopel nun mit Venezianern besetzt.

Die christlich-griechische Kirche, die bislang ihr eigenes Süppchen gekocht hatte, wurde vorübergehend unter die Herrschaft des Papstes gestellt, der nur würdevoll nickte, als er von dem tückischen Überfall auf die Stadt hörte. Die meisten Kreuzfahrer kehrten mit fetter Beute in ihre Heimat zurück. Ein Häuflein unverbesserlicher Idealisten marschierte weiter nach Jerusalem, ohne jedoch einem einzigen Muslimen ein Haar zu krümmen und ohne das geringste Ergebnis.

## Die weiteren Kreuzzüge

Nun könnte man wie ein Buchhalter vom fünften, sechsten, siebten und achten Kreuzzug berichten, was jedoch der Erkenntnis wenig brächte. Immerhin dazu noch so viel: Im Jahre 1212 inszenierte ein deutscher Jüngling namens Nikolaus einen Kinderkreuzzug ins Heilige Land. Die meisten Kinder, im Durchschnitt zwölf Jahre alt, starben vor Hunger, fielen Wölfen zum Opfer oder endeten in der Sklaverei.

Der sechste Kreuzzug wurde von Friedrich II. geführt, wir werden darauf an späterer Stelle zu sprechen kommen. Den siebten und achten Kreuzzug richtete der französische König aus; die Ergebnisse waren in beiden Fällen bescheiden. Der achte Kreuzzug wurde durch eine Durchfall-Erkrankung beendet, die die Mägen und Därme der französischen Kämpen heimsuchte.

Noch zwei Jahrhunderte lang überzog das Abendland das Morgenland mit weiteren Kreuzzügen, doch die Übermacht der Muslime, die auf heimischem Boden kämpften, entschied von vorneherein jede Schlacht. Das Königreich Jerusalem existierte nach einiger Zeit nur noch auf dem Papier – bis das Abendland realisierte, dass es die Kreuzzüge endgültig verloren hatte.

## Das Resultat

Welche Ergebnisse brachten die Kreuzzüge? Nun, die Bilanz fiel bescheiden aus, um es zurückhaltend zu formulieren.

Wallfahrten nach Jerusalem wurden seltener, denn die Reise war gefährlicher als je zuvor. Die Muslime zeigten sich letztlich den Christen überlegen, vielfach auch in der Kultur. Nach den Kreuzzügen gab es beispielsweise in Europa mehr private Aborte und Bäder – mit anderen Worten, die Hygiene verbesserte sich.

Weiter lernten christliche Ärzte von jüdischen und muslimischen Heilern. Viele arabische Begriffe drangen in die verschiedenen europäischen Sprachen ein, die Mathematik erklomm im Abendland ein höheres Niveau, und der Kompass und das Schießpulver fanden Eingang im Westen. Auch Handel und Gewerbe erlebten mit der Zeit einen beträchtlichen Aufschwung, denn der Kontakt mit der fremden Kultur öffnete die Augen für ihre Vorteile. Gewürze, Früchte, seltene Stoffe (Musselin, Satin, Samt), Parfüme und Edelsteine wurden nach Europa exportiert. Das Blickfeld weitete sich, und sogar das Bankwesen erhielt neue Impulse.

All das wäre natürlich auch ohne die verheerenden Kreuzzüge möglich gewesen. Die Fortschritte, die die Kreuzzüge mit sich brachten, waren positive Nebenprodukte. Und dass der Hass gegenüber Muslimen teilweise in Bewunderung umschlug, war ein Ergebnis, das die Initiatoren der Kreuzzüge ursprünglich sicher nicht beabsichtigt hatten.

Dies führt uns zu der interessantesten aller Fragen, nämlich der Frage nach den Verantwortlichen für diese unnützen Kriege.

## Was nicht in den Geschichtsbüchern steht

Grundsätzlich wurden Kreuzzüge bis in unsere Gegenwart hinein romantisiert. Aus Kreuzzügen konnte man farbige Abenteuerfilme machen. Man konnte Richard Löwenherz (welch ein dankbarer Name!) mit wehendem Kreuzfahrermantel zeigen, in all seiner Tapferkeit und seinem Mut. Das Rittertum wurde verklärt, das Christentum sowieso. Die Wirklichkeit dagegen war brutal: Es wurde gemeuchelt und gemordet, es wurde geraubt, geplündert und gefoltert. Für die Wahrheit ist es wichtig, dass all diese falsche Romantik jahrhundertelang den Blick dafür verstellte, dass es konkrete Drahtzieher hinter den Kulissen gab, die diese Kreuzzüge eiskalt, bewusst, völlig gewissenlos und genau berechnend inszenierten.

Damit wird es jetzt wirklich spannend. Die Manipulation begann bereits mit dem hehren Wort Kreuzzug.

### Eine verräterische Definition

Spätestens seit Konstantin dem Großen (272/285–337) und erst recht seit Karl dem Großen (748–814) wurden Andersgläubige und Heiden einfach zwangsbekehrt. Das schloss barbarische Schlächtereien mit ein, die man heute wahrscheinlich als Völkermord bezeichnen würde. Fest steht: Nahezu während des gesamten Mittelalters scheuten viele Kaiser, Könige und Päpste nicht davor zurück, das Schwert zu ergreifen und damit zu »missionieren«.

Besonders verwerflich war die Vernichtung vieler »Sekten«, »Ketzer« und Andersgläubiger, die oft einfach hingeschlachtet wurden. Schließlich galt es ja, den »einzig wahren Glauben« zu verbreiten.

Wer war letztlich für diese Untaten verantwortlich? Nun, hauptsächlich vier Päpste:

1. Papst Gregor VII. (von 1073 bis 1085 auf Petris Stuhl),
2. Papst Urban II. (von 1088 bis 1099),
3. Papst Eugen III. (von 1145 bis 1153) und
4. Papst Innozenz III. (von 1198 bis 1216).

Auch Sergius IV. (gest. 1012), Honorius III. (gest. 1227), Gregor X. (gest. 1276), Johannes XXI. (gest. 1277), Nikolaus V. (gest. 1455) und Pius II. (gest. 1464) müssen zumindest erwähnt werden.

Selbstredend gab es auch Kreuzzüge, die von Fürsten und Königen initiiert wurden. Aber als »Vater« der Kreuzzüge darf zweifellos Papst Urban II. gelten, der in gewissem Sinne die Kreuzzüge erdachte, freilich inspiriert von Gregor VII.

Kreuzzüge konnten ins Heilige Land führen, aber Kreuzzüge waren auch all die »Heiligen Kriege« gegen innere oder äußere Feinde der Christenheit. Als Feinde galten – und nun wird es brisant – Muslime, heidnische Slawen, Mongolen, Juden, orthodoxe (russische) Christen und Sekten wie Katharer, Bogomilen oder Hussiten.

Bei den Katharern (griech. = die Reinen) handelte es sich um die größte Sekte des Mittelalters. Um 1143 verbreitete sie sich vom Balkan aus über Mittel-, West und Osteuropa und fasste vor allem in Spanien, Italien und Frankreich Fuß. Die Katharer huldigten der Armut, der strengen Askese und der Enthaltsamkeit (von Fleisch und von der Ehe). In einigen Kreuzzügen wurden sie grausam verfolgt und mit Stumpf und Stiel ausgerottet.

Die mittelalterliche Sekte der Bogomilen (slaw. = die Gottesfreunde) lebten in Osteuropa und Kleinasien. Auch sie wurden bei Kreuzzügen abgeschlachtet.

Die Hussiten waren Anhänger von Johannes Hus (ca. 1370–1415), einem böhmischen Reformator, der von der römischen Kirche trotz Zusicherung des freien Geleits als Ketzer verbrannt wurde. Hussiten wurden ebenfalls bekriegt und niedergemäht; auch die Kriege gegen sie bezeichnete man als Kreuzzüge.

Ab einem gewissen Zeitpunkt wurde so ziemlich alles als Kreuzzug bezeichnet, was im Gegensatz zu den päpstlichen Intentionen stand. Die »klassischen« Kreuzzüge führten natürlich ins Heilige Land, nach Jerusalem; sie standen im Ansehen höher als Kreuzzüge, die nur nach Spanien, Afrika, in das Baltikum oder nach Osteuropa führten oder gar in Westeuropa ausgefochten wurden.

Die Kreuzritter durften Waffen tragen und sich *Milites Christi* nennen, also »Soldaten Christi«. Mit diesem Schlagwort wurde eine zweifelhafte Bewegung inszeniert und wurden die entsetzlichsten Gräueltaten gerechtfertigt. Der Trick bestand darin, die Feinde, in unserem Fall die Muslime, zunächst auf das Übelste zu diffamieren, zu verleumden und ihnen die grauenhaftesten Untaten zu unterstellen. Danach durfte man ihnen mit der Zustimmung Christi die Kehle durchschneiden.

Der erste Kreuzzug, der nach Jerusalem führte, endete – wir haben es bereits gehört – in beispiellosen Massakern. Es wurde geplündert, gemordet und gebrandschatzt, dass es dem Leser heute noch den Atem verschlägt. Das blutrünstige Vorgehen der Kreuzritter löste in der islamischen Welt Entsetzen aus. Weibliche Gefangene wurden erst vergewaltigt und dann hingemordet, Kinderkörper wurden zertrümmert und Männer gefoltert.

Kein Versprechen, keine Kriegsordnung, kein Kriegsrecht musste eingehalten werden, denn man kämpfte ja »nur« gegen Ungläubige. Je tiefer man im Blut watete, umso sicherer war ein Platz im Himmelreich.

Doch *wie* konnte so etwas passieren? *Wie* konnten Menschen, die sich eigentlich der Tugend der Nächstenliebe verschrieben hatten, so fehlgeleitet werden?

## Die teuflischen Methoden

Die Schlüsselperson war wie gesagt Urban II., immer abgesehen von dem infamen siebten Gregor. Betrachten wir Papst Urban II. also etwas genauer: Im Jahre 1095 rief Urban II. auf dem Konzil von Clermont (Südfrankreich) zum ersten Kreuzzug auf, um den

»freien Zugang zu Jerusalem wiederherzustellen«. Hier hatte Jesus ja angeblich gewirkt.

Rund hundertachtzig Konzilteilnehmer waren Zeugen der vielleicht demagogischsten Hetzrede, die je im Mittelalter gehalten wurde. Sarazenen wurden als »gottloses Volk« bezeichnet und als »Hunde«, die sich im »Heiligtum« befänden. Natürlich mussten diese Hunde aus Jerusalem vertrieben werden.

Der Tod an sich, der beim Kampf gegen die Ungläubigen eintreten konnte, wurde grundsätzlich als etwas Erstrebenswertes dargestellt! Eine ganze Reihe von Motivationstechniken, wie man heute sagen würde, wurde strapaziert, um die Menschen zu diesem Kreuzzug (und später zu anderen Kreuzzügen) zu verführen. Es wurde Folgendes versprochen:

- die Aufhebung aller anhängigen Gerichtsverfahren,
- der Schuldenaufschub,
- der Schutz vor Verfolgung,
- der Erlass aller Sünden, auch Todsünden wie Mord,
- das ewige Seelenheil und das Paradies sowie
- reiche Beute in den eroberten Ländern.

Selbst Rechtsbrecher und Mörder konnten sich reinwaschen, wenn sie nur das Kreuz nahmen. Leibeigene durften in den Krieg ziehen, Bürger wurden von drückenden Steuern befreit, Schuldnern Zinsen erlassen, Diebe und Mörder befreit sowie Todesurteile in lebenslänglichen Dienst in Palästina umgewandelt. Zudem erzählte man sich hinter vorgehaltener Hand wundersame Geschichten über den sagenhaften orientalischen Reichtum.

Und so nahmen Hunderttausende das Kreuz! Regelrecht berühmt wurden zudem Kreuzzugsablässe. Das heißt, für diese Kreuzzüge sammelte man zusätzlich Geld – in unvorstellbaren Mengen. Mittels üppiger Geldzahlungen war es auch möglich, sich von der Teilnahme an einem Kreuzzug loszukaufen und trotzdem paradiesische Wonnen sicherzustellen. Bestimmte Ablassvergünstigungen konnte man sogar auf Verstorbene ausdehnen. Die Vergebung der Sünden war jedenfalls ein hochprofitables Geschäft.

»Deus vult!«, »Deus le volt!« oder »Gott will es!«, schrie man. Das war die Parole, mit der gutgläubige Christen förmlich hypnotisiert und zu Mördern gemacht wurden. Urban II. versetzte das Volk in Trance und peitschte es zum sogenannten Ersten Kreuzzug auf. Christus befiehlt! Die Kreuzzugs-Hysterie erreichte bis dahin nie gekannte Ausmaße. Gemeine wie Edle schlossen sich den Zügen an. Deutsche, französische, flämische und lothringische Ritter verließen Weib und Kind und ritten los. Selbst Frauen ergriffen das Kreuz, es gab sogar eigene Bauern- und Kinderkreuzzüge.

Ganze Familien hefteten sich das Kreuz auf die Schulter, die Brust oder den Rücken und zogen mit Kind und Kegel, mit Ochsenkarren, hölzernen Schwertern und Sicheln los, um die Ungläubigen aus dem Heiligen Land zu verjagen. Bereits auf dem Weg nach Jerusalem wurde getötet und gemordet, in unfassbarem Ausmaß – unter anderem in Reims, Verdun, Metz, Mainz, Trier, Köln und Prag. Alle Gräueltaten waren scheinbar gottgefällig. Besonders gern metzelte man Juden hin. In Serbien, Ungarn und Griechenland wurde weiter geplündert und gemordet.

Fanatische Prediger, wie etwa der Asket Peter aus Amiens, halfen Urban II. dabei, immer mehr »Pilger« zu motivieren. Doch nur ein verschwindend kleiner Teil erreichte Byzanz, ein noch kleinerer Teil schließlich Jerusalem.

Und wie sahen am Ende die Konsequenzen für Urban II. aus, den Drahtzieher hinter den Kulissen? Welches Resultat erbrachte das grausame Schauermärchen Erster Kreuzzug?

Die Kreuzzüge, so spätere Schätzungen, kosteten über eine Million Menschen das Leben, Zu ihnen zählten Juden, Christen und Muslime, Männer, Frauen und Kinder. Der Anstifter Urban II., den man heute vielleicht wegen Volksverhetzung ins Gefängnis sperren würde, starb jedoch zwei Wochen nach der Einnahme Jerusalems. Er erlebte die »Krönung« seines Lebenswerkes, die Gründung des »Königreiches Jerusalem« durch die Kreuzritter, nicht mehr.

Doch in gewisser Weise starb dieser Papst nicht, der sich Statthalter Christi auf Erden nannte, Nachfolger der Apostelfürsten, Pontifex Maximus der Weltkirche, geistiger Vater des Abendlands und Heiliger Vater aller Kreuzritter; denn er erhielt einen Platz in der Kirchengeschichte. Als Anerkennung für sein Wirken wurde Urban II. am 14. Juli 1881 von der »alleinseligmachenden Kirche« offiziell in den »Kanon der Seligen« aufgenommen.

Den Päpsten standen immer konkrete Prediger zur Seite. Betrachten wir deshalb den berühmtesten Prediger dieser Epoche einmal genauer.

# 12. Der heilige Bernhard oder der einflussreichste Abt des Mittelalters

Das Christentum, in seiner veränderten Form, hatte inzwischen von allen Herzen Besitz ergriffen und zwar in einem heute schier unvorstellbaren Ausmaß. Ausnahmslos alles war christlich: der Tagesablauf mit seinen Gebeten, die wichtigsten Ereignisse innerhalb eines Lebens mit seinen Sakramenten der Taufe und der Ehe, die regelmäßige Beichte, die Messe, die heilige Kommunion, die Feiertage, die Lesungen aus der Bibel, die Zehn Gebote und zahlreiche weitere Gebote, Sünden zu vermeiden.

Mit dem Vormarsch des Islam ab dem 6., 7. und 8. Jahrhundert galt es erneut, das Christentum zu verteidigen. Doch stets waren es einzelne Prediger, die das Feuer der religiösen Inbrunst entzündeten. Der bekannteste war der ominöse

## Bernhard von Clairvaux

Bis heute Gegenstand der Kontroverse ist der heilige Bernhard, der sogar einen Orden aus der Taufe hob und inspirierte. Von der Kirche wird dieser Abt, Kreuzzugsprediger, Kirchenlehrer und Mitbegründer der geheimnisumwobenen Tempelritter, in den Himmel gelobt und verehrt wie ein Apostel. Von einigen Autoren hingegen wird er verdammt, wie etwa von Friedrich Schiller, der ihn einen »geistlichen Schuft« nannte, und zunehmend auch von kritischen

Historikern. Betrachten wir unvoreingenommen beide Seiten, das ist intellektuell immer ein vergnügliches Unterfangen.

Bernhard von Clairvaux (ca. 1090–1153) war in gewissem Sinne ein typischer Vertreter des Mittelalters und des Mönchstums. Obwohl Sohn eines französischen Ritters fühlte er sich früh zur Kirche hingezogen. Im Jahre 1112 trat er mit rund dreißig Freunden und Verwandten, zu denen auch eigene Brüder gehörten, in das Kloster Citeaux ein, vom dem sich der Name Zisterzienser ableitet. Doch die Ordensregeln schienen ihm nicht streng genug; so konnte man seiner Ansicht nach Gott nicht wirklich dienen. Sein Abt sandte ihn vielleicht deshalb im Jahr 1115 aus, um ein eigenes Kloster zu gründen – Clairvaux – genau wie Citeaux in Nordostfrankreich gelegen. Daraus gingen später zahlreiche Töchterklöster hervor, in Belgien, in den Niederlanden, in Frankreich, England und Skandinavien.

Von Beginn an sorgte Bernhard von Clairvaux in seinem Kloster für eine »Erneuerung« der Ordensregeln. Zunächst rückte er die radikale Askese in den Vordergrund. Seine Regeln waren so streng, dass man sie fast nicht einhalten konnte. Armut, Demut und Gehorsam sowie selbstverständlich das Zölibat mussten seiner Ansicht nach auf ein höheres Niveau gehoben werden. Die rückhaltlose Unterordnung unter den Abt und den Papst blieb oberstes Gebot. Der Erfolg gab ihm Recht, der Ruf seiner Frömmigkeit eilte ihm wie ein Donnerhall voraus. Gleichzeitig berichtete man über etliche Wunder, die sich angeblich ereignet hatten. Zudem war Bernhard rhetorisch hochbegabt, er konnte mit glühender Überzeugungskraft predigen. Er sang Hosianna wie die zarteste Nonne, konnte aber auch wüten und toben oder mitten in einer Rede plötzlich in Tränen ausbrechen.

Der Papst und hohe Kirchenmänner wurden auf ihn aufmerksam. Da Bernhard sogar Aristokraten und Monarchen aufwühlen konnte, wurde er früh mit heiklen diplomatischen Missionen betraut. Er erledigte dieser Aufgaben mit Bravour und wurde ab einem gewissen Zeitpunkt unverzichtbar für den Heiligen Stuhl.

Als Urban II. in Rom einen Kreuzzug plante, beauftragte er Bernhard von Clairvaux damit, für Rückenwind zu sorgen und für dieses Unternehmen die Werbetrommel zu rühren. Clairvaux engagierte sich in außergewöhnlichem Maß. Er reiste und predigte, schrieb Briefe, ermahnte, lobte, tadelte und entfachte in Frankreich, Flandern und Deutschland einen Sturm der religiösen Begeisterung. Er war ein Ereignis, er war der Star der Kirche. Da einem all seine Sünden vergeben wurden, wenn er an einem Kreuzzug teilnahm, liefen ihm die Leute nach wie dem Rattenfänger von Hameln.

Clairvaux schrie sich die Kehle heiser. Es ging darum, den wahren Glauben in alle Himmelsrichtungen hin zu verbreiten und den Ungläubigen das Heilige Land zu entreißen, auf dessen Boden Jesus Christus einst gewandelt war.

Gleichzeitig sorgte Bernhard dafür, dass der bereits 1118 gegründete Orden der Tempelritter diesen Plan ebenfalls verfolgte. Pilgerwege nach Jerusalem mussten gesichert und die Stellung im Heiligen Land gehalten werden. Der Templerorden (auch Templer, Tempelritter, Tempelherren genannt, oder die Arme Ritterschaft Christi und des salomonischen Tempels zu Jerusalem) diente diesem Ziel. Er vereinte die Ideale des Rittertums mit dem Mönchtum – zwei Stände, die eigentlich unvereinbar miteinander waren. Der Mönch betete, der Ritter kämpfte. Der Mönch half Kranken, am Leben zu bleiben, der Ritter tötete.

Clairvaux schrieb diesem seltsamsten Orden des Mittelalters einen eigenen Verhaltenskodex auf den Leib, wie ihn die Welt noch nie gesehen hatte. Der Templer durfte einer Frau nicht einmal ins Angesicht schauen. Er durfte keinerlei Vergnügen nachgehen. Er musste beten, kämpfen und töten. Bei all dem wurde von ihm absoluter Gehorsam verlangt.

Die Gründung der Tempelritter, diese eigenartige Mischung aus Mönch und Soldat, geht zumindest indirekt auf Clairvaux zurück. Seine Forderungen wurden von dem Orden wie ein Gebot des Papstes behandelt, denn Bernhard war inzwischen noch höher aufgestiegen. Er hatte sogar einen Bischofssitz ausgeschlagen und wurde als erster Berater des Papstes gehandelt, ja, einige Zeitgenossen setzten ihn sogar über den Papst. So wurde er zu einer Art geistigem Übervater des Ordens. Die Templer wiederum entwickelten sich zu den gefürchtetsten Kämpfern des Abendlandes.

1174 wurde Bernhard von Clairvaux heiliggesprochen, denn kaum jemand hatte nach Ansicht der Kirche in seiner Zeit so viel für die Ausbreitung des Christentums getan wie er. Bis heute wird der heilige Bernhard als Lichtgestalt verehrt.

## Die ganz andere Geschichte

Betrachten wir nun die andere Seite der Medaille. Mehrere Kritiker haben bereits darauf verwiesen, dass Bernhard von Clairvaux Zehntausende, ja Hunderttausende von Menschen in den Tod trieb; denn Christen wie Muslime starben bei den Kreuzzügen wie die Fliegen. Generell werden Kreuzzüge deshalb inzwischen von vielen Historikern mit größerer Distanz betrachtet als zu früheren Zeiten.

Davon abgesehen traktierte Clairvaux seine eigenen Mönche furchtbar. Als Abt für die Zisterzienser stellte er die denkbar härtesten Regeln auf, als Verfasser der Templerregeln gebärdete er sich noch radikaler. Seine asketischen Forderungen waren teilweise unmenschlich. Den Mönchen wurde genau vorgeschrieben, was sie nach einer der vielen Fastenzeiten trinken und essen durften. Auf Fleisch mussten sie gänzlich verzichten. Das Argument: In paradiesischen Zeiten vor dem Sündenfall hätten sich Menschen auch nur von Pflanzen ernährt. Dabei übersteigerte Clairvaux wahrscheinlich nur seine eigenen Probleme. Der Historiker weiß, dass der heilige Bernhard stets krank war, schwer krank. Ihn quälte eine Verengung der Speiseröhre, und er konnte nur Flüssigkeiten, aufgeweichtes Brot und Brei zu sich nehmen. Er litt zudem unter einer Magen- und Darmerkrankung, infolge derer er sich ständig erbrechen musste.[30] Und so projizierte er möglicherweise nur seine eigene Krankheit auf andere, denen er Regeln auferlegte, die für ihn taugten, für andere aber eine Tortur waren. Mitunter griff er andere Äbte und Mönche heftig an, wenn sie seiner Meinung nach zu gut speisten.

Zudem verlangte Clairvaux von allen Mönchen, Zisterziensern wie Templern, Kälte und Schmutz geduldig und froh zu ertragen. Er forderte körperliche, harte Arbeit ein, ferner umfangreichere Schweigegebote als bei den Benediktinern. Für alles gab es entsprechende Bibelstellen, mit denen sich solche Regeln absegnen ließen. Demut und Gehorsam wurden auf einem noch höheren Niveau verlangt: »Lerne, Mensch, zu folgen; lerne, Erde, dich zu unterwerfen; Staub gehorche!«[31]

Gleichzeitig suchte Clairvaux durch häufige Gebete, durch Schauungen (eine meditative Technik), ja durch schwärmerische, ekstatische Hingabe dem Himmel näher zu kommen. Besonders fixiert war er auf Maria, die Gottesgebärerin, die »immerwährende Jungfrau«, die Himmelskönigin. Marienwallfahrten und Marienbruderschaften entstanden damals zuhauf. Die Gebete, die von ihrer »himmlischen Süße« erzählen, sollten das Volk inspirieren und in Verzückung versetzen.

Die Milites Christi, die Soldaten des Herren, waren, wie bereits dargelegt, eine seltsame, eigentlich unmögliche Mischung aus einem (friedlichen) Mönch auf der einen und einem (kriegerischen) Ritter auf der anderen Seite. Hier wurden vollkommene Gegensätze vereint, Plus und Minus in einer Person zusammengepresst. Clairvaux motivierte die Tempelritter in vielen Traktaten. Moscheen wurden als Teufelshäuser (*domus diabolicae*) bezeichnet, Muslime als Dämonen. Dieser Abt hetzte und lästerte, log und schmähte. Nur so ließ es sich rechtfertigen, die »Söhne des Unglaubens«, die Muslime, zu töten, abzuschlachten und auszurotten. Das Ideal des kämpfenden Märtyrers wurde erschaffen, und nie – nicht in der Geschichte der Christenheit – wurde der Mensch so manipuliert und mit falschen Zielen angefüllt, die jeder Menschlichkeit höhnten. Clairvaux' Kernsatz lautete: »Ein Ritter Christi tötet in Sicherheit, und in noch größerer Sicherheit stirbt er. Wenn er stirbt, nützt er sich selbst; wenn er tötet, nützt er Christus!«[32]

Damit waren jede Untat, jeder Mord und jede Grausamkeit abgesegnet. Der Tod erschien sogar wünschenswert oder wurde jedenfalls nicht gefürchtet. Halleluja, wie glücklich konnte man sich schätzen, wenn man selbst ins Gras biss!

Heute bezeichnet man dies als Schwarze Propaganda. Der »Heilige Krieg« entstand, der *Bellum iustum*, der »gerechte Krieg«, wie das der Kirchenlehrer Augustinus einst ausdrückte. Arm und keusch, schmutzig und freudlos sollten diese Templer sein. Ihr einziger Sinn und Zweck bestand darin, zu töten, so der heilige Bernhard. Verboten waren dem Templer alle irdischen Vergnügen, selbst Schach- und Würfelspiele, aber auch die Jagd, Frauen sowieso. Er durfte Märchenerzählern nicht lauschen, Schauspielern nicht zusehen, Sängern nicht zuhören. Vom Staub beschmutzt, so Bernhards Idealbild, war es ihm nur erlaubt, abgrundtief zu hassen. »Sollte ich die nicht hassen, Herr, die dich hassen, nicht die verabscheuen, die sich gegen dich erheben?«, so predigte Clairvaux, den Psalm 139, 21 zitierend.

Nur wenig bekannt ist, dass innerhalb des Templerordens anfangs durchaus Ethos und Ethik wichtig waren. Aber mit zunehmender Macht verfiel der Templerorden. Zum Schluss waren die Brüder steinreich und beteten den Mammon an. Sie betätigten sich als Bankiers, Kaufleute, Lokalfürsten und Militärs. Mehr und mehr Verbrecher, Gauner, Gesetzlose, Räuber, Kirchenschänder, Mörder, Meineidige und Ehebrecher wurden im Laufe der Zeit in die Reihen der Templer aufgenommen. Ein feiner Orden! Sie alle könnten ihre Sünden wiedergutmachen, suggerierte ihnen der heilige Bernhard, wenn sie nur in den Orden einträten, dem Orden dienten und für den Orden töteten und mordeten. Wer genügend Muslime hinschlachtete, befand sich theologisch auf sicherem Grund und Boden.

Bernhard von Clairvaux goss den »Tau des Gotteswortes« über seine Schäfchen aus und injizierte überall diese krankhafte Begeisterung für die Kreuzzüge; er entfachte eine religiöse Hysterie. Die Zisterzienser, die Tempelritter und alle wichtigen christlichen Nationen wurden von ihm heimgesucht und motiviert –mit raffiniert gestrickten Briefen und durch seine emotionsgeladene, »honigsüße« Rede, wie das die damalige Zeit ausdrückte.

Clairvaux konnte wie gesagt mitten in einer Predigt auf Kommando in Tränen ausbrechen. Dann fühlte er sich vom Geist Gottes ergriffen und heizte so die Stimmung an. Der *abbât Pernhart*, der Abt Bernhard, machte alle glauben, er sei vom Finger des Heiligen Geistes berührt worden. Er jauchzte über die *Dulcis Virgo Maria*, die »süße Jungfrauenschaft der Gottesmutter«, und war doch nichts weiter als ein großer Verführer, der andere in den Tod trieb. Seine übertriebene Demut stellte er überall publikumswirksam zur Schau. Dadurch ließen sich die Gläubigen beeindrucken und täuschen. Und so streute er seinen giftigen Samen nach allen Seiten aus und forderte die Christen auf, die Ungläubigen »auszutilgen«. Seine Blässe, sein hohlwangiges Gesicht, sein vergeistigter Ausdruck, sein Eifer und seine wilden Emotionen hinterließen überall erheblichen Eindruck. Bei Licht betrachtet stellte er seinen Eifer jedoch ausschließlich in den Dienst einer mörderischen Sache.

Das Fiasko des Zweiten Kreuzzuges brach Bernhard von Clairvaux schließlich das Genick; kein anderer hatte derart die Werbetrommel gerührt wie er. Nicht nur die Franzosen mit König Ludwig VII. erlitten schwerste Verluste, sondern auch die Deutschen unter König Konrad III. Obwohl die Deutschen und die Franzosen ursprünglich getrennt voneinander ins Heilige Land marschiert waren, vereinten sich die beiden Heere schließlich. Ihre Könige entschieden, Damaskus zu belagern und einzunehmen, obwohl die Damaszener bereits Tribut an die Kreuzfahrer entrichtet hatten. Die Damaszener fühlten sich verraten und baten einen ehemaligen Feind um Hilfe: Emir Nur ad-Din. Der rückte mit einem Heer an, woraufhin die Kreuzfahrer die Belagerung abbrechen und sich nach Jerusalem zurückziehen mussten, das sich aufgrund des Ersten Kreuzzuges in christlicher Hand befand.

Ludwig VII. kehrte sieg- und glücklos nach Frankreich zurück, genau wie später Konrad III. Der Zweite Kreuzzug war, vom abendländisch-militärischen Standpunkt aus geurteilt, gelinde gesagt eine Katastrophe. Er scheiterte an Nachschubproblemen, Unkenntnis über die Landschaft und Kultur, an Bergen und Wüsten und der Dummheit und Arroganz seiner Führer.

Als der Zweite Kreuzzug mit der Niederlage endete, hagelte es wechselseitige Schuldzuweisungen. Besonders hart drosch man auf Clairvaux ein. Bernhard, dauernd krank, erkrankte noch schwerer. Seine Magenentzündung wurde chronisch, Schmerzen und Schlaflosigkeit kamen hinzu. Der große Wundertäter, der angeblich Kranke heilte, konnte sich selbst nicht helfen.

Bernhard von Clairvaux wurde zutiefst gedemütigt. Rasch suchte er sich vom Zweiten Kreuzzug zu distanzieren. Der König von Frankreich habe ihn dazu gedrängt, verkündete er. Und er verwies darauf, dass er ja nur den Willen des Papstes erfüllt habe und der Ausgang des Unternehmens überdies von Gottes unergründlichem Ratschluss bestimmt gewesen sei. Das Argument des Gehorsams gegenüber dem Papst war allerdings nur ein jämmerlicher Versuch, sich aus der Verantwortung zu stehlen. Der Rechtfertigungsversuch misslang.

Sein erneuter Aufruf zu einem weiteren Kreuzzug blieb ohne Echo. Ein paar Jährchen nach dem missglückten Kreuzzug starb der Prediger-Abt, seine »honigsüße« Stimme verstummte.

## Das Urteil

Die Kreuzzüge insgesamt waren blutrünstig, inhuman und mörderisch. Sie beweisen nur, wie sehr Religion missbraucht werden kann, wenn an ihrer Spitze ein Schurke steht. Fromme, gute Absichten können verbogen und für ein destruktives Ziel benutzt werden. Alle Kreuzzügler wateten knietief im Blut. Und hinter allen Kreuzzügen standen leibhaftige Prediger, Päpste und Priester, die von Rache- und Hassgelüsten erfüllt waren, die nur ihre eigene Religion gelten lassen wollten und denen es an jeglicher Toleranz mangelte. Kreuzzüge entwickelten sich nicht im luftleeren Raum, sie kamen nicht aus dem Nichts. Fragwürdige Persönlichkeiten, wie eben Bernhard von Clairvaux, sind der unsäglichen Morde und Toten schuldig zu sprechen.

Es ist immer die Einzelperson, die eine Religion pervertiert und für ihre teuflischen Zwecke benutzt, nie die Religion an sich, die zu verdammen ist.

Und so gelangen wir zu einem sehr differenzierten Urteil über all die Kleriker, Mönche, Ordensgründer und Priester dieser hochreligiösen Zeit.

Einerseits war es fraglos richtig, der Unmoral und der Inhumanität etwas entgegenzusetzen. Wiederholen wir: Viele Mönche, Nonnen, einfache Geistliche und edle Seelen setzten sich für Menschen ein, auch aufgrund der Religion. Religion bedeutete für sie, Gutes zu tun, buchstäblich an allen Ecken und Enden.

Andererseits sah man auch zahlreiche Auswüchse. Die Kreuzzüge sind ein Paradebeispiel dafür. Fanatisierte Prediger nutzten die religiöse Hitze dieser Zeit schamlos aus, ja schürten noch das Feuer. Sie hetzten Menschen in den Tod und machten sie zu Mördern.

Und so bleibt eine hochinteressante Erkenntnis: Selbst so verführerische Begriffe wie Ethik, Integrität und Moral können missbraucht werden, genau wie Vokabeln wie Jesus Christus, Gott oder die Allerheiligste Jungfrau Maria. Nicht jeder, der sich für eine Religion oder für eine gute Sache stark macht, ist eine Lichtgestalt. Wenn er Mord und Totschlag gutheißt, ja einfordert, handelt es sich bloß um einen geistlichen Schuft. Schiller urteilte richtig. Bernhard von Clairvaux zählt zweifellos zu diesen demagogisch begabten Volksverführern. Er war unsäglich selbstgerecht, selbstverliebt und überheblich; er rückte stets die eigene Person in den

Mittelpunkt, indem er geschickt auf Gott verwies, dessen Willen er angeblich verkörperte.

Und so gelangen wir nolens volens zu einer neuen Auffassung über die Kreuzzüge, über bestimmte Päpste, einige Prediger und zumindest einen Orden im Mittelalter.

# 13. Die Geheimnisse der Tempelritter

Betrachten wir der Vollständigkeit halber die umstrittenen Tempelritter noch einmal genauer. Sie geben bis heute Rätsel auf. Dabei waren auch sie typische Vertreter des Mittelalters. Denn zu keinem anderen Zeitpunkt wäre es möglich gewesen, einen Mönch mit einem Krieger zu einer Person zusammenzuschweißen.

Die Templer besaßen am Ende unermessliche Schätze, Gold und Geld, wodurch sie zum reichsten Orden ihrer Zeit aufstiegen.

Eines der Rätsel heißt also: Wo liegen die Wurzeln dieser Bruderschaft?

Auch der Mut der Templer und ihre Einsatzbereitschaft waren unvergleichlich – in militärischer Hinsicht konnte es niemand mit ihnen aufnehmen, ausgenommen ein Fürst, Sultan oder König verfügte über ein weit überlegenes Heer. Jeder einzelne Templer war eine kleine, schier uneinnehmbare Festung in sich. Der Tempelritter starrte vor Waffen und fürchtete weder Tod noch Teufel. Er verachtete den Tod geradezu. Einer eigenen Regel zufolge durfte ein Templer im Kampf erst dann fliehen, wenn er sich mindestens einer vierfachen Übermacht gegenübersah. Und bevor ein Templer starb, riss er gewöhnlich zahlreiche Feinde mit sich in den Tod. Die Templer waren eine militärische Elitetruppe, die von Feinden mehr gefürchtet wurde als der Satan selbst.

Damit können wir uns zweitens fragen: Worin lag die militärische Überlegenheit der Tempelherren?

Und es gab ein drittes Mysterium – das eigentliche Geheimnis der Templer, das zum Teil durch geheime Einweihungsriten genährt wurde, die lange nicht ans Licht der Öffentlichkeit gelangten. Worin bestand dieses letzte und höchste Geheimnis?

## Eine einzigartige Historie

Der Templerorden, ursprünglich ein geistlicher Ritterorden, überdauerte von 1118 bis 1312, also rund zwei Jahrhunderte. Zuletzt war er im Heiligen Land präsent sowie in Deutschland, Frankreich, England, Spanien, Italien und in vielen osteuropäischen Ländern, die ins Heilige Land führten, von vielen strategisch wichtigen Inseln wie Zypern ganz abgesehen. Ihre Machtentfaltung war außerordentlich. In ganz Europa und im Nahen Osten gab es Templerburgen, »Kommenden« oder »Komtureien« (= wörtlich: Häuser), Stützpunkte und Festungen.

Der Orden wurde zwischen dem Ersten und dem Zweiten Kreuzzug gegründet, im Jahre 1118, um dieses wichtige Datum zu wiederholen.

Was war passiert?

Die Päpste im Bunde mit einigen Predigern, deren wichtigster Vertreter Bernhard von Clairvaux hieß, hatten längst erkannt, dass man das Königreich Jerusalem und das Heilige Land nur dann sichern konnte, wenn eine militärische Elitetruppe den Muslimen Einhalt gebot. Aus dieser Erwägung heraus wurde der Tempelritterorden gegründet – vom Standpunkt der Päpste und Prediger aus eine religiös-militärische Notwendigkeit. Der Tempelritter musste einerseits beten und gehorchen und andererseits ein unheilvoller Kämpfer sein, den alle mehr fürchteten als der Teufel das Weihwasser.

Wollten der Papst und der heilige Bernhard ihre Absicht je durchsetzen, brauchten sie einen militärisch-mönchischen Elitekrieger, eine einzigartige Mischung aus Geistlichkeit und Weltlichkeit. Kurz gesagt musste eine neue Art von Mensch geschaffen werden.

## Die wahren Gründungsväter der Templer

Die inoffiziellen (und wahren) Gründungsväter der Tempelritter waren also die Päpste und einige fanatisierte Prediger, allen voran Bernhard von Clairvaux.

Die offiziellen Gründungsväter hingegen waren französische Ritter.

Als wichtigste Gründerfigur der Templer gilt bis heute ein gewisser Hugo de Payens, auch Paenz, Pahens, Payns, Paenciis Paganis geschrieben; mit einem Namen ging man weniger sorgfältig um als mit dem Wort Gottes. Hugo de Payens (1070–1136) war ein Ritter aus edlem französischem Geblüt. Er avancierte zum ersten Großmeister des Templerordens. Payens hatte bereits am Ersten Kreuzzug teilgenommen, in einem Heer des Grafen de Blois et de Champagne, mit dessen Familie ihn mindestens Freundschaft, vielleicht sogar Verwandtschaft verband. Er kannte auch Gottfried von Bouillon (1060–1100), einen mächtigen Herzog Niederlothringens, ebenfalls ein Kreuzfahrer, der das christliche Königreich Jerusalem gegründet hatte. Gottfried von Bouillon sollte später das Vorbild für viele europäische Ritter abgeben. Er nahm nie persönlich den Königstitel für das neugeschaffene Königreich Jerusalem an, sorgte aber dafür, dass sein Bruder als Balduin I. zum König von Jerusalem aufstieg.

Hugo de Payens war also gut vernetzt, wie man das heute nennen würde. Auch er wusste, dass das neue Königreich Jerusalem nur dann gehalten werden konnte, wenn es hinreichend verteidigt würde. Das christliche Königreich Jerusalem umfasste beileibe nicht nur die Stadt Jerusalem, sondern zahlreiche Städte und ganze Landstriche.

Im Jahre 1118 reiste de Payens mit mehreren gottesfürchtigen Rittern ins Heilige Land, in dieses neu geschaffene Königreich

Jerusalem. Ihm folgte Graf de Champagne. Die beiden trafen sich mit König Balduin II., dem Nachfolger des inzwischen verstorbenen Balduin I. In einem Dreierbund – so jedenfalls eine historische Version – beschloss man, den Orden der Tempelritter aus der Taufe zu heben.

Balduin II. stellte den Rittern in Jerusalem als Hauptsitz einen geheiligten Ort zur Verfügung: Hier hatte einst der Salomonische Tempel gestanden. Salomon – bekanntermaßen einer der weiseste Herrscher der jüdischen Geschichte – hatte ehemals einen Tempel in Jerusalem errichten lassen. Daher der Name Templer. Der Salomonische Tempel war mehrmals zerstört, wieder aufgebaut und wieder zerstört worden, bis der Ort, der Tempelplatz, schließlich für eine Moschee genutzt wurde – als die Muslime in dieser Region das Zepter in der Hand hielten. Nach Jerusalems Eroberung durch die Kreuzfahrer wurde diese Moschee, ein Symbol des Islam, selbstverständlich erneut umgewandelt und wich einem Sinnbild des Christentums. Jetzt geriet der Tempel zum Hauptquartier der Templer.

Im Gegenzug stellte König Balduin II. seinerseits einige Forderungen: Von nun an müsse ihm eine einsatzbereite, pflichtbewusste Kampftruppe zur Verfügung gestellt werden, sobald Not am Mann war. Und die Templer hätten die Pilgerwege zu schützen.

Die Tempelritter legten das Gelübde der Keuschheit, der Armut und des Gehorsams ab – wir kennen diesen Schwur bereits von den Benediktinern.

Um Rom zufrieden- und die Unabhängigkeit der Templer sicherzustellen, entschied man, den neuen Orden direkt dem Papst zu unterstellen. Er solle niemandem sonst rechenschaftspflichtig sein. Das war von höchster Bedeutung, denn dann mussten sich die Tempelherren keinem lokalen christlichen Machthaber beugen.

Soweit die Fakten über die Entstehung der Templer.

Natürlich werden in der offiziellen Gründungsgeschichte noch weitere Namen genannt, auch Variationen gibt es zuhauf, wie etwa, dass Hugo de Champagne erst später den eigentlichen Aufschwung des Ordens herbeiführte.

## Wie man eine Elitetruppe aus dem Boden stampft

Hugo von Payens und seine Mannen reisten sofort nach der Gründung des Templerordens nach Frankreich, England, Schottland und Flandern und rekrutierten geradezu fieberhaft Mitglieder für den neuen Orden. Es galt, eine schlagkräftige Ordens-Armee aufzustellen. Doch noch wichtiger war es, einen ganz speziellen »Mönchsritter« zu schmieden – eine seltsame Mischung aus einem Krieger und einem Heiligen, ein mentales Kunststück, das nur einem gelingen konnte: dem legendären Bernhard von Clairvaux, dem einflussreichsten Abt dieser Zeit, dem Mann mit der »honigsüßen Stimme«, von dem wir bereits gehört haben. Und in einem »geistigen« Sinne erfand Clairvaux diesen Typus des Mönchsritters auch überhaupt erst. Gottgleich schuf er gewissermaßen einen »neuen Menschen«.

Anfangs gab es 72 Ordensregeln, später 686. Die Ergänzungen betrafen vor allem den militärischen Bereich sowie Strafen für Vergehen. Auch das *Lob der neuen Ritterschaft*, ein Traktat aus der Feder des heiligen Bernhard, wurde später integriert.

Die Ordensregeln definierten zunächst eine kompromisslose Hierarchie, die nicht infrage gestellt werden durfte. An der Spitze der Templer stand der Großmeister, dem bedingungslos zu gehorchen war. Darüber standen nur der Papst und Gott.

Ferner wurde in diesen Ordensregeln jedes einzelne militärische Detail festgehalten. Waffen besaßen symbolische Bedeutung. Der Griff des Schwertes erinnerte an das Kreuz und das Leiden Christi. Die Klinge war ein Symbol der Gerechtigkeit. Die Lanze repräsentierte Geradheit, ihre eiserne Spitze die Kraft der Wahrheit. Der Rundhelm, der das Haupt des Tempelritters umschloss, war ein

Sinnbild der Schamhaftigkeit und der Demut. Der Harnisch stand für den Mut des Ritters. Die bewehrten Handschuhe sollten den Mönchsritter vor bösen Taten bewahren, vor Meineid und Raub zum Beispiel. Der weiße Mantel symbolisierte Reinheit, das rote Tatzenkreuz darauf das Blut Christi.

Und so wurden alle Schutz-, Verteidigungs- und Angriffswaffen in die religiöse Sphäre gehoben. Der Tempelritter wurde in das Christentum hineinhypnotisiert. Zusammen mit den zahlreichen Gebeten, die täglich gesprochen werden mussten, kam das einer Gehirnwäsche und Autosuggestion gleich. Alles war Religion, und Religion war Krieg.

Die Ordensregeln bestimmten sogar, wie viele Pferde und Knappen ein Templer besitzen durfte; ferner wie die Zügel auszusehen hatten, die Steigbügel, die Sporen und die Futtersäcke für die Pferde.

Doch Clairvaux, der geistige Übervater all dieser Regeln, ging noch weiter. In seiner Propagandaschrift *De laude novae militiae ad milites templi* = »Vom Lob der neuen Ritterschaft an die Tempelritter«, die etwa im Jahre 1131 verfasst und wie gesagt später in die Ordensregeln integriert wurde, setzte er – man höre und staune! – den Tod quasi außer Kraft. Lauschen wir dem heiligen Bernhard im Originalton:

»Der neue Ritter, dessen Leib mit einer Rüstung aus Eisen und dessen Seele mit einer Rüstung des Glaubens bewehrt ist, fürchtet nichts, weder das Leben noch den Tod, denn Christus ist sein Leben, Christus ist Lohn für seinen Tod (...)

Ziehet also los in aller Sicherheit, Ritter, und kämpft ohne Furcht gegen die Feinde des Kreuzes Christi. (...) Freue dich mutiger Kämpfer, wenn du überlebst und Sieger im Herrn bist, freue dich und rühme dich noch mehr, wenn du stirbst und dich zum Herrn gesellst.«[33]

Der eigene Tod war also begrüßenswert. Dem Ritter wurde bedeutet, er führe nach seinem Tod stracks in den Himmel auf. Der unvorstellbare Mut der Tempelritter findet mit diesen Zeilen seine Erklärung. Es wurde ein neues Ideal geschaffen, mental, aber auch körperlich. Denn so sahen die Templer aus: »… nie gekämmt, selten gewaschen, mit wildem Bartwuchs, stinkend und schweißbedeckt, geschwärzt von ihren Harnischen und der Hitze.«[34] Der Tempelritter musste vollkommen bedürfnislos sein, mit wenig Schlaf auskommen und mit wenig Essen, falls erforderlich. Und immer wieder wurde der bedingungslose Gehorsam beschworen: »An erster Stelle stehen Disziplin und uneingeschränkter Gehorsam. Jeder kommt und geht, wie es der Vorgesetzte befiehlt.«[35]

Der Templer durfte nicht verheiratet sein, ja durfte einer Frau nicht einmal »ins Angesicht schauen«, wie wir bereits gehört haben. Er durfte keine »zweideutigen Lieder« singen und musste sich von jedem »schamlosen Getue« fernhalten. Er durfte selbstverständlich keine Kinder haben und durfte sich keinen Glücksspielen zuwenden. Er hatte Komödianten, Possenreißer und Taschenspieler zu meiden. Ja, er durfte nicht einmal lachen! »Es lachen die Menschen, es weinen die Menschen, und dass die Menschen lachen, muss man beweinen«, lehrte der heilige Bernhard. Lachen wurde als Untugend gebrandmarkt; der Ritter hatte streng, ernst und gottesfürchtig zu sein. (Clairvaux, Vom Lob der Ritterschaft)

Gleichzeitig war einfach alles auf den Krieg ausgerichtet: *»Wenn die Stunde des Krieges schlägt, panzern sie sich innerlich mit Glauben, äußerlich mit Eisen, nicht mit Vergoldungen … Sie wollen dem Feind Schrecken einflößen … Sie trachten nach dem Sieg … Sie wollen gefürchtet und nicht bewundert werden.«*

Alles wurde auf effektives Töten ausgerichtet. Der »neue Mensch«, der hier geschaffen wurde, war ein Kampfroboter. Er wurde gehirngewaschen und indoktriniert bis in die letzte Zelle seines Körpers. Alle diese Regeln wurden dem Templer eingehämmert, Tag und Nacht, bis er zu einer Kampfmaschine mutierte.

Hier wurde eine Kriegsphilosophie begründet, eine Kriegstheologie, wie sie sich keiner hätte menschenfeindlicher ausdenken können. Kurz gesagt hoben Hugo von Payens und vor allem Bernhard von Clairvaux den »heiligen Krieg« erneut aus der Taufe.

Damit aber haben wir unversehens das erste Geheimnis der Tempelritter gelöst – den Grund für ihre militärische Überlegenheit. Der Templer wurde pausenlos, von morgens bis abends, indoktriniert, zum bedingungslosen Gehorsam erzogen und in eine Tötungsmaschine verwandelt. Es war dem Templer gleichgültig, ob er Leib und Leben verlor. Was war das schon im Vergleich zur ewigen Seligkeit? Es entstand ein religiöses Krieger-Ideal von einer Brutalität und Effizienz, die ihresgleichen in der Geschichte sucht. Der Tempelritter lebte schon auf Erden halb im Himmel, in einer jenseitigen Welt jedenfalls, die ihm ununterbrochen vorgegaukelt wurde und die er sich selbst ohne Unterlass vorstellte. Er befand sich nicht im Hier und Jetzt. Er wurde mit einer religiösen Illusion gefüttert, die ständig neu beschworen und »geschaut« wurde, bis diese Illusion wirklicher war als die Wirklichkeit.

## Die Kriege der Templer

Es verwundert nicht, dass die Templer im Krieg sehr gefürchtet waren. Diese Kampfmaschinen, diese in Metall gekleideten menschlichen Tötungsroboter mähten alles nieder, was sich ihnen in den Weg stellte. Wenn andere Kämpfer versagten, kamen die Templer zum Einsatz. Heroische Legenden ranken sich um ihre Kriege, die wir hier nicht alle nachzuvollziehen brauchen. Sie alle dienten der weiteren Legendenbildung, damit neue Mönchskrieger rekrutiert werden konnten.

Überall entstanden Templerburgen, die von einer eigenen Bautruppe erstellt oder teilweise gekauft wurden; manchmal waren es auch Schenkungen. Sie dienten zunächst dem Schutz der Pilger. Doch schon früh wurden die Templer von dem verführerischen Duft der Macht benebelt, der mit ihrer militärischen Überlegenheit einherging.

Gleichzeitig gelangte der Templerorden zu einem ungeheuren Reichtum. Damit sind wir dem zweiten Geheimnis dieses mysteriösen Ordens auf der Spur.

## Sagenhafte Schätze

Die Tempelritter verfügten über mindestens neun Einkommensquellen, eine lukrativer als die andere:

1. An erster Stelle stehen die überreichen Schenkungen. Grundbesitz, Gold, Geld und Sachwerte flossen den Templern aus allen Ecken und Enden zu. Denn jeder gute Christ wollte schließlich zur Ausbreitung des einzig wahren Glaubens beitragen und – ganz nebenbei – sich selbst ein Plätzchen im Himmelreich sichern. Kaufleute und Adelsherren, Bauern und Könige vermachten den Templern riesige Besitztümer. Priester, Prediger und Päpste unterstützten sie in Sachen Schenkungen und hielten anfeuernde, fromme Reden. Sie forderten die Menschen dazu auf, von ihrem irdischen Besitz zu lassen und sich vermehrt um ihr Seelenheil zu kümmern.

Etwa fünfzehntausend Ordensmitglieder verwalteten schließlich rund neuntausend Niederlassungen, die über ganz Europa verstreut waren – man muss es sich vorstellen!

2. Die zahlreichen Besitztümer verschafften den Templern weitere Einnahmen, da ihre Liegenschaften ja bewirtschaftet wurden. Sie verbesserten die Landwirtschaft mit innovativen Methoden, etwa durch künstliche Bewässerung. Oder die Ritter heuerten Bauern an und erhoben den Zehnten. Auf diese Art mutierten sie manchmal sogar zu Steuereintreibern.

3. Höchst einträglich waren des Weiteren Überfälle und Raubzüge, die die Templer unternahmen – speziell im Heiligen Land auf islamischem Gebiet. Natürlich war es nur eine »gute Tat«, die »Ungläubigen«, die »Hunde«, die Sarazenen, die Allah-Anbeter zu berauben. Das schwächte Mohammed und stärkte Christus.

4. Dazu wurden Tribute und Lösegelder erpresst, wenn etwa ein arabischer Moslem-Fürst in ihre Hände gefallen war. Nur mit Säcken von Gold und Silber konnte er ausgelöst werden.

5. Da die Templer einen Überblick über Straßen und Wege hatten, lernten sie auch früh, Zölle zu erheben und Wegabgaben zu verlangen.

6. Prächtig waren außerdem die Einnahmen durch Reliquien. Religiöse Märchen wurden erfunden über angeblich hochheilige Reliquien, die im Morgenland entdeckt worden waren. Die Templer saßen ja an der Quelle, ihr Hauptsitz lag in Jerusalem. Manchmal wurden gewaltige Summen für ein paar Knochen bezahlt, die als die Knochen eines Heiligen ausgegeben und meistbietend verkauft wurden.

Es entstanden zahlreiche Fälschungen – von Holzsplittern, die angeblich vom Kreuz Jesu Christi stammten, bis hin zu Totenköpfen von Märtyrer-Heiligen. Einige Heilige mussten sechzehn Arme und fünf Köpfe besessen haben, so viele Reliquien existierten von ihnen.

Der Handel mit solchen Reliquien war eines der lukrativsten Geschäfte des Mittelalters. Im Heimatland, im Abendland, wurden die Gläubigen durch die Reliquien in die Kirchen und die Kapellen gelockt. Denn die Reliquien, so glaubten sie, würden sie von dieser oder jener Krankheit heilen oder ihre Not lindern.

7. Nach einiger Zeit besaßen die Templer wie gesagt mehr als neuntausend Niederlassungen auf der ganzen Welt. Die waren sicher und boten Reisenden Schutz vor Räubern und Wegelagerern. Und so entstand die Idee, »Wertpapiere« und »Wechsel« auszustellen.

Da die Pilgerwege unsicher und räuberische Überfälle an der Tagesordnung waren, erfanden die Templer den Vorläufer unseres heutigen Schecks: Pilger, Kaufleute und generell Reisende zahlten in einem Templerhaus in der Heimat einen Betrag ein – und konnten damit in allen Templerniederlassungen über das entsprechende Guthaben verfügen. Selbstverständlich verlangten die Templer für diesen Service eine Gebühr.

Auf diese Weise verwandelten sich Komtureien in Bankfilialen. Historikern zufolge wurden die Templer wichtiger als jüdische Geldverleiher oder italienische Handelshäuser. Die Zeit, da ein Kaufmann mit Säcken voller Münzen und Goldstücken durch die Lande reisen musste, war unwiederbringlich vorbei. Kaufleute besaßen jetzt »Wechselbriefe« oder »Geldpapiere«, die sie am Zielort ihrer Reise (oder auch unterwegs schon) einlösen konnten. Damit die Wechselbriefe nicht gefälscht werden konnten, versahen sie die Templer mit Geheimzeichen. Dieses »Papiergeld« revolutionierte das Geldwesen.

8. Und so häuften sich Geld, Gold und Silber in den Templerburgen an. Zusammen mit den Krediten, die die Templer reichen Kaufherren, Fürsten und sogar Königen gewährten, sowie den Wucherzinsen, die sie dafür verlangten, wurden sie zum wohlhabendsten Orden ihrer Zeit. Ihre ersten Verleihgeschäfte sind ab dem Jahr 1135 bezeugt.

9. Die Templer verfügten zum Schluss sogar über eine ganze Templerflotte. Die Templerschiffe waren gefürchtet und an ihrem roten Tatzenkreuz auf einem weißen Segel zu erkennen. Sie dienten dem Truppentransport sowie der Beförderung von Rohstoffen, Pferden und Pilgern. Sie wurden auch von Kaufleuten gechartert. Auf diese Weise verdienten die Templer am gesamten Handel. Ganze Schiffsbäuche, beladen mit kostbaren Waren, Gold und Silber, gehörten ... den Tempelherren.

So mutierten die Tempelritter zu Geldverwaltern, Händlern, Reliquienbeschaffern, Schiffseignern, Erbschleichern, Räubern, Dieben, Erpressern, Zöllnern und einer unermesslich reichen Kaste.

Ihre ursprüngliche Aufgabe – der Schutz der Pilger – geriet in Vergessenheit oder trat zumindest in den Hintergrund. Der ungeheure Reichtum machte die Templer stolz und hochfahrend, wodurch sie den Neid und den Hass ihrer Zeitgenossen auf sich zogen. Das äußere Zeichen für den Verfall war die nachlassende Kleiderdisziplin, spätestens im 13. Jahrhundert. Tempelritter verließen das Ordenshaus nun auch in weltlicher Kleidung.

Die mönchischen Gotteskrieger wandelten sich allmählich zu Händlern und Bankiers, zu Geldhaien und Raffzähnen.

Worin bestand das Geheimnis aller Geheimnisse?

## Aufnahmeriten und andere Zeremonien

Die wildesten Spukgeschichten ranken sich um die geheimen Aufnahmeriten und Zeremonien der Tempelritter. Ein templerisches Aufnahmeritual bestand etwa darin, während finsterer Nacht den Neuzugang durch furchtbare Eide an den Orden zu binden. Der Adept musste außerdem geloben, bestimmte Geheimnisse zu wahren.

Man unterschied zwischen dem normalen Aufnahmeritual und einer geheimen Einweihung in einen »inneren Kreis«.

Bei der normalen, unspektakulären Aufnahme wurden die (gute) Herkunft des Jungritters und seine (konstruktive) Absicht gegenüber dem Orden sichergestellt. Der Kandidat musste unverheiratet sein und durfte keine Schulden haben. Zum Schluss wurde der Adept belehrt: »Ihr habt hinfür keinen eigenen Willen mehr. Wenn Ihr im Gelobten Land sein wollt, wird man Euch jenseits des Meeres schicken. Wenn Ihr schlafen wollt, wird man Euch befehlen, zu wachen. Wenn ihr essen wollte, wird man Euch befehlen, etwas anderes zu tun«.[36]

Der Kandidat musste feierlich geloben, ein Leben lang dem Meister des Tempels und seinem unmittelbaren Vorgesetzten zu gehorchen. Er hatte keusch zu leben, musste die Gebräuche der Templer achten und sich von Sünden fernhalten. Danach wurde ein Vaterunser gebetet, der Neuzugang umarmt und über die Ordensregeln aufgeklärt.

Aber es gab auch ein geheimes Aufnahmeritual, das dazu diente, den Adepten in den »inneren Kreis« der Templer aufzunehmen und noch enger an den Orden zu binden. Es bestand vorgeblich darin, Christus dreimal zu verleugnen, das Kreuz dreimal zu bespeien und ein »magisches Haupt« anzubeten. Aus dem Haupt soll eine weißwollene Schnur entnommen worden sein, die symbolisch den Gürtel Johannes des Täufers darstellte – der Schutzpatron der Templer. Diese Schnur habe man dem »Eingeweihten« um die Taille gelegt, um die brüderliche Verbundenheit mit dem Orden zu veranschaulichen. Während dieser Gürtungszeremonie sei es zu homosexuellen Handlungen gekommen.[37] Das mysteriöse Haupt habe magische Kräfte besessen, es sei geküsst und angebetet worden.

Die Quelle für diese Behauptungen sind allerdings Geständnisse, die einigen Tempelrittern in ihrer Niedergangsphase unter der Folter abgepresst wurden – was ihren Wahrheitsgehalt in ein schiefes Licht rückt; unter der Folter gesteht man alles. Auch von einem Afterkuss und einem Kuss im Genitalbereich wird berichtet, der während des geheimen Aufnahmerituals eingefordert worden sei.

Darüber hinaus gibt es allerlei Gerüchte über diese speziellen Aufnahmezeremonien. Fest steht, dass der Adept mit furchtbaren Schwüren und Eiden an den Orden gebunden wurde. Aller Wahrscheinlichkeit nach wurde er außerdem emotional in einen Schockzustand versetzt oder zumindest gefühlsmäßig durcheinandergerüttelt und -geschüttelt.

Verlässliche Quellen für die innerste Einweihung fehlen. Später wurden in puncto »Einweihung« systematisch falsche Fährten gelegt, wie das bei allen Geheimbünden bis heute der Fall ist.

## Der Untergang

Die Tempelritter sind inzwischen in zahlreiche Kriege und Scharmützel verwickelt, vor allem im Heiligen Land. Noch wichtiger: Sie werden immer reicher. Sie steigen auf zum wohlhabendsten Orden ihrer Zeit. Ihre Schatztruhen quellen über. Ganze Karawanen transportieren Säcke voll Gold von Land zu Land. Das ruft

Neider auf den Plan. Speziell der französische König Philipp IV., auch Philipp der Schöne genannt und ständig in Geldnöten, schielt auf die Schätze der Templer. Der Orden ist übernational organisiert und hat seine Finger mittlerweile in allen lukrativen Geschäften. In Frankreich besitzt er unermesslich viel Land; sogar eine eigene Gerichtsbarkeit ist dem Templerorden erlaubt, er ist ein Staat im Staate. Demut ist den Tempelherren völlig abhandengekommen. Und auch die militärische Macht der Templer passt dem schönen Philipp nicht.

Philipp IV. – unter anderem bei den Templern hochverschuldet – ersinnt einen infamen Plan. Die Frage aller Fragen lautet: Wie kann er sich die Schätze der Tempelherren unter den Nagel reißen? Er heuert die gewieftesten Rechtsgelehrten und Rechtsverdreher an. Und dann schlägt er erbarmungslos zu. Die Templer werden der Ketzerei und der Homosexualität beschuldigt. Philipp spielt den Prozess gegen die Tempelritter zur Staatsaffäre hoch. Er setzt sogar den Papst unter Druck, der die Templer eigentlich verteidigen müsste. Aber Papst Clemens V. ist Franzose und hat seinen Amtssitz gerade in Avignon, also in Frankreich, nicht in Rom – womit er dem König auf Gedeih und Verderb ausgeliefert ist.

Clemens lässt die Templer fallen wie eine heiße Kartoffel. Zudem wird er vom französischen König erpresst. Der intrigante Philipp IV. droht dem Papst mit einem Prozess – gegen dessen Vorgänger, der möglicherweise ein paar Kinder in die Welt gesetzt hatte, was das Ansehen des Papsttums zerstören würde. Er droht weiter, Clemens' Macht in Frankreich zu zerstören, falls der Papst nicht klein beigebe. Clemens kriecht zu Kreuze. Es geht um den Einfluss des Papsttums in Frankreich. Der Papst lässt sich von einem König erpressen.

Nun schlägt Philipp erst richtig zu: Versiegelte Briefe erreichen seine Administratoren in allen Teilen des Landes. Das Schurkenstück wird genau geplant. Für alle Templer wird ein Haftbefehl ausgestellt. In der Nacht zum 13. Oktober 1307 treten die Häscher des Königs in Aktion. Ein Teil der Templer-Führungselite wird verhaftet, genau wie untergeordnete Brüder. Die Überraschung ist perfekt. Überall im Lande werden auf einen Schlag Templer gefangengesetzt. Der französische König lässt die Tempelherren in Gefängnisse werfen und foltern. Das Ziel: Er muss das Geständnis aus ihnen herauspressen, das die Anklagepunkte der Homosexualität und Ketzerei bestätigt. Gleichzeitig beschlagnahmt er in einer Blitzaktion einen Teil der templerischen Güter und Gelder. Kaum ein Templer entkommt. Allein in Paris werden hundertachtunddreißig Personen festgenommen. Die Templer werden der furchtbaren Inquisition übergeben. Einige können der Homosexualität überführt werden. Unter der Folter kocht man selbst den Großmeister des Ordens, Jacques de Molay, weich. Er bestätigt die Anklagepunkte, widerruft aber später. Während zahlreiche weitere »Geständnisse« von anderen Templern unter der Folter erpresst werden, setzt Philipp den Papst weiter unter Druck. Schließlich löst Papst Clemens den Orden im Jahre 1312 offiziell auf. De Molay, der Großmeister, muss weiteren Untersuchungen zustimmen; das Innerste seines Ordens wird nach außen gekehrt. Die ersten Templer werden in Paris dem Feuer übergeben. Auch de Molay entkommt den gierigen Klauen dieses Königs nicht. Er wird schließlich ebenfalls auf dem Scheiterhaufen verbrannt.

In vielen Ländern, nicht nur in Frankreich, geraten die Templer in Bedrängnis. Da der Papst sie im Stich gelassen und der König von Frankreich sie verraten hat, fehlt ihnen der politische Rückhalt. Überall werden sie verfolgt. Einige fallen in einem heldenhaften Kampf. Die Führungselite des Ordens wird zerschlagen. Im letzten Augenblick fliehen viele Templer, beladen mit Schätzen. Gerüchte wollen wissen, dass sie Gold und Gelder ihres Ordens auf ihre Schiffe und außer Landes bringen. Zielort: Amerika – noch *vor* der Entdeckung Amerikas! – und/oder Schottland.

In Deutschland setzen sich die Templer mit Waffengewalt zur Wehr. Hier treten sie schließlich anderen Ritterorden bei, da der Papst den eigenen Orden ja aufgelöst hat.

In England, wo die Templer ebenfalls über Schiffe, Häfen und zahlreiche Besitztümer verfügen, werden sie genauso verhaftet und gefangen gehalten. Verhöre erbringen jedoch keine Beweise ihrer Schuld. Doch auch hier wird der Orden letztendlich aufgelöst.

In Irland gibt es mindestens sechs Ordenshäuser. Auch dort werden Tempelritter gefangengesetzt und verhört.

In Italien stellt man den Templern ebenfalls nach. Hier werden sie zum Teil gefoltert, um sie der Ketzerei »überführen« zu können, manchmal aber auch freigesprochen.

In Österreich und Portugal geraten sie ebenfalls ins Visier der Verfolger. In Portugal lässt man sie zwar wieder frei, aber ihre Güter finanzieren in der Folge die portugiesischen Entdeckungsreisen.

In Schottland tauchen die Templer unter, ihre Zufluchtsstätten finden sich heute noch.

In Spanien werden die Ritter in keinem Anklagepunkt für schuldig befunden. Trotzdem werden ihre Güter einem neuen Orden übergeben, in den man die Templer schnell integriert.

In Ungarn beschlagnahmt die ungarischen Krone die Besitzungen der Templer.

Selbst auf Zypern setzt man sie in Haft.

Kurz gesagt hören die Tempelritter auf zu existieren, ihr Orden wird aufgelöst, und ihre Besitztümer werden konfisziert.

Schnell sind die Bröckchenjäger und Speckschnapper zur Stelle. Viele Besitztümer und Gelder reißt sich Philipp IV. unter den Nagel, um seine ewig leere Kasse aufzufüllen. Verschiedentlich werden Güter den Johannitern oder anderen Orden überschrieben.

Die Gerüchteküche brodelt. Wohin flohen die letzten Templer? Und was ist mit ihren Schätzen?

Neutrale Historiker stellten später fest, dass die Vorwürfe gegen die Templer an den Haaren herbeigezogen waren. Vereinzelte Fälle von Homosexualität gab es sicherlich, wie in jedem Männerorden, wohl auch Ketzerei hie und da. Sie konnte kaum ausbleiben, bei all diesen internationalen Kontakten. Aber insgesamt handelte es sich um einen erbärmlichen Raubzug des französischen Königs, der seine Macht missbrauchte, um seinen leeren Geldbeutel zu füllen und dabei nicht vor Erpressung, Verleumdung und Mord zurückschreckte.

Was bleibt?

Als die Tempelritter am Ende von einer ungeheueren Geld- und Besitzgier ergriffen wurden, war es um sie geschehen. Ihre eigene Raffgier brachte sie zu Fall, sie unterschätzten den Neidfaktor ihrer Umgebung. Und das ist auch schon die ganze Geschichte der Tempelritter, entkleidet allen romantischen Blätterwerks.

Ein Kreuzzugspapst und ein fragwürdiger Abt, rhetorisch und propagandistisch freilich hoch begabt, waren die Übervater der Tempelritter.

Und so haben wir mit einem Schlag einen der mächtigsten Geheimbünde der Geschichte verstanden und eines der größten Rätsel der mittelalterlichen Historie gelöst.[38]

# 14. Friedrich I. Barbarossa, die wahre Biografie

Nicht nur Päpste und Prediger waren in die Kreuzzüge involviert, sondern auch zahlreiche Könige, Fürsten, Grafen und Ritter, wie wir inzwischen wissen. Auch Friedrich I., der berühmte Rotbart, nahm an einem Kreuzzug teil – ein Grund, warum wir diesen Monarchen einmal etwas genauer unter die Lupe nehmen wollen.

Auch in seinem Fall müssen wir uns auf mehr als eine Überraschung gefasst machen. Entkleidet man Geschichte all seiner Girlanden, ergeben sich manchmal ganz neue Gesichtspunkte.

## Der Rotbart

Im 12. Jahrhundert lebte im christlichen Mittelalter ein Kaiser besonderer Güteklasse – jedenfalls wenn wir den Berichten einiger Historikern Glauben schenken.

Ein paar Geschichtswissenschaftler überschlagen sich förmlich vor Ehrfurcht, sobald sie auf Friedrich I. zu sprechen kommen, der wegen seines rötlichblonden Vollbartes von den Italienern später Barbarossa – Rotbart – genannt wurde.

Barbarossa geriet im Laufe der Jahrhunderte zu einem nationalen Mythos, vor allem in Deutschland. Sehnsuchtsvoll blickte man in deutschen Landen auf die Zeit seiner Herrschaft zurück. Sagen und Legenden bildeten sich zuhauf. Hinter vorgehaltener Hand erzählte man sich raunend, Barbarossa sei nicht tot, sondern schlafe in Wahrheit nur und warte auf bessere Zeiten, um eines Tages wiederaufzuerstehen und erneut für die nationale Einheit Deutschlands zu kämpfen, er, der unbesiegbare Recke.

Nun, zugeben muss man immerhin so viel: Zweifellos hinterließ dieser Kaiser seine Spuren; ohne ihn hätte das 12. Jahrhundert anders ausgesehen. Und es ist auch nicht abzustreiten, dass er wahrscheinlich eine sehr stattliche Erscheinung war. Ein Chronist seiner Zeit schwärmte: »Die Gestalt seines Leibes ist von schönem Maße. ... Das blonde Haar ist an der Stirn gekräuselt ... Die Augen sind scharf, die Nase zierlich, die Lippen fein und nicht durch breite Mundwinkel betrogen. Fröhlich und heiter wirkt sein Gesicht, aus dem die Zähne leuchten wie frisch gefallener Schnee. Die Haut an der Kehle und dem ... kräftigen Hals ist milchweiß ... Die Schultern ragen ein wenig hervor, in den gedrungenen Weichen lauert Kraft. Die Schenkel ruhen höchst ansehnlich auf kraftstrotzenden Waden und geben dem Gang Feste und Gleichmaß. Durch solche Gestalt des Leibes gewinnt er ... hohe Würde und große Ansehnlichkeit.«[39]

Volkstümlich und volksnah habe sich der Rotbart gegeben, berichteten andere. Dichter schmiedeten verzückte Verse auf ihn. Und immer wieder wurde auf seine »Milde« verwiesen und den »hohen Adel« seiner Gesinnung, ferner auf seine Erfolge im Krieg. Sein Einsatz für das Christentum sei vorbildlich gewesen, speziell während des Zweiten Kreuzzuges, von seiner Klugheit und seinem Listenreichtum ganz zu schweigen.

Weiter ist so viel richtig: Barbarossa (ca. 1122–1190), der aus dem Adelsgeschlecht der Staufer stammte, stieg unaufhaltsam höher und höher, er schob ohne viel Federlesen alle Konkurrenten beiseite, die ebenfalls die (Kaiser-)Krone erringen wollten. Am 5. März 1152 wurde Friedrich I. in Frankfurt zum König gewählt und am 9. März in Aachen geweiht. Die Kaiserkrönung erfolgte erheblich später in Rom.

In deutschen Landen war zu seinen Lebzeiten seine Macht quasi unumstritten. Er hielt glänzende Hoftage ab. Auch sein Gerechtigkeitssinn, so jedenfalls seine Bewunderer, soll legendär gewesen sein.

Aber ist das die vollständige Wahrheit?

## Der »Allerchristlichste« Kaiser

Friedrich I. glaubte, seine Macht komme von »ganz oben«. Sie war ihm nicht etwa vom Volk oder vom Papst verliehen worden, sondern »von Gott direkt«, von dem christlichen Gott, darf man mit leiser Ironie hinzufügen.

Schon der Pharao in Ägypten leitete seine Macht von Gott her, ja viele Pharaonen ließen sich als Gott verehren. Alexander der Große in Griechenland erfand sogar einen Stammbaum, der bis zu den griechischen Halbgöttern und Göttern zurückführte.

Ähnliche Geniestreiche in puncto Macht findet man zuhauf in anderen Kulturen.

Überall hatten alle möglichen Götter angeblich ihre Hand im Spiel, wenn es um die Macht eines Königs ging. Das versprach Reputation. Das ließ das Volk ehrfürchtig staunen. Das erhob einen Herrscher himmelweit über alle anderen Menschen hinaus.

»Das Uns von Gott übertragene Reich« – diese Formel benutzte Friedrich Barbarossa immer wieder –, eine Formel, die seine Sprachrohre und seine Kanzlisten eifrig wiederholten. Im Falle Barbarossas bedeutete das, dass die Krönung zum König oder Kaiser von Erzbischöfen oder vom Papst ausgeführt werden musste. Ein Erzbischof oder ein Papst stand Gott besonders nahe.

Und so muss man zunächst festhalten, dass Friedrich I. Barbarossa in einer altehrwürdigen Tradition stand: Als »gesalbter« König leitete er seine Macht direkt von Gott her.

Die Wahrheit liest sich indes ein wenig anders: Die ganze »hochheilige« Krönungszeremonie diente lediglich dazu, das Volk namenlos zu beeindrucken. Alle sollten tief ergriffen und aufgewühlt werden bis ins innerste Mark. Und alle sollten fest und unverbrüchlich daran glauben, dass Gottvater schützend seine Hand über den König hielt.

Noch deutlicher gesagt: Den Menschen, dem Volk wurde mit der Krönung ein unvergessliches Szenario präsentiert. Und in der Folge wurde es allen Untertanen immer wieder vor Augen gehalten und die Erinnerung daran stets erneuert. Alle beugten nun demütig ihre Knie vor seiner Majestät.

Solche Krönungsfeierlichkeiten waren mit den verschiedensten sakralen Handlungen und »Theaterrequisiten« verbunden: mit goldenen Kronen voller Edelsteine, mit Weihrauch, teuersten Gewändern, purpurnen Roben und so weiter. Uralte Eide und beschwörende Formeln, von Priestern rezitiert, taten ein Übriges. Eine Krönung, eine Krönung! Der König, der König! Von Gott selbst auf den Thron gesetzt! Oh, wie verführerisch war diese Geschichte. Überall blitzte und glänzte es von Gold und hohen Herrschaften.

Doch was spielte sich in Wahrheit hinter den Kulissen ab?

## Die unsichtbaren Machtkämpfe

Nun, hinter den Kulissen tobten natürlich gnadenlose Machtkämpfe. Insgeheim wurde vor einer Krönung intrigiert und korrumpiert. Manchmal wurden Neider und Konkurrenten gar mit dem Giftdolch aus dem Weg geräumt. Der Meuchelmord sowie heimliche Absprachen waren an der Tagesordnung – bevor ein König den Thron bestieg.

Zu reiche und zu mächtige Gegenspieler köderte man mit Versprechungen und bestach sie damit indirekt. Im Falle Friedrichs I. war das unter anderem Heinrich der Löwe, ein höchst einflussreicher Fürst im Norden Deutschlands. Im Geheimen versprach ihm Barbarossa Land, Silberbergwerke und Privilegien, damit er seinen Mund hielt und ihm nicht in die Parade fuhr.[40] Das ist von Historikern gut belegt, wird allerdings in den meisten Geschichtsbüchern nicht so offen beschrieben.

Im Vorfeld wurden die mächtigsten Kirchenfürsten aufgesucht. Normalerweise versprach ihnen der künftige König ebenfalls fette Beute. Es tobte also hinter den Kulissen der Kampf um Geld, Gold, Privilegien, Besitz und Besitztümer. Erzbischöfe und Fürsten entschieden, wer König werden durfte und wer nicht, nicht etwa Gott.

Gottvater im Himmel? Er sah bestenfalls aus den Wolken zu, amüsierte sich über die menschlichen Spitzbuben und strafte sie manchmal, wenn sie sich gar zu frech benahmen.

Und während in den obersten Rängen abkassiert wurde, sangen die Gläubigen in den Kirchen Hosianna oder »Gott wir loben dich«. Der gute Christ fühlte Rührung im Herzen und vergoss heiße Tränen vor Dankbarkeit, dass es wieder einen deutschen König gab.

Und wehe, wenn ein Fürst den neuen König nicht anerkennen wollte! Dann brach ein gewaltiges Unwetter los.

## Kampf um Mailand

Mailand oder genauer gesagt alle oberitalienischen Städte, die sich Barbarossa nicht unterwerfen wollten, waren ihm ein Dorn im Auge. Sie pfiffen auf den Heiligenschein, der den König und das Königtum angeblich umgab. Die oberitalienischen Stadtväter erkannten nur den Geldbeutel an. Also zog der Rotbart eines Tages sein Schwert aus der Scheide. Bis heute unvergessen sind Barbarossas Kämpfe um Mailand, ja um ganz Oberitalien, das er unter seine Knute zwingen wollte.

Der Grund leuchtet ein: Die Region war schwerreich. Es konnten Abgaben erhoben werden, ferner Zölle, um bestimmte Wege passieren zu dürfen, Zölle für Brücken und in den Häfen etwa. Der Salzhandel allein spülte ein Vermögen in die Kassen der oberitalienischen Städte. Es gab Einkommen aus der Fischerei und aus der Jagd- und Forstwirtschaft. Industrie und Handwerk florierten, vor allem aber der Handel.

Friedrich I. forderte seine Hoheits- oder Königsrechte (Regalien) von den oberitalienischen Städten ein, wie das schon frühere deutsche Könige getan hatten. Die Einnahmen konnte er sich unmöglich entgehen lassen.

Die Kaufleute und Städter des mächtigen Mailand, das im Zentrum des Widerstands stand, verweigerten ihm den gebührenden Respekt, ja, sie beleidigten ihn sogar, ihn den »König von Gottes Gnaden«! Die mailändischen Kaufleute, die durch den Handel reich und selbstbewusst geworden waren, schickten Barbarossas Abgesandten, die nach guter alter Sitte kräftig bei ihnen abkassieren wollten, einfach wieder nach Hause und warfen ihnen noch ein paar Beleidigungen hinterher.

Friedrich I. tobte. Hier ging es immerhin um sehr viel Geld. Rotbart wollte zum reichsten Monarchen Europas aufsteigen, zur absoluten Nummer eins. Konkret ging es um dreißig bis fünfunddreißig Talente im Falle der oberitalienischen Städte. »Das waren nach heutigem Geldwert etwa fünfundzwanzig Millionen Euro und damit das Viereinhalbfache dessen, was ihm [= Barbarossa] die deutschen Städte an Abgaben einbrachten.«[41] Das rechnete ein Autor im Jahre 2000 aus. Man schlage also die Inflationsrate getrost obenauf und ist schnell bei sechzig bis hundert Millionen Euro angelangt, die *jedes Jahr* kassiert wurden – oder eben nicht. Es ging kurz gesagt um ein Geschäft von gewaltiger Größenordnung.

Als Vorwand für den Angriffskrieg wurde Gott bemüht. Der Christengott wurde gewissermaßen als Flagge vorangetragen, schließlich hatten die Mailänder eine Majestät von »Gottes Gnaden« beleidigt. Im Mittelalter stand das Christentum immer im Mittelpunkt des Geschehens.

Barbarossas Zorn war nicht mehr zu besänftigen. Nicht umsonst hatte man all die Bischöfe bestochen! Friedrich brach den furchtbarsten Krieg vom Zaun, den die Mailänder und die oberitalienischen Städte je erlebt hatten.

Insgesamt erfolgten fünf verschiedene Feldzüge. Zitieren wir einige Quellen, genauer gesagt verschiedene Details daraus.

»[Barbarossa] ließ [im Jahre] 1154 gefangene Mailänder … an Pferdeschwänze binden und durch den Schmutz ziehen … Brücken wurden zerstört, Felsennester und Burgen Mailands bis auf die Grundmauern verbrannt … Den König versetzte die Vernichtung ›in freudigste Stimmung‹.«[42]

Der Rotbart setzte bei seinen Heereszügen ganze Städte in Flammen. Er hungerte Dörfer und Siedlungen aus und schnitt sie von der Wasserzufuhr ab. »Quellen [ließ er] durch faulende und stinkende Leichen von Menschen und Tieren verschmutzen, dann, da auch dies die Gier der Durstenden nicht abhielt, durch brennende Fackeln … aus Schwefel und Pech ungenießbar machen.«[43]

Er bezwang Städte also auch durch Hunger und Durst, indem er sie durch Belagerung zur Aufgabe zwang. Und selbst wenn sie klein beigaben, ließ er die Städte ausrauben, in Asche legen und dem Erdboden gleichmachen. Friedrich I. wütete schlimmer als ein Hunnenfürst.

All das geschah im Namen Christi, versteht sich. Schließlich hatte man sein sakrosanktes Königtum angezweifelt.

Der Rotbart ließ morden, brandschatzen, Burgen niederreißen, Dörfer zerstören und Felder verwüsten. Jedes Mal machte er fette Beute und verschleppte zahlreiche Geiseln. Sie konnte man ja noch hervorragend nutzen, um Lösegelder zu erpressen.

Als sich die Oberitaliener schließlich ergaben, als sie ihm »nacktfüßig, in Säcke gehüllt und entblößte Schwerter um den Hals gehängt«[44] alle königlichen Rechte wieder zugestanden, ließ er sie neuntausend Silberstücke zahlen und mordete und sengte weiter.

Die Mailänder fielen immer wieder von ihm ab. Also verhängte er im Jahre 1159 die Reichsacht über sie und klagte sie des Hochverrats an. Er sprach von dem »Verbrechen der Majestätsbeleidigung« und im Falle Mailands von einem »nichtsnutzigen Geschlecht« sowie einem »verbrecherischen Volk«. Und wieder wurde gesengt und gemordet.

Daraufhin belagerte der »edle« König auch andere oberitalienische Städte, er zerstörte Burgen, Türme und Befestigungen, »schlug da und dort kleine Schlachten, schlug auch einen Schurken, der ihm ans Leben wollte, recht christlich … wie er es verdiente, ans Kreuz«.[45] Mit anderen Worten: Sogar die barbarische Kreuzigung, die bei den Römern so beliebt gewesen war, ließ Barbarossa wieder aufleben.

Mailänder wurden mitleidlos niedergemetzelt. Gleichzeitig wurden die heiligen christlichen Feste gefeiert, ja, dem Christengott wurde mit Gebeten, Prozessionen und Gesängen für die Siege gedankt. Während also Felder verwüstet und Menschen getötet wurden, während Glieder und Köpfe abgeschlagen wurden, mit denen manchmal seine Soldaten sogar Ball spielten,[46] während Gegner zerstückelt und Gefangene oder Geiseln, selbst blutjunge Knaben, vor Belagerungsmaschinen gebunden wurden, bevor man sie nutzte, betete man fromm oder sang Hosianna.

Zum Schluss wurde Mailand mit allen Mauern, Türmen und Gräben dem Erdboden gleichmacht. Man verschonte nur einige wenige Kirchen und ließ sie stehen, denn ihre Vernichtung hätte gegen Gott und seine Gebote verstoßen.

In der Folge wurde Mailand unterdrückt wie nie zuvor. Bauern und Bürger wurden bis an den Rand des Erträglichen geschröpft. Barbarossas Mannen erpressten Unmengen von Geld. Waren wie Honig, Wein, Kastanien, Heu, Früchte, Rinder, Schafe, Schweine, Hühner, Eier und Holz.

Schließlich wurden sogar die (angeblichen) Knochen der Heiligen drei Könige – höchst wertvolle Reliquien – von Mailand nach Köln transportiert, wo sie noch heute der Stolz des Domes sind.

Selbst fromme Chronisten empörten sich. Überall verbreitete man Angst und Schrecken. Die Berechnung? Je furchtbarer man wütete, umso mehr Geld und Waren konnte man aus den Mailändern und den oberitalienischen Städten herauspressen.

Bei all diesen Verbrechen waren Priester, Bischöfe und Äbte mit von der Partie. Als der »milde« Barbarossa im Jahre 1166 erneut die Alpen überquerte, befanden sich in seinem Gefolge »wenigstens elf Bischöfe und drei Äbte«.[47]

Und so könnte man immer weiter derartige Unmenschlichkeiten des »gerechten« Rotbarts aufzählen. Noch heute überkommt den Leser das Grauen, wenn die Taten dieses »allerchristlichsten« Kaisers in Augenschein genommen werden.

Dabei haben wir gerade erst begonnen, seine Untaten aufzulisten.

## Papst contra König

Wie viele andere Kaiser und Könige des Mittelalters kämpfte Friedrich I. auch gegen das Papsttum. Hier war es schwierig, Gott in den Zeugenstand zu rufen und den eigenen Untertanen plausibel zu machen, dass man sich auf der »richtigen« Seite befand; der Papst in Rom besaß natürlich eine besonders gute Verbindung zu Gott.

Beide, König wie Papst, beriefen sich auf Christus, um die Rechtmäßigkeit ihrer Ansprüche durchzusetzen. Das Christentum war der »stabile Punkt im All«, von dem aus alles bewertet wurde. Also drosch man heftig aufeinander ein – die eine Seite nutzte Schwerter, die andere Seite Bannflüche.

Und so geschah Folgendes:

### Der Kampf der Giganten

Im Mittelalter erfuhr kein Kampf mehr Aufmerksamkeit als die Auseinandersetzung zwischen Papst und König.

Doch gehen wir zunächst noch einmal einen Schritt zurück.

Anfänglich arrangiert sich Friedrich I. noch mit dem Papst. Heimlich schmiedet man sogar gemeinsame Pläne. Der Papst verspricht König Barbarossa, ihn zum Kaiser zu krönen und willigt ein, die Strafe der Exkommunikation über seine Gegner zu verhängen. Ja, er lässt sogar die kinderlose Ehe des Königs mit seiner ersten Gattin für ungültig erklären und einen Erzbischof in

Deutschland absetzen, weil dieser sich Friedrich einst widersetzt hat.

Schließlich taucht Barbarossa mit seinen Recken wohlgemut in Rom auf, wo er tatsächlich zum Kaiser gekrönt wird. Der Papst (Hadrian IV.) achtet bei den Krönungsfeierlichkeiten jedoch darauf, *über* Barbarossa zu stehen. Mit anderen Worten: Die exakten Formulierungen bei der Krönung sind von höchster Bedeutung. Zudem nutzt der *papa* zur Krönung nur einen Nebenaltar, nicht den Hauptaltar.

Wütend über das kaiserlich-päpstliche Bündnis und empört, dass die Krönung ohne ihre Einwilligung geschieht, versucht die römische Bevölkerung den beiden die Suppe zu versalzen. Bis an die Zähne bewaffnet startet sie einen Blitzangriff, um den Papst gefangen zu nehmen; ihn hassen die Römer noch mehr als den deutschen König, der jetzt Kaiser ist. Doch Barbarossas Mannen schlagen hart und erbarmungslos zurück, die Schwerter der Deutschen sind scharf geschliffen.

Das Ergebnis? Die Kaiserlichen siegen. Rund tausend Römer werden in Ketten und Fesseln abgeführt, nicht wenige Römer ertrinken im Tiber, zahlreiche Angreifer werden schwer verwundet. Ein Blutbad!

Der Papst spricht den Kaiser schnell von allen Sünden in Hinsicht auf dieses Gemetzel frei. Die Angreifer dagegen werden als Verräter gebrandmarkt.

Zufrieden machen sich Barbarossa und seine Ritter auf den Nachhauseweg. Unterwegs morden, rauben und stehlen sie erneut nach bewährter Manier.

Im oberitalienischen Verona stoßen sie auf Widerstand. Wieder siegen Rotbarts Ritter. »Der Kaiser verfolgt [die Veronesen] heftig, nimmt ungefähr tausend von ihnen gefangen und lässt mehr als zweihundert Veronesen die Nasen mitsamt den Lippen abschneiden, ebenso lässt er über zweihundert Veronesen an den Bäumen … aufhängen; die sonstigen Gefangenen lässt er ins Lager führen und fest in Ketten legen.«[48]

Scheinbar siegt Barbarossa überall.

Doch in Rom braut sich ein Sturm zusammen. Ausgelöst wird er durch den Papst, mit dem der Kaiser eben noch so eng kooperiert hat. Die Frage aller Fragen lautet: WER ist der mächtigere Potentat? Der frischgebackene Kaiser oder der Papst?

Der Papst – gerade noch auf der Seite des Deutschen – schmiedet hinter Rotbarts Rücken ein infames Bündnis. Er verständigt sich mit dem griechischen und mit dem sizilischen Herrscher. Im Dreierbund will man Barbarossa niederkämpfen. Der Papst fürchtet Friedrichs I. Vorherrschaft in Italien.

Als Barbarossa davon erfährt, ist er außer sich vor Wut.

In der Folge bekämpfen sich die beiden mächtigsten Repräsentanten der Christenheit bis aufs Messer. Jeder beruft sich auf die Heilige Dreifaltigkeit.

Barbarossa schmäht den Papst samt allen Kardinälen, die sich auf seine Seite schlagen, auf das Übelste. Er nennt die Anhänger des Petrusnachfolgers Verräter und Rebellen. In Deutschland lässt er die päpstlichen Legaten ausweisen. Dem deutschen Klerus erklärt er, dass die Päpstlichen elende Gestalten seien, die »ihr Gift … über die deutschen Kirchen … verspritzen, die Altäre entblößen, die geweihten Gefäße fortführen [und] von den Kreuzen die Vergoldung abschaben«.[49]

Der Papst wird als Vertreter des Bösen bezeichnet. Der Stellvertreter Christi in Rom jault auf wie ein getretener Hund. Er muss diesen deutschen Kaiser einfach niederringen! Schriftlich hetzt er Mailand und andere Städte gegen Friedrich auf. Seine Briefe werden abgefangen, sein doppeltes Spiel wird abermals enttarnt.

Barbarossa tobt erneut. Zornig bereitet er einen weiteren Zug über die Alpen vor. Der Papst steht umgekehrt kurz davor, den Kaiser zu exkommunizieren. Da stirbt er.

Friedrich I. ist kaum eine Verschnaufpause vergönnt. Ein neuer Papst wird auf den Stuhl Petri gehievt, der noch fanatischer gegen den deutschen Kaiser vorgeht – ein Rechtslehrer, der den Namen

Alexander III. annimmt. Der Kampf dauert an, nur der Name des Papstes hat sich geändert, die Fronten bleiben gleich. Der Streit eskaliert.

Barbarossa bricht zu einem weiteren Italienzug auf, um den neuen Papst Mores zu lehren. Längst hat er einen Gegenpapst aus dem Hut gezaubert. Später wird er noch weitere Gegenpäpste auf den Thron heben. Er durcheilt mit seiner Streitmacht Oberitalien und gelangt bis vor die Tore Roms. »Die unglückseligen Römer werden auf allen Wegen und Feldern ... wie Vieh hingemetzelt, die Zahl der Erschlagenen wird auf neuntausend geschätzt.«[50] Friedrich nimmt Rom ein.

Er lässt die Engelsburg attackieren, in der sich der Papst aufhält. Nur mit Mühe schlägt die päpstliche Leibgarde die Deutschen zurück. Doch am 29. Juli 1167 wendet sich das Blatt. Die Kaiserlichen werfen Brandfackeln in die »Kirche der Allerseligsten Jungfrau Maria«. Das Heiligtum brennt bis auf die Grundmauern nieder. Das Feuer springt auf St. Peter über. Ein Teil der Kathedrale geht ebenfalls in Flammen auf. Die Deutschen zertrümmern mit Äxten die Türen zum Dom – und hausen wie die Barbaren. Sie erschlagen, erstechen und ermorden alles, was ihnen vor die Schwerter und Dolche kommt. Selbst die Altäre und das Apostelgrab werden bei dieser Schlächterei mit Blut bespritzt. Die Päpstlichen verlieren in Bausch und Bogen.

Friedrich ist zufrieden. Niemand kann ihm jetzt mehr das Wasser reichen. Herrisch fordert er Unterhandlungen. Er schlägt persönlich die Abdankung beider Päpste vor. Doch Papst Alexander III. kann sich im letzten Augenblick seinem Zugriff entziehen. Er flieht unbemerkt aus Rom, als Pilger verkleidet.

Friedrich beißt sich vor Wut in die eigene Faust. Dann handelt er. Sein Gegenpapst, Paschalis III., zieht in den Lateran ein, in dem der Stellvertreter Christi regiert. Mit dem entsprechenden Pomp krönt dieser Friedrich zum zweiten Mal zum Kaiser, mitsamt seiner neuen Gemahlin.

Barbarossa steht im Zenit seines Ruhmes. Er scheint unüberwindlich zu sein. Nord- und Mittelitalien befinden sich unter seiner Kontrolle.

Da greift eine furchtbare Krankheit um sich. Tausende Römer sterben wie die Fliegen, genau wie die Soldaten des Kaisers. Die Anhänger des geflüchteten Papstes jubeln. Sie sprechen von einer *pestilentia*, obwohl es sich wahrscheinlich nur um Malaria handelt – natürlich auch eine furchtbare Krankheit. Alexanders Anhänger verweisen begeistert auf Gott. Offenbar hat er ein *divinum miraculum*, ein göttliches Wunder, bewirkt. Er straft Friedrich! Sie wittern Morgenluft.

Der sizilische König, Byzanz, zudem ein Bund aus oberitalienischen Städten und der alte Papst machen erneut gegen den deutschen Kaiser mobil. Auch Mailand ist selbstverständlich wieder mit von der Partie. Man will es dem Rotbart endlich heimzahlen. Auge um Auge, Zahn um Zahn, denkt man, ganz alttestamentarisch.

Mit einem Mal sieht sich der Kaiser von zahlreichen Feinden umgeben. Er flieht mit den ihm verbliebenen Mannen zurück nach Deutschland. Sein Leben ist keinen Pfifferling mehr wert. Während der Flucht muss er sich sogar verkleiden. Er flieht in Knechtstracht. Um die Verfolger in die Irre zu führen, spielt sein Kämmerer die Kaiserrolle. Nur mit Mühe entkommt er.

Der scheinbar unbesiegbare deutsche Kaiser kann gerade so sein nacktes Leben und ein arg geschrumpftes Häuflein Ritter retten. Die Opposition ist einfach zu gewaltig. Mailand führt die oberitalienische Rebellion an. Fünfunddreißig Städte erheben sich wider Barbarossa. Die kaiserlichen Administratoren und Blutsauger werden davongejagt und verfolgt wie die Hasen.

Friedrich, inzwischen sicher in deutschen Landen angelangt, flucht und schwört furchtbare Rache.

Und so macht er sich 1174 zu seinem fünften und letzten Italienzug auf. Zahlreiche Bischöfe begleiten ihn. Voller Zorn über seine einstige Niederlage mordet und verwüstet er erneut alles, was ihm unterkommt. In Oberitalien brennt er eine ganze Stadt bis auf die

Grundfesten nieder. Dann erobert er einige der fünfunddreißig Städte, die sich gegen ihn erhoben und verschworen hatten.

Aber selbst ein Barbarossa muss schließlich eine Niederlage nach der anderen einstecken. Der Rotbart erkennt, dass er nicht ewig Krieg führen kann. Also verständigt er sich erschöpft mit Papst Alexander.

Dieser triumphiert, er darf auf Petris Stuhl bleiben. Mit dem Gegenpapst will Friedrich nichts mehr zu tun haben und lässt ihn fallen. Zähneknirschend gibt er riesige Güter und Gebiete in Italien preis, die er bislang zu seinem Besitz gerechnet hat. Im Frieden von Venedig 1177 wird Alexander III. endgültig als einziger rechtmäßiger Papst anerkannt. Calixt, Barbarossas momentaner Gegenpapst, wird flugs beiseitegeschoben – ein Bauernopfer.

Der Papst befreit im Gegenzug den Kaiser vom Bann. Er erkennt dessen Sohn als künftigen römischen König an. Und er gibt nach, was die Ernennung einiger Bischöfe in Deutschland angeht. Außerdem stimmt er zu, dass Friedrichs Position in Deutschland unangetastet bleibt. In Italien jedoch wird der deutsche Kaiser dazu verdammt, in die zweite Reihe zu treten. Er muss während einer »freundschaftlichen« Zeremonie dem Papst die Füße küssen, was ihn innerlich fast zerreißt. Im Gegenzug erhält er den Friedenskuss. Beide Herrscher, der Papst und der Kaiser, vergießen angeblich heiße Tränen der Rührung. Dann ertönt ein feierliches Tedeum.

Wieder einmal in der Geschichte rang ein Papst einen Kaiser nieder. Nichts lässt sich im Mittelalter mit der Macht des Christentums vergleichen – und der Macht des Papstes.

Da ändert sich mit einem Schlag die politische Großwetterlage.

# Der dritte Kreuzzug

Horrornachrichten erreichen das Abendland: Jerusalem ist gefallen. Die verdammten »Muselmanen«, wie man sie bezeichnet, die »Hunde«, haben die heiligste Stadt auf dem Erdenrund zurückerobert.

Zudem geht der Papst den Weg alles Irdischen und stirbt unerwartet. Der neue Papst Gregor VIII. und der Kaiser beäugen sich misstrauisch, der angebliche Friede zwischen ihnen ist ziemlich fragil. Hinter den Kulissen wetzt man längst die Messer. Die Hiobsbotschaft aus dem Morgenland erhitzt jetzt die Gemüter. Ein Christenheer ist vollständig ausgelöscht worden.

Kaiser und Papst stehen gleichermaßen Kopf. Der Kampf zwischen ihnen ist kurzzeitig vergessen. Jetzt gilt es zusammenzuhalten und das Christentum vor den Heiden zu retten.

Überall sieht man Kreuzzugsprediger. Schier mit Schaum vor dem Mund wüten sie gegen die gottlosen Allah-Anbeter. Papst und Kaiser blasen gemeinsam zum Gegenangriff. Der Dritte Kreuzzug (1189–1192) wird visioniert. Friedrich wirft seine ganze Reputation in die Waagschale. Und so zieht er schließlich als Siebenundsechzigjähriger mit einem gewaltigen Heer ins Heilige Land.

Das Gemetzel auf diesem Zug ist ungeheuerlich, die Gräueltaten unbeschreiblich. Trotz aller Widerwärtigkeiten (obwohl sich einige Soldaten des kaiserlichen Heeres gegen Ende vom Urin der eigenen Pferde ernähren müssen)[51] trotz Ruhr, Wundfieber, Hunger und Durst gewinnen die Kreuzzügler zunächst einige Schlachten. Aber die Landschaften, der ewige Sand, die Unwetter und die ansässige Bevölkerung gereichen den Muslimen zum Vorteil.

1190 reitet der Kaiser mit ein paar Begleitern seinem Heer voraus. Die Sonne prallt unbarmherzig auf die Ritter herab. Alle sind übermüdet, der Schweiß tropft ihnen in die schweren Rüstungen. Sie lagern an einem Flüsschen. Friedrich legt seine Panzerung ab und springt in das kühle Wasser. Da schlägt das Schicksal erneut zu: Der Held aller Helden stirbt beim Bade – nicht etwa in der Schlacht! Sein lebloser Körper wird ans Ufer geschwemmt. Barbarossa ist tot. Wahrlich ein unrühmliches Ende!

### Das Ende des Kreuzzugs

Wir brauchen das Ergebnis des Dritten Kreuzzuges kaum nachzutragen. Jeder weiß, auch er scheitert kläglich. Stark dezimiert gelangt nur ein Bruchteil von Barbarossas Heer an sein Ziel.[52] Einige Ritter müssen gar Ross und Rüstung verkaufen, um das nackte Leben zu retten. Andere Kreuzfahrer treten aus Verzweiflung zum Islam über. Wenigen gelingt es, ein Schiff zu besteigen, um in die Heimat zurückzukehren. Doch selbst diese Schiffe kommen nicht durch die Stürme und sinken.

Und Friedrich Barbarossa? Eine Legende ist tot. Und doch wird seine wirkliche Legende gerade erst geboren.

## Urteil der Geschichte

Es ist sehr bemerkenswert, wie unterschiedlich Friedrich I. im Laufe der Geschichte von Historikern beurteilt wurde. Lange besang man ihn als Helden. Seine *clementia, misericordia humilitas* wurden hoch gelobt – seine »Milde«, sein »Mitleid« und seine »Demut«. Dabei war er ein Bluttrinker und Barbar, von unerträglicher Arroganz.

Einige (deutsche) Historiker fälschten gar die Geschichte, weil es der aufkommende Nationalstolz der Deutschen scheinbar erforderte. Barbarossas Tapferkeit wurde übertrieben, seine Besitzgier unter den Tisch gekehrt und seine Grausamkeit vergessen. Selbst sein ruhmloser Tod wurde verklärt. Heldengedichte und Legenden entstanden. Barbarossa geriet zur Symbolfigur der nationalen Sehnsüchte der Deutschen. Der deutsche Kaiser Wilhelm I. (1797–1888) wurde später sogar Barbablanca genannt, Weißbart, in Anspielung auf Barbarossa, den Rotbart. Hitler gab dem Angriffskrieg gegen Russland im Jahre 1941 den Codenamen *Unternehmen Barbarossa.*

Fast alle italienischen Historiker wiederum verdammten Barbarossa von Grund auf.

Das Geschichtsverständnis unterliegt stets den Umständen der Zeit. Als die Demokratie langsam Fuß fasste, begann man in Historikerzirkeln zu begreifen, dass der Kampf der oberitalienischen Städte ein Kampf um Selbstbestimmung und Selbstverwaltung gewesen war, ja ein Kampf um die Demokratie. Der Kampf gegen den Rotbart wurde nun von einigen Historikern zum Freiheitskampf hochstilisiert.

Trotzdem verstummten die Stimmen bis heute nicht ganz, die in Barbarossa das Ideal des mittelalterlichen Kriegers sahen, dem Ehre und Treue alles galten – obwohl niemand so ehrlos Menschen aussaugte, abschlachtete und marterte wie er und obgleich er keinerlei edle Gesinnung zeigte; denn er wechselte selbst Freunde und Verbündete je nach politischer Großwetterlage nahezu beliebig aus. Die Floskeln von ritterlicher Ehre waren bloß Gerede.

Das Ergebnis seiner fünf Italienzüge beweist weiter, dass er im Grunde scheiterte. Barbarossa konnte die eroberten Städte nie zur »Königstreue« bewegen. Strategisch gesehen und in militärischen Kategorien gedacht überdehnte er sein Reich und schätzte die Macht des Papsttums falsch ein. Auch dass er aus den vorangegangenen Kreuzzügen nichts lernte und so wenig heroisch beim Baden ertrank, lässt uns ihm weder Respekt noch Zuneigung entgegenbringen.

Streng genommen versagte dieser »allerchristlichste Kaiser« während seiner politischen Karriere, wenn man seine Biografie ohne nationale Voreingenommenheit betrachtet. Dass einige Biografen ihn in den Himmel lobten, erstaunt nicht – er bezahlte sie schließlich. Und wer die Musik bezahlt, bestimmt die Melodie.

Die Geschichtsschreibung im Mittelalter an sich war parteiisch. Zudem nahm das Fach Geschichte keinen hohen Stellenwert ein.

Weil ja ohnehin alles auf das Jüngste Gericht hinauslief – warum sollte man sich da über weltliche Belange übermäßig viele Gedanken machen?

Und so sollten wir zwar für die mittelalterlichen Geschichtsschreiber Verständnis aufbringen, glauben müssen wir ihnen indes nicht; denn WER überlieferte in erster Linie die Ereignisse rund um den Rotbart?

Ein Bischof, ein gewisser Otto von Freising (ca. 1112–1158), machte sich an die Aufgabe, Friedrich Barbarossas Leben aufzuzeichnen. Dabei vergesse man nie, dass dieser Otto eine mönchische Ausbildung genossen, den Zweiten Kreuzzug unterstützt und sich daran beteiligt hatte. Er war persönlich von Barbarossas abhängig. Der Kaiser beauftragte ihn offiziell, sein Leben der Nachwelt zu überliefern. Freising schloss sein Werk, die *Gesta Friderici Imperatoris, die Taten des Imperators Friedrichs*, freilich nie ab. Sein Schüler Rahewin, ein Domherr, sowie der Benediktinermönch Otto von St. Blasien vollendeten das Opus. Mit anderen Worten »verzeichneten« genehme Priester die Geschichte, im doppelten Sinn des Wortes.

Auf der Strecke blieb die Objektivität.

Für uns besonders interessant ist, dass man mit dem Christentum alles Mögliche rechtfertigen konnte, auch widerliche Intrigen und scheußliche Kriege. »Hochchristlich« waren gute und schlechte Päpste, mitfühlende Nonnen und schmarotzende Bettelmönche, konstruktive und destruktive Monarchen. Man konnte selbst einen Friedrich I. tausend Jahre lang reinwaschen, man musste lediglich einen christlich-nationalen Blickwinkel wählen.

Dennoch muss es erlaubt sein, einen übergeordneten Standpunkt einzunehmen, um die wahren, die höheren Werte des politischen Raums nicht zu vergessen.

Die höheren Werte? Die Sehnsucht nach Frieden und das Bestreben, der Freiheit den Vorrang einzuräumen, sowie eine blühende Wirtschaft, die mit diesen beiden Werten gewöhnlich einhergeht.

# 15. Friedrich II. oder das Erstaunen der Welt

Haben wir mit Friedrich I. eine repräsentative Einschätzung des Königtums im Mittelalter gewonnen? Sicherlich nicht. Friedrich I. ist ebenso wenig repräsentativ für die Monarchien in diesem Zeitalter, wie Gregor VII. als Prototyp für alle Päpste gelten kann. Es gab durchaus respektable Könige, die sich bemühten, Frieden zu halten und die bestmöglichen Entscheidungen für ihre Untertanen zu treffen. Und es gab tolerante Könige und Kaiser, hochgelehrt, die sogar andere Weltanschauungen zuließen.

Ein Beispiel dafür ist Friedrich II., der Staufer. Doch auch mit ihm entkommen wir noch nicht ganz der Phase der Kreuzzüge, wenngleich wir inzwischen auch in eine neue Periode des Mittelalters eintreten.

Doch lassen wir einfach die Fakten sprechen.

## Stupor Mundi

*Stupor mundi* – das »Erstaunen der Welt« – nannten seine Zeitgenossen Friedrich II. (1194–1250), der wenig später die Zügel in die Hand nahm. Und es stimmt: Friedrich II. war ein Kaiser besonderer Güteklasse und eine Ausnahmeerscheinung auf dem Thron. Er sprach fließend Italienisch, Französisch, Lateinisch, Griechisch, Deutsch und Arabisch und zählte zu den gebildetsten und gelehrtesten Männern seiner Zeit.

Er war zweifellos einer der intelligentesten deutschen Kaiser, denn er errang so manchen Sieg mithilfe bloßer Diplomatie. Er führte die Null in die Mathematik ein, förderte die Wissenschaften, kämpfte gegen den Aberglauben, betätigte sich als Autor, formulierte neue Gesetze, von denen einige schon in die Neuzeit deuteten und ein höheres Niveau von Recht definierten, diente dem Fortschritt und im Grunde vielfach auch dem Frieden. Ganz allgemein betrachtete man ihn als »Wunderwesen« unter den Monarchen, und ja, er war zweifellos ein Phänomen.

Was machte er richtig? Was unterschied ihn von anderen Herrschern?

## Der Übergang

Dem Rotbart auf den Thron folgte Heinrich VI. (1190–1197). Ihm gelang es zwar, das süditalienische Reich, in dem sich die Normannen breitgemacht hatten, mit dem Imperium zu verbinden und den legendären englischen Kreuzfahrer Richard Löwenherz gefangen zu nehmen, wodurch England kurzzeitig lehnspflichtig wurde, aber seine brutalen Maßnahmen in Italien, die zu diesen Resultaten führten, fanden nicht den Beifall des Volkes; auch der Papst hasste diesen Heinrich abgrundtief.

Endlich bestieg Friedrich II., Sohn Heinrichs VI., den Thron. Er erblickte einen Tag nach der Krönung seines Vaters zum König von Sizilien das Licht der Welt. Als sein Vater – inzwischen deutscher König und Kaiser des Imperiums – rund sechs Jahre später starb, wurde Friedrichs Nachfolge nicht anerkannt, er wurde aber immerhin 1198 zum König von Sizilien gekrönt – eine Insel, die er heiß und innig liebte und die er als seine eigentliche Heimat betrachtete. Als kurz darauf auch noch seine Mutter verschied, wurde der Papst zu seinem Vormund bestellt. Das war natürlich eine hochbrisante Konstellation, denn der Kaiser und der Papst bekämpften sich jetzt schon eine geraume Weile unbarmherzig.

Der Papst nutzte seine Position sofort aus und beschnitt die kaiserlichen Rechte in Italien drastisch. Dieser Friedrich war ihm ein ideales Faustpfand!

Gleichzeitig suchten die Aristokraten und Geistlichen in Sizilien Friedrichs Minderjährigkeit auszunutzen, um ihre eigene Macht und ihren Besitz zu mehren. Was konnte ein Kind schon dagegen tun?

Die Zeit war jedoch auf Friedrichs Seite. Jedes Jahr legte er an Weisheit zu, bei Gott und den Menschen, wie es so schön hieß. Er besaß »eine schöne und anmutige Haltung«, wie ein Chronist schrieb, ferner rotes, gelocktes, langes Haar und vor allem eine hohe Intelligenz. Friedrich lernte reiten und fechten sowie mehrere Sprachen. Er las zahlreiche geschichtliche Werke und machte sich in Sizilien mit verschiedenen Religionen und Völkerschaften vertraut – die Vielfalt dürfte auf seinen Geist einen positiven Einfluss ausgeübt haben.

Endlich wurde er aus der Vormundschaft des Papstes entlassen. Mit zwölf Jahren schickte er den Regenten, den ihm der Papst vor die Nase gesetzt hatte, nach Hause, mit dreizehn Jahren übernahm er die Regierungsgeschäfte, mit vierzehn wurde er »volljährig«, das heißt, er besaß nun eine eingeschränkte Rechtsfähigkeit und forderte weitere Rechte ein, und mit fünfzehn Jahren trat er in den Stand der Ehe.

Von einem Tag auf den anderen wurde er politisch tätig. Als Erstes versuchte er, die aristokratischen Räuber in Sizilien in ihre Schranken zu weisen. Zur gleichen Zeit wuchs der neue deutsche Kaiser aus dem Geschlecht der Welfen zu seinem Gegenspieler heran, der aus heiterem Himmel Sizilien überrennen und einkassieren wollte.

Der Papst schwankte: Wem sollte er zur Seite stehen? Schließlich schlug er sich auf Friedrichs Seite, die Seite seines ehemaligen Mündels. Er bannte den Konkurrenten und rieb sich die Hände. Nichts war erfreulicher für den Papst, als dass sich die verdammten Deutschen gegenseitig bekriegten! Auf diese Weise konnte er das Zünglein an der Waage spielen.

Zudem initiierte der Papst einen weiteren Coup: Kaum war der welfische Kaiser gebannt, erhob er Friedrich mithilfe einiger deutscher Fürsten zum Kaiser. Dieser, scheinbar lediglich ein Papstzögling, zauderte nicht einen Moment und griff mit beiden Händen zu. Sofort ritt er nach Rom. In der ewigen Stadt wurde Friedrich II. mit Begeisterung empfangen. Der frischgebackene, blutjunge Kaiser, der nichts außer einem Titel und das kleine Sizilien besaß, lieh sich Geld (der eigene Geldsack war leer) und zog mit einer kleinen Anhängerschar über die Alpen, um sich nun dieses »Deutschland« in die Tasche zu stecken. In Konstanz eingetroffen, wollte man ihn zunächst nicht einlassen. Als Friedrich II. allerdings den Bann des Papstes gegen seinen Konkurrenten verlesen ließ, wechselten die Herren der Stadt die Seiten.

In Konstanz begann Friedrichs Siegeszug. Stadt um Stadt lief zu ihm über. Stets war Friedrich klug genug, die Meinungsführer mit großzügigen Schenkungen und Versprechungen für sich zu gewinnen. Deutschland atmete auf. Sein Ruf eilte ihm voraus. Friedrich wurde zu einem Phänomen. Ein Fürst nach dem anderen schlug sich auf seine Seite, denn dieser Jüngling gewann alle Herzen im Sturm.

Obwohl ihn der Papst zum Kaiser gekrönt hatte, war das so bedeutsam nicht. Also arrangierte es Friedrich, auch von den Deutschen anerkannt zu werden. Im Jahre 1212 fand eine Nachwahl zum König in Frankfurt statt. Da sein Widersacher gerade das Zeitliche gesegnet hatte, war der Zeitpunkt ideal. Eine beträchtliche Anzahl von Fürsten wählte den neuen König Friedrich als deutschen Herrscher, ein Mainzer Erzbischof vollzog etwas später die Weihe.

Friedrich II. ließ sich – man muss es sich vorstellen! – noch einmal krönen. Er ließ sich in Mainz vom Erzbischof zum römisch-deutschen König erheben – ein drittes Mal. Ihm war nur allzu bewusst, dass Zeremonien klug genutzt werden müssen und Symbolkraft besitzen, und wusste auch, dass mit dieser Krönung erneut Stimmen gewonnen wurden, sprich, dass weitere Meinungsführer Deutschlands zu ihm überliefen. Das Nachsehen hatten die Welfen.

Denn die Widersacher in Deutschland waren noch immer nicht ganz ausgeschaltet. Als sich erneut ein Konkurrent gegen Friedrich II. erhob (wieder aus dem Geschlecht der Welfen, auch Guelfen genannt, ursprünglich ein fränkisches Adelsgeschlecht), war ihm abermals das Glück hold: Ein englisch-welfisches Heer verlor gerade zu dieser Zeit einen kleinen Krieg gegen die Franzosen.

Friedrich II. holte rasch seine Frau und seinen Sohn nach Deutschland und übernahm nun auch den sizilischen Königstitel, den zuvor sein Sohn getragen hatte. Sein fünfjähriger Sohn Heinrich erhielt stattdessen das Herzogtum Schwaben und die Befehlsgewalt über Burgund. Danach, man kann es kaum glauben, zog Friedrich II. zurück über die Alpen und ließ sich nun von dem neuen Papst (Honorius III.) ein weiteres Mal zum Kaiser krönen. Vier Krönungen! – Wer konnte, wer durfte es nun noch wagen, ein Wort gegen den Mann zu erheben, den viele als Milchbart verspottet hatten und der doch in jungen Jahren schon gerissener war als so manch altgedienter Herzog?

Jetzt galt es, die Besitzungen zu sichern. Der anfangs so spendabel wirkende Friedrich II. machte sich daran, auch in Deutschland seine Hausmacht zu vergrößern. Dabei setzte er nicht auf Krieg, sondern auf Erbschaften und Verhandlungen. Darüber hinaus gründete er neununddreißig Städte, vor allem im Südwesten Deutschlands, auch auf kirchlichem Territorium; selbstredend verhielten sich diese neuen Städte ihm gegenüber unverbrüchlich loyal.

Wieder zurück in Sizilien bestand ein weiterer Meisterstreich darin, seine geliebte Insel nun auf ein völlig neues Niveau zu heben. Hier organisierte er den ersten modernen Beamtenstaat. Er erließ neue Gesetze, die teilweise schon die Neuzeit ankündigten. Vielleicht als erster deutscher Herrscher erließ er Gesetze zur Erhaltung der Natur und zum Schutz von Frauen und Minderheiten. Ferner

Gesetze, die die ständigen Adelsfehden beendeten und den Landfrieden wiederherstellten.

Neu erbaute Burgen fielen an den König, wodurch dessen militärische Gewalt zementiert wurde und wodurch er den Frieden sicherstellen konnte. Die protestierenden Adligen schaltete er aus, indem er auf ein paar Landadlige setzte, denen er zumindest anfangs einige wichtige Privilegien zugestand.

Gleichzeitig startete er ein Flottenbauprogramm und weitete die königliche Kontrolle über den Handel aus. Der Handel, die Wirtschaft ... das war der Stoff, aus dem Erfolg gemacht wurde! Friedrich förderte den Handel mit Salz, Eisen, Stahl, Hanf, Teer, gefärbtem Gewebe und Seidenstoffen, er eröffnete Textilfabriken, errichtete Modellbauernhöfe, förderte den Anbau von Baumwolle und Zuckerrohr, ließ Straßen und Brücken bauen, verbesserte die Wasserversorgung, reduzierte die Binnenzölle, die den Handel bislang behindert und lahmgelegt hatten, und führte eine faszinierende Blüte herbei.

Als auf Sizilien die letzten Sarazenen gegen ihn den Aufstand probten, besiegte Friedrich II. sie, siedelte sie um – und gewann sie letztlich als Verbündete, die ihm erst in der Verwaltung und später im Heer treu dienten. Er vernichtete sie also nicht, sondern gab ihnen eine neue Bedeutung!

Auch im übrigen Italien besaß Friedrich II. Ländereien, die er nun in eine neue Zeit führte. Im Jahre 1224 gründete er die Universität Neapel, die für ihn unter anderem höhere Beamte für den Staat ausbilden sollte. Er berief viele gelehrte Geister an diese Universität und unterstützte begabte Studenten finanziell. Ferner gründete er eine Universität für Apotheker und verbesserte damit die Heilkunde.

Verweilen wir noch ein wenig bei seinen kulturellen Leistungen, die er zu verschiedenen Zeitpunkten in die Wege leitete: Friedrich II. verfasste ein Buch über die Falkenjagd, in das erstmalig neue, wissenschaftliche Sichtweisen einflossen. Es enthielt Anleitungen zur Aufzucht und Dressur von Jagdfalken, über neunhundert

Vogelbilder, und es beschrieb in fantastischer Detailtreue die unterschiedlichen Verhaltensweisen einzelner Vogelarten. Friedrich versuchte, in seinen eigenen Worten, »sichtbar zu machen die Dinge, die sind, so wie sie sind«, und schlug damit ein neues Kapitel in der Naturforschung auf.

Viele arabische Werke las er im Originaltext, er ließ nicht nur christliche, sondern auch muslimische und jüdische Wissenschaftler an seinen Hof kommen und diskutierte mit ihnen. Er stellte sogar eigene Gelehrte an, die ihm die klassischen griechischen und islamischen Werke ins Lateinische übersetzen mussten. Dass er das Rechnen mit der Null einführte, mag auf seinen Kontakt mit den Arabern zurückzuführen sein, jedenfalls revolutionierte dies die Buchhaltung ebenso wie die Mathematik. Er überredete den Sultan von Ägypten, ihm den berühmten Mathematiker al-Hanifi zu überlassen, damit er von ihm lernen konnte, und war eine Zeitlang ganz verliebt in die internationalste aller Sprachen – eben die Mathematik.

Er interessierte sich für Chemie, Metallurgie und Philosophie und richtete viele Fragen an Gelehrte in Ägypten, Arabien, Syrien und im Irak. Sein zoologischer Garten diente vor allem der Beobachtung, suchte er doch die Aufzucht von Hühnern, Hunden und Tauben genauso zu verbessern wie die von Pferden und Kamelen. Er führte Schonzeiten für die Tiere ein, die auf genauer Beobachtung der Brutzeiten begründet waren, und erließ hierfür sogar eigene Gesetze. Friedrich II. war der erste Umweltschützer auf dem Thron.

Dieser König war sagenhaft wissbegierig und vielleicht der erste Rationalist. Denn er versuchte Dinge, die er nicht verstand und die durch die Religion in abergläubischer Weise interpretiert worden waren, zu erforschen und zu begreifen. Tatsächlich setzte er den Verstand über den Glauben und verbot beispielsweise sogenannte Gottesurteile; er glaubte nicht, dass in einem Zweikampf immer der Unschuldige gewinnt! Er glaubte außerdem nicht an die jungfräuliche Geburt und hegte Zweifel hinsichtlich der biblischen

Schöpfungsgeschichte – vor allem, was den zeitlichen Rahmen anbelangte.

Zahlreiche Künstler, Schriftsteller und Wissenschaftler befanden sich an seinem sizilianischen Hof, den man schließlich nur den Musenhof nannte. Seine vergleichsweise große Toleranz gegenüber anderen Völkern erlaubte es ihm, zu lernen und noch einmal zu lernen; er war vielleicht der bestinformierte Mann seiner Zeit. Grundsätzlich war er allen Religionen gegenüber tolerant eingestellt – ein Zeichen von hoher staatsmännischer Intelligenz. Er ließ griechisch-orthodoxe und römische Christen, Muslime und Juden nach ihrer Fasson selig werden. Als die Juden von Fulda im Jahre 1235 des Ritualmordes an einem christlichen Kind angeklagt wurden, erklärte Friedrich die ganze Geschichte zu einer albernen, bösen Erfindung und rettete die Juden. Alles schien wie im Märchen.

Aber als Friedrich überall die Zügel fest in der Hand hielt, als er der größte aller Kaiser zu sein schien, als überall lauthals sein Lob gesungen wurde, zogen über seinem Haupt die ersten dunklen Wolken auf. Sie kamen aus einer Ecke, die der aufmerksame Leser längst erraten hat: aus Rom, aus dem Vatikan. Sie kamen vom Papst.

## Wie man Kriege gewinnt

Friedrich II. hatte dem Papst ehemals versprechen müssen, eines Tages einen Kreuzzug zu unternehmen, um das Heilige Land wieder für die gläubige Christenheit zurückzuerobern. Friedrich hatte, klug wie er war, immer wieder Ausflüchte ersonnen. Aufgrund seiner Nähe zu den Sarazenen war ihm die Kultur in Nahen Osten nicht so fremd wie dem Papst, ja, sie war ihm sogar vertraut, und er schätzte sie. Erinnern wir uns: Friedrich II. sprach Arabisch, er hielt Künstler und Wissenschaftler aus aller Herren Länder an seinem Hof, er kannte keine Vorurteile. Jetzt aber forderte der Papst ungeduldig sein Versprechen ein.

Als Friedrich II. wegen einer Seuche den Kreuzzug abermals verschob, bannte ihn der Papst. Zugegebenermaßen hatte der inzwischen fast allmächtige Kaiser auch versucht, in Siziliens Kirchenstruktur einzugreifen, hatte einige päpstliche Ländereien zu kaiserlichem Reichsgut erklärt und war dem *papa* noch in anderen Belangen auf die Zehen getreten. Offenbar konnte es nicht zwei Herrscher geben. Trotz des Bannes brach Friedrich nun eilig auf, um den Papst durch die Tat zu überzeugen. Aber dieser sogenannte Fünfte Kreuzzug unterschied sich fundamental von den vorangegangenen Kreuzzügen.

Was konkret unternahm Friedrich?

Nun, wieder schimmerte das Genie dieses einmaligen Kaisers durch: Er verhandelte. Und zwar mit dem Sultan von Kairo. Am Ende erreichte Friedrich II. – ohne einen Tropfen Blut zu vergießen –, dass die Christen in Jerusalem weite Teiler der Stadt ihr Eigen nennen durften. Es ist kaum zu fassen! Während zu Zeiten der früheren Kreuzzüge das Blut in Strömen geflossen war, gelang es diesem Kaiser, das angestrebte Ziel zu erreichen, ohne einen einzigen Ritter zu verlieren.

Friedrich schloss einen Friedensvertrag mit dem Sultan, speiste fürstlich mit ihm, scherzte und lachte – und kehrte danach in das heimatliche Italien zurück, allerdings nicht ohne sich vorher noch die Krone des Königreichs Jerusalem aufs Haupt gesetzt zu haben! Sein »Kreuzzug« war ein voller Erfolg.

Doch in Italien hatte sich längst ein Unwetter zusammengebraut. Der Papst war ungewöhnlich rege gewesen. Er hatte Friedrichs Abwesenheit benutzt, um hinter dem Rücken des Kaisers Unfrieden zu stiften. Als Erstes hatte er Friedrichs Untertanen und seinen Sohn Heinrich von ihrem Treueeid gegenüber dem Kaiser entbunden. Und er hatte ein Heer zur Invasion nach Sizilien geschickt. Außerdem hatten Mönche allerorten verbreitet, dass der Kaiser nicht mehr unter den Lebenden weile. Selbst ins Heilige Land hatte der rührige Papst Gesandte geschickt, die jeden Christen anwiesen, Friedrich den Gehorsam aufzukündigen.

Kaum ins heimatliche Italien zurückgekehrt, musste Friedrich also zunächst die päpstlichen Truppen in ihre Schranken verweisen.

Dann nahm er durch einen Mittelsmann – der selbst eine hohe geistliche Position innehatte, aber Friedrich in Treue verbunden war – Vermittlungsgespräche mit dem Papst auf. Immerhin war Friedrich als Sieger heimgekehrt. Schließlich machte er dem Papst einige Zugeständnisse, woraufhin der oberste Priester Roms den Bann zähneknirschend wieder aufhob.

Gleichzeitig brannte es in Deutschland. Hier hatte sein Sohn Heinrich in seiner Abwesenheit törichterweise eine fürstenfeindliche Politik betrieben, was in völligem Gegensatz zu Friedrichs Vorgehen stand. Er hatte stets darauf geachtet, niemals die wichtigsten Meinungsführer vor den Kopf zu stoßen, sondern sie für sich einzunehmen und mit ihnen, statt gegen sie zu regieren. Friedrich II. erklärte verschiedene Erlasse seines Sohnes kurzerhand für ungültig. Daraufhin verbündete sich dieser mit einigen norditalienischen Städten und kaiserfeindlichen Adligen.

Der Aufstand löste sich in Luft auf, sobald Friedrich II. in Deutschland auf der Bildfläche erschien – sein Ruf eilte ihm voraus; er war längst eine Legende. Der Kaisersohn wurde abgesetzt und in Sizilien eingekerkert. Gleichzeitig verkündete Friedrich 1231 einen Landfrieden, söhnte sich mit seinen alten Feinden, den Welfen, aus und erhob seinen Sohn Konrad IV. zum neuen römischdeutschen König. Politische Klugheit, wohin das Auge blickt.

## Die Fehler

Doch dann beging Friedrich II. eine Reihe politischer Fehler, die wir uns ebenfalls vor Augen halten müssen, wenn wir der geschichtlichen Wahrheit gerecht werden wollen. Der Konflikt mit dem Papst spitzte sich immer weiter zu – vielleicht war er unumgänglich, jedenfalls in den Machtkategorien dieser Zeit gedacht.

Friedrich verstrickte sich zunächst in einige unnötige Kriege mit den oberitalienischen Städten, die er letztlich nicht zu seinen Gunsten entscheiden konnte, selbst wenn er einige wichtige Siege davontrug; viele Städte steckten mit dem Papst unter einer Decke.

Weiter behinderte er die neuen Kreuzzugs-Absichten des Papstes, sodass ihn dieser ein zweites Mal bannte, als »Antichristen« brandmarkte und mit einem unglaublichen Propagandafeldzug zu vernichten suchte. Der Kampf zwischen Papst und Kaiser brach abermals aus.

Friedrich reagierte auf den Bann, indem er die Verwaltung in Sizilien vollkommen umstrukturierte und dort alle päpstlichen Einflüsse eliminierte. Er ließ die Grenzen sperren und Bettlerorden ausweisen, die dem Papst ergeben waren. Die Bischofsstühle wurden nun nach seinem Gutdünken neu besetzt.

Danach machte sich Friedrich daran, auch das restliche Italien, das zum »Reich« gehörte, in seinem Sinne umzustrukturieren, sprich den Einfluss des Papstes zurückzudrängen. Friedrich schlug mit einer gewaltigen Propagandakampagne zurück und ließ alle wissen, dass er der eigentlich friedliebende Fürst sei. In der Sprache der Zeit ausgedrückt: Er stellte sich selbst als »Messias-Kaiser« hin, den Papst jedoch nannte er die »Hure Babylons«.

Der Papst raste. Er rief zu einem Kreuzzug gegen Friedrich auf und versprach jedem guten Christen einen vollkommenen Ablass, wenn er dem Kaiser den Gehorsam verweigere.

Friedrich dagegen gewann verschiedene italienische Städte für sich, scheiterte aber bei dem Versuch, Rom einzunehmen. Immerhin setzte er einige Bischöfe gefangen, die an einem vom Papst einberufenen Konzil teilnehmen wollten, um noch intensiver gegen ihn mobil zu machen.

Da starb der Papst überraschend.

Friedrich war eine Verschnaufpause vergönnt.

Schließlich einigte er sich mit dem neuen Papst und versprach, sich aus dem Kirchenstaat zurückzuziehen, sofern im Gegenzug der Bann aufgehoben würde. Halbherzig hielt man beidseitig die Versprechungen ein. Aber zu viele Machtfragen blieben ungeklärt, und so belegte ihn der neue Papst kurze Zeit später wieder mit dem Bann, mit dem man die gesamte Christenheit gegen eine Person aufhetzen konnte.

Der propagandistische Kampf wogte eine Zeitlang unentschieden hin und her. Wieder suchte sich Friedrich von dem Bann zu befreien, aber nichts fruchtete. Als schließlich kaiserliche Truppen in den Kirchenstaat einmarschierten, floh der neue Papst nach Frankreich. Dort berief er ein Konzil ein und erklärte den Kaiser für abgesetzt. In Deutschland wurde außerdem ein Gegenkönig gewählt. Und in den oberitalienischen Städten brach ein Aufstand aus. Es brannte überall.

In Italien ging Friedrich II. erneut militärisch gegen aufständische Städte vor – allerdings auf völlig neue Art. Friedrich kannte sich selbst nicht mehr: Er schlug einen Aufstand nach dem anderen nieder, nahm Geiseln, ließ seine Feinde hinrichten, blenden und ihnen die Hände und die Füße abhacken.

Da machte das Gerücht von einer Verschwörung gegen Friedrich die Runde – angeblich von seinem eigenen Kanzler angeführt. Friedrich ließ ihn verhaften und des Augenlichts berauben, woraufhin der Kanzler seinen Kopf so lange gegen die Wand rammte, bis er starb. Wenig später versuchte der eigene Arzt Friedrich zu vergiften – Friedrich entkam dem Anschlag mit Mühe. Zu allem Überfluss erreichte ihn noch die Nachricht, dass einer seiner Söhne gefangen genommen worden war. Das Schicksal hatte sich offenbar gegen den Kaiser verschworen, der zuvor ein Kind des Glücks gewesen war.

Im Jahre 1250 wendete sich das Blatt noch einmal zu Friedrichs Gunsten: Verschiedene italienische Städte wechselten unversehens auf des Kaisers Seite, und Konrad, Friedrichs Sohn, besiegte in Deutschland den Gegenkönig, die Marionette des Papstes. Der Papst bot Unterhandlungen an, denn er sah seine Felle davonschwimmen.

Kurz vor dem endgültigen Sieg erkrankte Friedrich II. Er hatte in zu kurzer Zeit zu viele Schläge einstecken müssen. Die Ruhr warf den Kaiser nieder und erinnerte ihn daran, dass er sterblich war. Völlig unerwartet ereilte Friedrich im Jahre 1250 der Tod.

## Was uns Friedrich II. lehrt

Die politische Klugheit dieses Kaisers war erstaunlich. Im Gegensatz zu Barbarossa stellte er nie einen Gegenpapst auf – ein Zeichen dafür, dass er dieser Institution seinen Respekt im Grunde nie versagte. Überall sorgte er anfänglich für Frieden und eine blühende Wirtschaft, für den Aufschwung der Wissenschaften und für eine exzellente Verwaltung.

Darüber hinaus war er ein Ass der Diplomatie. Geschickt vermied er die Metzeleien im Heiligen Land, wofür wir ihn maßlos bewundern. Wie man Kriege gewinnt? Indem man sie nicht führt! Generell herrschte während Friedrichs Regierungszeit in Deutschland über fünfunddreißig Jahre lang nahezu ununterbrochen Frieden!

Friedrich II. erweiterte nicht durch Krieg, sondern durch (unblutige) Erbschaften und Stadtneugründungen systematisch seinen Machtbereich in Deutschland. Warum sich auf alten Besitz stürzen, wenn man neuen sozusagen aus dem Nichts schaffen kann?! Wenn höchste Staatskunst darin besteht, den eigenen Machtbereich zu erweitern, so sollte das unblutig und auf intelligente, fantasievolle Weise geschehen, beispielsweise durch Neugründungen, Erbschaften, Heiraten, verlockende Kaufangebote, die Mittel der Diplomatie, Vereinbarungen und Bündnisse.

Ein weiterer Meisterstreich bestand darin, das Königreich Sizilien zu reorganisieren und auszubauen – und das erneut weitgehend unblutig. Sizilien verschaffte Friedrich II. eine sichere Machtbasis. Wie die klügsten Herrscher der Geschichte konzentrierte er sich auf die Wirtschaft und den Handel, der durch seine neu gegründete Flotte in Sizilien einen enormen Aufschwung nahm und vollständig unter seine Kontrolle geriet. Dazu war es richtig, eine moderne Gesetzgebung einzuführen, dem aufrührerischen Sizilien Frieden zu verordnen und die Sarazenen gar als Freunde, Verwaltungsbeamte und Krieger zu gewinnen.

Und Friedrichs kulturelle Leistungen sind vielleicht am wichtigsten: Er reformierte das Recht, das heißt, er schuf eine neue, eine höhere Form des Rechts, förderte Wissenschaftler und Künstler, hob die Heilkunde und die Verwaltung auf ein neues Niveau und half, den Siegeszug der Vernunft vorzubereiten. Seine relative Toleranz in Sachen Religion erhob ihn weit über seine Zeitgenossen.

Doch auch er entkam nicht dem Geist der Zeit, der nach wie vor hochchristlich war und sich in dem höchsten geistlichen Würdenträger verkörperte: dem Papst. Friedrichs II. vielleicht einziger Fehler bestand darin, die propagandistische Macht des Papsttums zu unterschätzen. Alles lief auf die Konfrontation zwischen Kaiser und Papst hinaus – das Spiel früherer Jahrhunderte wiederholte sich. Ja, der Kaiser beherrschte die Körper, aber der Papst die Seelen. Friedrich II. warf zum Schluss alles in die Waagschale, um das Papsttum niederzuringen. Wie schon andere vor ihm übersah er dabei den entscheidenden Vorteil dieser Institution: Kaum starb ein Papst, wurde ein neuer gewählt, der womöglich ein noch gefährlicherer Gegner sein konnte. Das dynastische Denken hingegen gebot es, den eigenen Sohn auf den Thron zu heben. Und der Sohn besaß nicht notgedrungen die Kragenweite des Vaters und war vielleicht nicht einmal loyal. Während sich das Papsttum also wieder und wieder erneuern konnte – unabhängig von einer leiblichen Linie –, degenerierte ein Herrschergeschlecht im Laufe der Zeit.

Sich mit der mächtigsten spirituellen Institution seiner Zeit anzulegen, war nicht richtig. Ein machtgeiler, kriegslüsterner Papst verleitete den vielleicht intelligentesten aller deutschen Kaiser zu Taten, von denen er zuvor immer Abstand genommen hatte. Zuletzt ließ sich Friedrich II. von seinem Hass auf den Papst auffressen. Hass und Rache aber sind die beiden schlechtesten Ratgeber für einen König.

## Das Ende der Staufer

Und so endete das glanzvolle Geschlecht der Staufer, nachdem es sich noch ein paarmal in einigen letzten Zuckungen aufgebäumt hatte. Als Friedrichs Sohn Konrad, der in Deutschland die Stellung für ihn gehalten hatte, wenig später ebenfalls starb, war die Zeit der Staufer dort endgültig vorbei. In Sizilien hielt sich Konrads Sohn Konradin zwar noch einige Jahre länger, aber auch seine Stunde schlug.

Als Konradins Truppen von einem Gegenkönig geschlagen wurden, den der Papst wie ein Kaninchen aus dem Zylinder gezaubert und zum neuen Herrn über Sizilien eingesetzt hatte, griff man Friedrichs Enkel kurz darauf auf, nahm ihn gefangen und kerkerte ihn ein. In einem Scheinprozess wurden alle möglichen Anschuldigungen gegen ihn erhoben, bevor man ihn verurteilte. Im Jahre 1268 endete Konradin wie ein gewöhnlicher Verbrecher in Neapel unter dem Henkersbeil. Er wurde in ungeweihter Erde verscharrt, um das Geschlecht der Staufer noch im Tode zu demütigen. Mit dem letzten männlichen Staufer verschwand die einst so machtvolle Dynastie endgültig aus der Geschichte.[53]

# 16. Kunst und Kultur, Wissen und Ausbildung

Es ist ein Fehler anzunehmen, dass sich Geschichte nur auf die politische oder gar militärische Geschichte beschränkt. Oft werden die entscheidenden Schlachten auf ganz anderen Gebieten geschlagen: Erfindungen beispielsweise sind in der Lage, eine Zeitenwende und gewaltige Machtverschiebungen zu bewirken. Man denke nur an die Umwälzungen durch die Eisenbahn, die Dampfmaschine, das TV, das Auto, das Flugzeug, die Rakete oder durch das Internet.

Schriftsteller können neue Denkweisen einführen und auf Wahrheiten hinweisen, die bisher unterdrückt wurden; man richte seinen Blick nur auf Voltaire, der im 18. Jahrhundert ein ganzes Zeitalter umkrempelte, oder auf den italienischen Schriftsteller Boccaccio, der die Kirche im 14. Jahrhundert in Grund und Boden schrieb und half, das hochchristliche Mittelalter zu beenden.

Schriftsteller haben mehr als einen Herrscher das Fürchten gelehrt – oder aber umgekehrt Könige besungen. Die Macht der Feder sollte nie unterschätzt werden. Erinnern wir uns an all die gekauften Griffel im Mittelalter, die alles außer die Wahrheit berichteten: wie zum Beispiel an Einhard, den Biografen Karls des Großen, der in seiner *Vita Karoli Magni* nur auf die guten Seiten des Karolingers abhob. Und Otto von Freising »vergaß« geflissentlich Barbarossas Gräueltaten.

Maler können Revolutionen und Veränderungen im politischen Raum optisch unterstützen oder bekämpfen, und Architekten helfen, die Aufmerksamkeit auf neue Tatsachen zu lenken – oder genehme, zeitgemäße Ideen zu unterstreichen. Die mittelalterlichen, in das Firmament ragenden Kathedralen zum Beispiel priesen die Heilige Dreifaltigkeit allein durch ihre schiere Existenz und Bauweise.

Heutzutage können Filmemacher in die Politik eingreifen, und gestern und heute können »Büchermacher«, Verleger und Lektoren die richtigen oder falschen Bücher publizieren, das heißt für Fortschritt oder für Rückschritt sorgen.

Musiker können sich prostituieren, indem sie mit Marschmusiken den Krieg verherrlichen, oder so ergreifende Melodien und Harmonien anstimmen, dass in der Folge, zusammen mit halbwegs begabten Librettisten, neue Ideen Platz greifen. Mozart verbeugte sich mit seiner *Zauberflöte* vor der Freimaurerei, und Wagner inspirierte Hitler.

Den Einfluss der Kunst und der Künstler, der Denker und Wissenschaftler, der Baumeister und Erfinder gab es auch im Mittelalter. Man muss ihnen Respekt zollen, wenn man dieses Zeitalter begreifen will. Sie alle prägten diese Periode.

## Deutsche Kultur

Am Anfang des Mittelalters musste das sich formende Deutschland, das erst im 9. Jahrhundert von einem Enkel Karls des Großen formell aus der Taufe gehoben wurde, ganz neu orientieren – in Hinblick auf Wissen und Wissenschaft, Kunst und Kultur. Überall zog das Christentum ein, wie wir an zahlreichen Beispielen gesehen haben. Doch das Christentum brachte nicht nur Nachteile mit sich, sondern auch viele zivilisatorische Vorteile. Jede Menge Schulen wurden gegründet und Wissen systematischer vermittelt. Das Ergebnis? »Von 955 bis 1075 war Deutschland … das blühendste Land Europas«[54], urteilen einige Historiker – »zusammen mit Oberitalien«, muss man hinzufügen – dann stimmen wir diesen

Historikern zu. Städte wie Trier, Mainz, Köln, Nürnberg und Worms erblühten. Klosterschulen entstanden, und Lehrer gewannen mehr und mehr Einfluss und Ansehen. In Fulda, am Tegernsee, auf der Reichenau, in Gandersheim, Hildesheim und Lorsch zog die Gelehrsamkeit ein.

Hrabanus oder Rabanus Maurus (ca. 780–856) – ein Schüler des hochberühmten, hochgelehrten Engländers Alkuin (735–804), einem der wichtigsten Berater Karls des Großen – wurde Abt des Klosters Fulda, später gar Bischof von Mainz. Maurus war ein Benediktiner, ein Universalgelehrter und Autor, Poet und Enzyklopädist, der ganze Abhandlungen über die richtige Erziehung schrieb und sich zusätzlich um die Grammatik und die »richtige« Auslegung der Bibel verdient machte. Er war einer der prominentesten Lehrer und Autoren der Epoche. Man verlieh ihm sogar den Ehrentitel Praeceptor Germania – »Lehrer Deutschlands«. Noch heute gibt es in Fulda eine Rabanus-Maurus-Schule, die einen guten Ruf genießt. Viele neue Wissensgebiete wurden in den Lehrplan aufgenommen. Und Rabanus Maurus kämpfte erfolgreich gegen den Aberglauben. Die Fuldaer Bibliothek geriet zu einer der umfangreichsten Büchersammlungen Deutschlands. Unterrichtet wurden unter anderem Latein, Griechisch und Philosophie. Die Deutschen legten das Schwert nieder und entdeckten den Verstand.

Der größte deutsche Dichter dieser Epoche war der schwäbische Mönch Walahfrid Strabo (809–849). Seine größte Konkurrentin, die benediktinische Nonne Hroswitha, wagte sich sogar an halbweltliche Themen heran.

Aber natürlich überwogen in dieser Phase die christlichen Inhalte und mit ihnen die entsprechenden Genres. Dichtkunst und Geschichtsschreibung begannen sich nur zart und allmählich zu entwickeln, und selbst die standen anfangs völlig im Banne des christlichen Glaubens und damit der Kirche.

Im Bauwesen ging es ebenfalls mit Riesenschritten voran. Der Steinbau löste den Holzbau ab – eine Entwicklung, die man auch den alten Römern zu verdanken hatte. Es wurde mit dem Bau gewaltiger Dome begonnen, so in Hildesheim, Lorsch, Worms, Mainz, Trier, Speyer und Köln. Das architektonische Know-how war beeindruckend, und noch heute staunen moderne Architekten, wie diese gewagten, riesigen Bauwerke in einer angeblich so »primitiven« Zeit entstehen konnten, denn es mussten zahlreiche statische Probleme gelöst werden.

## Fortschritte in ganz Europa

Kultur kehrte auch durch das zivilisierte und zivilisierende Rittertum ein, das es sich auf die Fahne geschrieben hatte, den Witwen und Waisen zu helfen und die Schwachen zu beschützen; es entstand ein Ritterideal, das kaum der Realität entsprochen haben dürfte, aber zumindest den Geist und die Vorstellungen der Menschen in gutem Sinne befruchten half.

Selbst in der einfachsten Dorfgemeinschaft sah man bereits erstaunliche Fortschritte. Es gab zahlreiche Handwerker wie Dorfschmiede, Gerber, Schreiner, Stellmacher, Walker, Färber, Sattler, Schuster oder Seifensieder, die alle eifersüchtig ihr Wissen hüteten. Der Pflug kam im 11. Jahrhundert auf und erleichterte den Bauern die Arbeit. Die Bauern »legten Sümpfe trocken, schütteten Dämme auf, rodeten Wälder, gruben Kanäle, bauten Häuser, erweiterten die Grenzen der Zivilisation und gingen siegreich aus dem Kampf zwischen Urwald und Mensch hervor«, urteilte später ein prominenter Historiker. Er fügte hinzu: »Das heutige Europa ist ihre Schöpfung.«[55]

Wir müssen zustimmen. Zu Beginn des Mittelalters war der größte Teil Europas noch Ödland und Urwald. Erst am Ende des Mittelalters existierte landschaftlich gesehen das Europa, wie wir es heute kennen. »Richtig betrachtet war dies wohl der größte Feldzug, der edelste Sieg, die wichtigste Leistung des Zeitalters des Glaubens.«[56]

Als sich der Handel auszudehnen begann, verbesserte man Wege und Landstraßen, baute Brücken und entwickelte bessere Schiffe. Es war wieder Friedrich II., inspiriert von muslimischen und byzantinischen Vorbildern, der als Erster begann, die Straßen auf Sizilien und in Süditalien auszubauen. Viele taten es ihm gleich. In Frankreich entstanden beispielsweise »königliche Hauptstraßen«, in Paris, London, Venedig oder Florenz ausgezeichnete Brücken, die teilweise noch heute stehen. Oft besserten Mönche Straßen und Brücken aus, aber zunehmend standen ihnen Bürger zur Seite.

Im Jahre 1086 gab es in England bereits fünftausend Windmühlen.[57] Und in Deutschland, Frankreich und Italien standen zahlreiche Wasserräder, Sägemühlen (mit Wasserkraft angetrieben) und Wassermühlen. Überall verbesserte man die Werkzeuge. Man rang dem Boden damit nicht nur bessere Ernten ab, sondern im Bergbau auch Eisen und Zinn, Quecksilber und Silber, Kohle und überhaupt Bodenschätze. Das österreichische Salzburg verdankt seinen Namen der Salzgewinnung.

Im 13. Jahrhundert erlebte die Textilindustrie einen enormen Aufschwung, vor allem in England, in den Niederlanden und in verschiedenen italienischen Städten, wie etwa in Florenz. Nach ein paar Jahrhunderten gab es Hunderte von unterschiedlichen Handwerkern, nicht nur Töpfer und Glasbläser, sondern auch Papierhersteller und Handschuhmacher oder Zeitgenossen, die sich nur auf die Herstellung von Geldbeuteln spezialisiert hatten.

Selbst das Geldwesen veränderte sich. Friedrich II. ließ in Italien die ersten Goldmünzen Westeuropas prägen – von Byzanz inspiriert, wo Goldmünzen zu der wirtschaftlichen Stabilität eines ganzen Jahrtausends beigetragen hatten. Die Banken mit all ihren Geldwechslern, Geldverleihern, Schuldscheinen und Rechenkünstlern traten in Italien schon im 13. Jahrhundert in Erscheinung, weshalb bis heute so viele banktechnische Ausdrücke italienischen Ursprungs sind (*brutto, netto, banco* etc.).

Nicht nur in Venedig erreichte zudem der Schiffsbau neue Höhen, der internationale Handel erforderte neue Schiffstypen.

Zwar herrschten überall noch immer die »Weltreiche des Glaubens« (sprich das Christentum, das Judentum und der Islam), aber dank des Handels ging man vielerorts toleranter miteinander um. Toleranz geriet zu einer schieren Notwendigkeit, diktiert wurde sie durch die Kaufleute.

Zudem pendelten Gelehrte hin und her zwischen Ost und West, Nord und Süd. Dadurch befruchtete man sich gegenseitig und kam dem Ideal der Toleranz näher. Nur ganz langsam wagte man sich auf den Ozean der Vernunft hinaus. Neue Sprachen und Kulturen bahnten sich einen Weg nach Europa, und die Menschen lernten voneinander.

Selbst gegen Meere wurden erste Siege errungen. Man errichtete Deiche und Dämme, Tausende von Morgen Land rang man der See ab.

Das gottberauschte Zeitalter des Mittelalters wurde von Fortschritten auf fast allen Gebieten geprägt.

Handwerker und Kunsthandwerker übertrafen sich ständig. Es entstanden fantasievolle Tische, Stühle, Bänke, Schränke, Treppengeländer, Täfelungen, Betten und Kommoden. Heute noch erregen sie Neid oder den Wunsch, sie zu besitzen. Eisen wurde zu eleganten Fenstergittern und Toren verarbeitet. Kupfer, Eisen und Bronze dienten dazu, wunderschöne Vasen und Pokale zu formen. Elfenbein war zur Herstellung von Kämmen, Handgriffen, Trinkhörnern, Buchdeckeln und Bischofsstäben beliebt.

Die Glasbläserkunst, besonders hoch entwickelt in Venedig, hielt auch in deutschen Städten Einzug. Schon früh gab es Spiegel aus poliertem Stahl. Edelsteine verzierten die Gewänder von reichen Kaufleuten, Stadtherren und Bischöfen. Einige bischöfliche Mäntel waren ein Vermögen wert. Bildteppiche zierten Wände, und Mosaiken verschönerten Fußböden. Miniaturmalereien und Fresken entstanden in so reicher Zahl, dass man nicht einmal einen annähernden Überblick gewinnen kann.

Und wer will all die illuminierten Handschriften zählen, an denen einige Mönche manchmal jahrzehntelang arbeiteten?

Die Kirchen wurden in einem heute undenkbaren Umfang ausgeschmückt. Alle Geschichten, alle Wunder der Bibel wurden dargestellt, aber auch die zahlreichen Heiligenlegenden. Am beeindruckendsten waren aber die Dome.

## Die Kathedralen und Gotteshäuser

Die überragenden Kunstwerke dieses erstaunlichen Zeitalters waren die Kathedralen. Beim Bau einer Kathedrale oder eines Doms suchten sich die Städte gegenseitig zu übertrumpfen. Jede Stadt wollte größer, höher und schöner bauen, in allen Ländern. Und alle diese Kathedralen sind ausnahmslos architektonische Meisterleistungen. Ein eigener Baustil entstand: die Gotik. Sie existierte in Spanien, Deutschland, England und Italien, und jedes Mal nahm sie andere Ausformungen an. Um nicht den Zorn der Experten auf uns zu ziehen, müssten wir zwar zwischen einzelnen gotischen Stilarten und Ländern sowie zwischen einzelnen Jahrhunderten unterscheiden, doch immer war sie wuchtig und beeindruckend, immer massiv und schier wie von Riesen erschaffen. Die Kathedrale von Amiens in Nordfrankreich umfasst 70 000 Quadratfuß, der Kölner Dom 90 000 und der Petersdom in Rom gar 100 000 Quadratfuß überbaute Fläche. Ein Quadratmeter entspricht 10,76 Quadratfuß.

Das Erlebnis für die Gläubigen war ungeheuerlich, ja unvergesslich, wenn diese monumentalen Dome mit all den Gesängen und Gebeten, dem Wunder der Eucharistie und der ergreifenden Predigt eingeweiht wurden. Die Menschen fühlten sich winzig klein gegenüber Gott, dem sie mit Freuden, mit Demut und Stolz zugleich, mit inbrünstigem Gebet und frohen Herzens das schönste, erhabenste und höchste Gebäude zugestanden. Die Kosten waren astronomisch, der Arbeitsaufwand kaum zu leisten. Einige Kathedralen brauchten Jahrhunderte bis zu ihrer Fertigstellung.

Die teuersten und besten Baumeister sowie Heerscharen von Bürgern, Bauern und Arbeitern wurden angeworben – sie arbeiteten oft unentgeltlich –, nur um diese steinernen Wunder wahr werden zu lassen.

Das Längsschiff lief in der Apsis aus. Die Apsis beschreibt einen im Grundriss normalerweise halbkreisförmigen (auch quadratischen oder vieleckigen) Raumteil, der an den Hauptraum, das Längsschiff, anschließt; meist ist sie von einer Halbkuppel überwölbt. Neben dem Längsschiff gibt es zwei Seitenschiffe. Das Dach wird von Mauern und Säulen getragen und stellt die schwierigste architektonische Herausforderung dar. Es darf ja nicht einstürzen und muss der Gravitation widerstehen. Die riesenhaften Prachtgebäude scheinen die Gesetze der Schwerkraft auszuhebeln und zu besiegen. Der Grundriss besitzt die Gestalt eines Kreuzes.

Über die Innenausstattung, aber auch über die Figuren, Verzierungen und Verschönerungen außerhalb und innerhalb der Kirchen und Kathedralen könnte man Bände füllen. Man denke nur an den Schmuck und die Ausstattung der Altäre und Kanzeln, an all die zahlreichen goldenen, mit Edelsteinen verzierten Kelche, die Reliquiare, die Schreine, die Messbücher, die Kerzenhalter... all dies eigene Kunstformen. Für Gott und seine Priester war das Beste gerade gut genug. Bildhauer schmückten die Kirchen mit den ergreifendsten, frömmsten Figuren, und Maler beeindruckten mit Darstellungen, an denen sie manchmal Jahre oder sogar Jahrzehnte arbeiteten. Die meisten Klöster hatten umfangreiche Werkstätten, in denen Holzschnitzer, Goldschmiede, Maler und Steinmetze zugange waren, sowie viele andere Kunsthandwerker. Priester, Mönche und Gläubige ersannen immer neue Methoden, Gott zu loben. Oft arbeiteten Hunderte von Künstlern an der Verschönerung einer einzigen Kirche. Tausende Verzierungen und Arbeiten wurden als Gottesdienst empfunden.

Bis heute kommt nichts diesen Kathedralen gleich – seien es die Dome in Bamberg oder Naumburg, in Köln oder Fulda, in Paris oder Madrid, in Valencia oder Barcelona, in Mailand oder Rom.

Erst im 14. Jahrhundert klang die gotische Bauwut ab, einige Kathedralen blieben unvollendet. Bis heute stellen sie das bewunderungswürdigste Beispiel für den christlichen Glauben im Mittelalter dar.

## Die Musik

Die mittelalterliche Musik war in erster Linie ebenfalls Gottesdienst. Zunächst nur einstimmige Choralgesänge konkurrierten schon im 13. Jahrhundert mit polyphonen Experimenten. Musik an sich war zurückhaltend und fröhlich, ernst und lustig, feierlich und übermütig, wie Musik zu allen Zeiten ist. Aber da das Christentum herrschte, diktierte es auch die musikalischen Ausdrucksformen. Musik war Gebet.

Die Vielfalt der Instrumente war schon im Mittelalter beeindruckend. Es gab Glocken und Zimbeln, Tamburine und Triangeln, Trommeln und Saiteninstrumente. Die Musiker nutzten Pfeifen und Flöten, Trompeten und tatsächlich schon ab dem 7. Jahrhundert einen Vorläufer der Orgel, die ihre große Zeit freilich noch vor sich hatte. Es existierten Hunderte unterschiedlicher Instrumente.

Natürlich besaß auch die Volksmusik ihren Stellenwert. Spielleute sorgten zu jeder Gelegenheit für Unterhaltung. Auch an den Höfen der Aristokraten genoss man »weltliche« Musik, doch die vom Weihrauch geschwängerte Musik überwog.

## Die Explosion der sprachlichen Vielfalt

In den »besseren« Kreisen kommunizierte man zunächst nur in lateinischer Sprache; das war die Weltsprache, das war die Sprache der Gelehrten, in Italien, Spanien, England und Frankreich, in Skandinavien, in den Niederlanden, in Deutschland, Polen und Ungarn. Im Rahmen der geschäftlichen Korrespondenz, in juristischen Belangen, in der Politik, in Wissenschaft und Philosophie … überall nutzte man Latein. Selbst Liebesbriefe wurden auf Latein verfasst.

Dennoch besaßen die verschiedenen Volkssprachen ihr buntes, übersprudelndes Eigenleben. Das Deutsche, Französische, Englische und Italienische schlugen Purzelbäume. Die Volkssprachen lebten; niemand kommunizierte so frech und so direkt, so zielsicher und so unverblümt wie das Volk, während Latein einer toten, untergegangenen Epoche angehörte. Und so eroberten die Volkssprachen zunehmend die Köpfe.

Man vergesse nie, dass in dem Wort deutsch das Wort *diot* steckt (= Volk). Hiervon leitet es sich ab. In dieser Sprache unterhielt sich das »deutsche« Volk, damit konnte man reden, wie einem der Schnabel gewachsen war.

Doch in der Schriftsprache dominierte noch lange Latein. Mit Federkielen oder Schreibrohren schrieb man die altehrwürdigen lateinischen Vokabeln auf Pergament, Papyrus oder Papier, in schwarzer oder farbiger Tinte.

Im 13. Jahrhundert begann der Siegeszug des Papiers, das aus Leinen hergestellt wurde. Und damit begann die Herrschaft der Autoren. Einige von ihnen erkannten, wie intelligent es war, dem »Volk aufs Maul zu schauen«, wie das später Luther formulierte, also in einer Sprache zu kommunizieren, die jedermann verstand.

Es war der Italiener Dante Alighieri (1265–1321), der als einer der Ersten begriff, welche Möglichkeiten sich damit auftaten. Er schrieb sein berühmtestes Buch, seine *Göttliche Komödie* (*Divina Commedia*), auf Italienisch, nicht auf Latein. Das Werk begründete die italienische Schriftsprache, geriet zu einem Werk der Weltliteratur und entfachte eine Revolution.

Untersuchen wir das Phänomen genauer.

## 17. Dantes Dreischritt

Dante Alighieri ist bis heute (!) der bekannteste italienische Dichter und einer der bedeutendsten Autoren des europäischen Mittelalters. Kein anderer Dichter wurde so oft kommentiert, glossiert, interpretiert und zitiert – besonders zwischen dem 13. und 16./17. Jahrhundert. Und auch später erregte Dante die Gemüter. Alle versuchten, ihm beizukommen: linke und rechte Autoren, katholische und protestantische Griffel, pro-kirchliche und antichristliche Federfuchser … Niemand kam an Dante vorbei – viele Jahrhunderte lang. Ihm wurden Standbilder und Denkmäler errichtet, Münzen mit seinem Profil versehen und Bibliotheken, Theater und Dichterhaine mit seiner Statue, seiner Büste oder seinem Kopf geschmückt.

Bildende Künstler bemächtigten sich seiner Dichtungen und schufen zahlreiche Aquarelle, Collagen, Gemälde, Holzstiche und Zeichnungen. Botticelli, Dali, Delacroix, Doré, Klimt … Die größten Maler ließen sich von Dante inspirieren. In der Architektur und in der Bildhauerei, im Film und in der Musik wurde Dante unsterblich gemacht. Liszt und Puccini, Rachmaninow und Tschaikowski schufen Kompositionen, die auf Dantes Texten fußten. Sogar Liedermacher und Metal-Bands ergriffen später Besitz von diesem Dichter, ebenso wie Comic-Zeichner und Computerspiele-Produzenten.

Ein unglaublicher Einfluss!

Wie kam er zustande?

Drei Formeln für den überragenden Erfolg kann man ausmachen. Ein Urteil, das Dante selbst gefallen würde, denn er war verliebt in die Zahlensymbolik; vor allem die Drei hatte es ihm angetan, deutete sie doch indirekt … natürlich wieder auf die Heilige Dreifaltigkeit.

Aber tun wir zunächst etwas »Butter bei die Fische« und führen wir uns seine Vita sowie sein Hauptwerk kurz zu Gemüte.

## Biografische Anmerkungen

Der Dichter, der seinen ursprünglichen Namen »Durante« selbst zu »Dante« verkürzte, wurde in Florenz geboren – in eine Familie mit gutem Stammbaum, aber schlechten finanziellen Verhältnissen. Die Mutter starb früh, den Vater verlor er mit fünfzehn Jahren. Sein Erbe bestand aus Schulden. Dennoch erhielt er offenbar eine gute Ausbildung. Begeistert befasste er sich mit Vergil und hundert anderen Autoren und geriet zu einem Ausbund an Gelehrsamkeit.

Früh bewegte er sich in intellektuellen Kreisen, zeitlebens blieb er ein Verehrer der Philosophie, Politik und Poesie. Beizeiten benutzte er seinen Griffel, um zu schreiben. In romantischen Gedichten verehrte er eine gewisse Beatrice, der er zwar sein Herz zu Füßen legte, sie aber nie eroberte. 1295 trat Dante in Florenz der Zunft der Apotheker und Ärzte bei – eine formale Voraussetzung, um ein politisches Amt übernehmen zu können. Zeitweilig war er Mitglied verschiedener Stadträte, ja, er war sogar in diplomatischer Mission tätig.

Sein politisches Glaubensbekenntnis? Kurz gesagt: Dante liebte das Königtum und hasste das Papsttum, obwohl er ein Christ vom Scheitel bis zur Sohle war. Im Jahre 1302 machte man ihm und einigen weiteren Bürgern in Florenz den Prozess, weil er sich in politischer Hinsicht auf die falsche Seite geschlagen hatte. Man verurteilte ihn zur Verbannung und zum Tod auf dem Scheiterhaufen, sollte er es jemals wieder wagen, einen Fuß nach Florenz zu setzen.

Dante floh. Von nun an befand er sich ständig auf Wanderschaft, auch wenn er in manchen italienischen Städten länger blieb, wie zum Beispiel in Arezzo, Bologna, Padua, Gubbio, Treviso, Verona und Ravenna.

Als der deutsche König Heinrich VII. im Jahr 1310 in Italien eindrang, keimte in Dante erneut die Hoffnung auf, ganz Italien könne unter einem einzigen guten Herrscher geeint werden und zu neuer Größe emporsteigen. Doch Heinrich VII. erklärte seiner Vaterstadt Florenz nicht nur nicht den Krieg, wie Dante heimlich gehofft hatte, sondern segnete völlig überraschend das Zeitliche.

Trotz aller Schicksalsschläge hörte Dante nie auf zu schreiben. Mit siebenundfünfzig Jahren legte er sich aufgrund eines Fiebers zum Sterben nieder. Das hatte er sich in den Sümpfen in der Nähe Venedigs eingefangen. Aber er lebte weiter über seinen Tod hinaus. Denn vor allem sein Hauptwerk, die *Göttliche Komödie,* überdauerte viele Jahrhunderte und wird bis heute bewundert.

## Die Göttliche Komödie

Das Werk ist weder göttlich noch eine Komödie. Der Ausdruck göttlich wurde dem Werk erst viel später verliehen, von einem anderen italienischen Dichter; er sollte das Werk in den Himmel loben. Und der Begriff Komödie (*Commedia*) führt völlig in die Irre. Er verweist lediglich auf den glücklichen Ausgang der Erzählung. Dennoch bürgerte sich der Titel *Göttliche Komödie* ein.

Kurz gesagt ist das der Inhalt: Der Erzähler, Dante selbst, berichtet, wie er die Hölle durchschreitet, wie er im Fegefeuer nach oben steigt und endlich des Himmels ansichtig wird.

Jeder dieser drei Teile umfasst dreiunddreißig Gesänge – was der Anzahl der Lebensjahre Christi entsprach. Ein besonderer Gesang im ersten Teil macht die Hundert voll.

Jeder Gesang ist in Terzinen geschrieben, verschiedene Verszeilen reimen sich. Die von Dante erfundenen Terzine sind Dreizeiler, bei denen auf folgende Art und Weise gereimt wird: aba bcb cdc ded. Sprich, die erste und die dritte Zeile reimen sich (a … a), die zweite, die vierte und die sechste und so fort. Dadurch entsteht eine »Kette«, die den Leser animiert weiterzulesen.

## Die Höllenfahrt

Am interessantesten ist Dantes Besuch in der Hölle. »Eccovi l'uom ch'è stato all'Inferno«, sollen die Mütter in Verona zu ihren Kindern gesagt haben, wenn ihnen der Dichter auf der Straße begegnete: »Das ist der Mann, der in der Hölle war.«

Die Hölle ist bei Dante in neun Kreise eingeteilt, das Fegefeuer in neun Ringe, das Paradies in neun Himmelsphären. Neun = drei mal drei – wieder ein Dreischritt. Die Hölle (*Inferno*) – bei Dante ein gewaltiger unterirdischer Trichter – reicht bis zum Mittelpunkt der Erde. Hier gibt es neun Kreise oder Strafbezirke, jeder ist furchtbarer als der vorangegangene. In ihnen hausen Sünder, die zur ewigen Verdammnis verurteilt sind.

In des Dichters Hölle gibt es finstere, furchtbare Schluchten, gigantische, düstere Felsen und dampfende, stinkende Sümpfe. Der Besucher stößt auf gefährliche Bäche, Seen und Ströme. Furchterregende Stürme toben hier. Prasselnder Regen, erstickender Schnee und peinigender Hagel töten jede Lebensfreude. Wilde Feuersbrünste versengen die Sünder. Heulenden Winden und eisiger Kälte ist man ebenfalls ausgesetzt. Dantes Hölle ist heiß und kalt zugleich.

Inmitten dieser entsetzlichen Umgebung erblickt man gemarterte Leiber, schmerzverzerrte Gesichter und grundhässliche Gestalten. Ein schreckliches Stöhnen schlägt dem Besucher entgegen. Die Schmerzensschreie kann man kaum aushalten. Einige Höllenbewohner werden von Wespen und Hornissen gestochen. Andere Sünder werden von Würmern angefressen. Wieder andere müssen in ihrem Kot liegen. Höllenhunde zerfleischen einige Übeltäter. Andere sind von Schmutz bedeckt und zerfleischen sich selbst. Wieder andere werden über flammenden Gräbern geröstet. Einige ertrinken schier in Strömen von Blut; heben sie dennoch den Kopf, um nicht zu ersaufen, prasseln Pfeile auf sie nieder, sodass sie rasch wieder in das Blutwasser abtauchen. Barfuß wandern Sünder auf glühendem Sand, während gleichzeitig Feuer auf sie herabregnet. Grässliche, blutrünstige Ungeheuer bedrohen die Höllenbewohner.

Die Menschen sind verunstaltet. Der Besucher erblickt verdrehte Hälse, einige tragen ihre Gesichter nach hinten. Kochendes Pech wird über verschiedene Verbrecher ausgegossen. Diebe werden von Giftschlangen gepeinigt, Klatschmäuler und Schismatiker Glied um Glied immer wieder aufs Neue zerfleischt. Fälscher, Falschmünzer und Alchimisten jammern bis in alle Ewigkeit, aber auch einige Päpste befinden sich in Dantes Hölle. Übelriechender Schweiß- und Eitergestank erfüllen die Luft. Verräter stecken im Maule Luzifers.

Mit anderen Worten: Es gibt eine überreiche, ausgesuchte, sadistische Vielfalt an Qualen.

## Im Fegefeuer

Dann steigt Dante hoch in den Läuterungsbereich (*Purgatorio*), der am Südpol liegt. Dieser Bereich ist ein aus dem Ozean aufsteigender Berg. Seelen, die auf Vergebung hoffen können, können auf einem spiralförmigen Weg durch verschiedene Bußbezirke nach ganz oben gelangen. Faulheit, Hochmut und Zorn werden zwar bestraft, aber jeder vermag die Sünden der Vergangenheit abzuwaschen und sich aus seinem Zustand heraus- und emporzuarbeiten.

### Im Paradies

Auf diese Weise gelangt der Mensch in den Himmel, in den Garten Eden (*Paradiso*). Hier befinden sich die geretteten Seelen. Im Paradies ist alles wonnig und freudvoll. Wunderbare Lichteffekte verzaubern diese höhere Welt. Der Himmel ist vollkommen und rein, eine verführerische Sphärenmusik umschmeichelt das Ohr. Die gerettete Seele begegnet an diesem Ort Heiligen, Kirchenlehrern und allen Gerechten, ja sogar Trajan, dem berühmten römischen Kaiser, der doch eigentlich ein Heide war. Die zwölf Apostel, Maria, himmlische Heerscharen, Engel, Erzengel und Christus selbst erwarten den Seligen.

## Erkenntnisse im Dreischritt

Kurz gesagt beruht der außerordentliche Erfolg Dantes darauf, dass er erstens das Christentum auf seiner Seite wusste, er zweitens auf einmalige Weise Emotionen hochkochen konnte und er drittens die Fantasie der Menschen so beflügelte, dass sie sich selbst überschlug und seinen Pfaden folgte.

Vergessen wir nie, das Mittelalter war eine *aetas christiana*, ein »christliches Zeitalter«. Nichts nahm die Fantasie der Menschen in dieser Zeit so gefangen wie die Beschreibung der Hölle. Damit geriet Dante zu einer Art theologischem Schriftsteller, denn er inspirierte die religiöse Vorstellungswelt in einem unvorstellbaren Ausmaß.

Der Gläubige wurde mit Zuckerbrot (Himmel) und Peitsche (Hölle) auf dem rechten Pfad gehalten. Dantes *Göttliche Komödie* ist christliche Religion pur.

Priester machten eifrig auf sein Opus aufmerksam. Hier hatte es ein Autor, eine Art Seher, gewagt, einen Blick in das *Inferno* und das *Paradiso* zu werfen.

Dantes Worte hatten oft dreierlei Bedeutung: eine wörtliche, eine allegorische und eine mystische. Das schuf Raum für Interpretationen. Und so konnte der mittelalterliche Priester die machtvollen, kraftvollen, glutvollen Verse gleich in mehrfacher Hinsicht nutzen, um dem Volk die Schrecken der Hölle noch plastischer, noch direkter vor Augen zu führen. Später stürzten sich Sekundärliteraten mit Feuereifer auf die »wahren« Bedeutungen innerhalb der *Göttlichen Komödie.*

Außerdem wimmelte es von Anspielungen auf bestimmte Zeitgenossen. Man konnte herrlich darüber diskutieren, warum selbst ein Papst in Dantes Hölle gelandet war und so manch edelmütiger Heide nicht. Sein Werk wurde immer wieder zitiert.

Dante zeichnete stets in grellsten Farben, er zeichnete mit Worten Bilder, die die Menschen erschütterten und aufwühlten. Das *Inferno* wird mit einer solchen Intensität, Kraft und Wucht dargestellt, dass ihm die Menschen seiner Zeit nicht entkommen konnten. Die Hölle wurde im ausgehenden Mittelalter noch einmal entsetzlich real, realer als das physisch erfahrbare Leben. Unversehens wusste jeder, welch ausgesuchte Qualen in der Hölle auf ihn warteten, sollte er bestimmte Sünden begehen und sich ihrer nicht durch die Beichte entledigen. Jeder Untat wurde eine genaue Strafe zugeordnet.

Dantes *Divina Commedia* verrät uns viel über den Glauben im Mittelalter. Denn häufig griff dieser nur bestehende Meinungen über die jenseitige Welt auf.

Gleichzeitig war Dante einer der Kreatoren des Mittelalters – genauer gesagt des ausgehenden Mittelalters; er führte es zu einem neuen, letzten, religiösen Höhepunkt, indem er die Hölle so genau beschrieb, wie es vorher keinem anderen Federkiel gelungen war. Er ist mit seinem Werk nicht nur ein Prototyp des späten Mittelalters, er ist auch einer seiner Mitbegründer. Sein Buch war so einflussreich, dass es eines gleichwertigen genialen Gegenspielers bedurfte, eines zweiten Autors, um die Auswüchse des Christentums wieder auf das rechte Maß zurechtzustutzen.

Doch bevor wir auf ihn zu sprechen kommen, sollten wir noch einige weitere zivilisatorische Leistungen dieser Epoche betrachten, in der bei allem Glauben auf der einen und Aberglauben auf der anderen Seite unbeirrt die Fackel des Fortschritts weitergetragen wurde.

## 18. Erstaunliche wissenschaftliche Leistungen

Natürlich brodelte es auch im Mittelalter schon unter der Decke, was neue, fortschrittliche Ideen anging – unabhängig von jeder Theologie. Zu jeder Zeit gibt es Rebellen und Querdenker, nicht nur in unserem Jahrhundert.

Einige mutige Geister hielten ihre Ideen sogar in Büchern fest, obwohl Bücher in diesem Zeitalter noch ein stiefmütterliches Dasein führten. Seit Anfang des 6. Jahrhunderts bewahrte man wichtige Mitteilungen nicht mehr in Rollenform auf. Das Buch hielt Einzug. Es entstanden die schönsten Bände, viele von ihnen wurden von früheren Vorlagen abgeschrieben, gewöhnlich von Nonnen oder Mönchen. Die liebten bunte, girlandenartige, großformatige Anfangsbuchstaben am Kapitelbeginn und arbeiteten manchmal jahrelang hingebungsvoll an einem einzigen Buch. Die Buchdeckel waren oft reich verziert, einige sogar mit Gold, Silber oder Edelsteinen ausgelegt. Bücher waren Luxusgegenstände. Ein kostbares Messbuch kostete manchmal so viel wie ein ganzes Haus. Bücher wurden mit höchstem Respekt behandelt. In dieser Hinsicht wünschen wir uns alle das Mittelalter zurück. Bücher waren Schätze, sie wanderten im Tauschverfahren von Familie zu Familie, von Kloster zu Kloster, ja von Land zu Land.

Die ersten privaten Bibliotheken entstanden. Schon im Hochmittelalter, besonders aber im Spätmittelalter entdeckte man die griechischen und römischen Klassiker wieder ... und staunte, was

»die Alten« bereits alles gewusst hatten. Auch ihre Bücher genossen höchste Wertschätzung.

Schließlich leitete Johannes Gutenberg (um 1400–1468) im Spätmittelalter mit der Erfindung der Druckerpresse und dem Gebrauch der beweglichen Metalllettern eine regelrechte Revolution ein.

Aber gehen wir noch einmal einen Schritt zurück.

Im 11., 12. und 13. Jahrhundert sprossen bereits die ersten Universitäten aus dem Boden, in Deutschland, Frankreich, Italien und England. Nun wurde Wissen attraktiv; der Gelehrte genoss Reputation, denn er konnte mit seinem Wissen so manchen grobschlächtigen Ritter ausstechen.

Thomas von Aquin (geb. 1225), ein blitzgescheiter Dominikaner, entwickelte eine ganze Philosophie, die freilich noch von Theologie durchdrungen war. Er beschäftigte sich schon mit Logik und Metaphysik, mit Ethik und Politik. Alle seine Einsichten und Vorstellungen waren jedoch auf den christlichen Glauben hin komponiert. Niemand wagte es, an der Bibel oder am Christentum Kritik zu üben, denn das konnte im Ernstfall den Hals kosten oder mit Gefängnis bestraft werden. Einige fanatische Priester gebärdeten sich wie Gedankenpolizisten. Trotzdem entstanden die ersten Denkschulen, die sich auf den neu entdeckten Ozean der Vernunft wagten. Die Wissenschaft, anfänglich nur eine Magd der Theologie, begehrte auf und versuchte sich zur Herrin aufzuschwingen.

## Mathematik und Physik, Biologie und Chemie

Man kann Menschen nicht verbieten, selbstständig zu denken. Intelligente, mutige Geister fanden schon immer einen Weg, der Wahrheit auf die Sprünge zu helfen … selbst wenn sie sich im Gewand eines Mönchs verbergen mussten. Viele blitzgescheite Forscherseelen gaben sich nach außen hin hochchristlich, während sie in Wahrheit ihre Seele der Wissenschaft verschrieben hatten und dem Verstand den Vorzug gaben.

Selbst im Mittelalter kann man bereits von einer mathematischen Revolution sprechen. Ursprünglich war die etwas fortschrittlichere Mathematik in Babylonien und Griechenland, in Indien und Arabien zu Hause, aber sie gelangte nun über verschlungene Wege auch ins Abendland.

Leonardo Fibonacci (ca. 1170–1240) sei dafür in den Zeugenstand gerufen, einer der bedeutendsten Mathematiker des Mittelalters. Der vielgereiste Fibonacci war mit der neuen, fortschrittlicheren arabischen Mathematik in Berührung gekommen, die ihrerseits der indischen Mathematik viele ihrer Erkenntnisse verdankte. Das indische Zehnersystem wurde auch in unseren Breiten bekannt – allerdings recht langsam. Denn das Volk, speziell das ältere, ist im Grunde konservativ, und Sitten und Gebräuche lassen sich nicht so leicht über Bord werfen. Zusammen mit der Entdeckung oder Einführung der Null beschritt man völlig neue Wege in der Rechenkunst. Fibonacci operierte zudem schon innerhalb von Gleichungen mit Buchstaben, anstatt nur mit Zahlen und entdeckte (oder importierte) verschiedene Gesetze der Algebra und Geometrie.

Noch einmal müssen wir auch Friedrich II. danken, dem fortschrittlichsten aller mittelalterlichen Könige. Er veranstaltete mathematische Turniere und führte dabei persönlich den Vorsitz. Hier stellte ein Mathematiker spezielle mathematische Probleme vor, und andere Mathematiker versuchten, sie zu lösen. Was für eine hübsche Idee, im Rahmen von Turnieren Wissen zu verbreiten!

Die römischen Zahlenzeichen (I, II, III, IV ...) wurden langsam von den heute gebräuchlichen arabischen Ziffern verdrängt (0, 1, 2, 3, 4 ...). Dieser Prozess dauerte allerdings bis zum 16. Jahrhundert. Immerhin bahnte sich die fortschrittlichere Mathematik allmählich ihren Weg in das Bewusstsein der Menschen.

Auch in der Biologie gab es Fortschritte. Man begann, Pflanzen genauer zu beobachten, sie konnten ja zu Heilzwecken eingesetzt werden. Gelegentlich studierte man jetzt auch systematischer Tiere und ihr Verhalten.

Erste physikalische Experimente wurden unternommen: Der Dominikanermönch Oliver von Malmesbury versuchte bereits im 11. Jahrhundert Flügel für den Menschen zu konstruieren und bezahlte dafür im Jahre 1065 bei einem seiner Flugversuche mit dem Leben.

In der Mechanik verzeichnete man ebenfalls Fortschritte. Mönche und Handwerker erfanden alle möglichen Geräte, die die Arbeit erleichterten.

Jordanus Nemorarius nahm im 13. Jahrhundert sogar schon einige Grundgedanken Newtons vorweg. Er entwickelte nicht nur einige neue algebraische Methoden, sondern befasste sich darüber hinaus erstmals wissenschaftlich mit der Gravitation und suchte Flugbahnen zu berechnen.

Robert von England stellte schon im Jahre 1272 die Theorie der Pendeluhr auf, die im Jahre 1320 verwirklicht wurde.

In der Optik sorgte 1240 der Bischof Robert Grosseteste für weitere Fortschritte. Er beschäftigte sich unter anderem mit Magneten, die auf viele Zeitgenossen eine unerklärliche Faszination ausübten. Erwähnt werden muss in diesem Zusammenhang auch ein Vorläufer Grossetestes, Alexander Neckam (1157–1217), den besonders der nautische Gebrauch des Magnets und der Kompassnadel interessierte. Ein funktionierender, gebrauchsfähiger Kompass mit einer Magnetnadel wurde bereits 1269 entwickelt, wenn auch sein allgemeiner Gebrauch noch eine Weile auf sich warten ließ.

Schon das 13. und das 14. Jahrhundert waren also Zeiten des Aufbruchs, selbst wenn der auch sorgfältig hinter den Buchdeckeln der Bibel versteckt wurde.

Die Chemie löste sich nur behutsam von der Alchemie. Erste wichtige Schritte bei der Erforschung der Metalle deuteten in die richtige Richtung. Wichtige Substanzen für medizinische Präparate und für die Landwirtschaft wurden isoliert. Besonderes Interesse erfuhren immer wieder Heilpflanzen.

In Bezug auf Heilverfahren lernte man immer noch demütig von den Arabern, den Juden und den byzantinischen Griechen, obwohl man deren Überlegenheit öffentlich nicht anerkannte. Man kannte bereits hilfreiche Abführmittel und genaue Diätvorschriften, die noch heute so manchen Kranken kurieren könnten. Doch bestimmten Krankheiten gegenüber – wie der Pest, der Tuberkulose, der Epilepsie, der Krätze, dem Milzbrand und dem Aussatz – fühlte man sich im Mittelalter völlig hilflos. Dagegen war offenbar kein Kraut gewachsen. In diesen Fällen suchte man Zuflucht im Gebet und verlor sich im Aberglauben. Mit Horn oder Glocke musste ein von diesen Krankheiten gezeichneter Mensch im Mittelalter seine Umwelt warnen, damit niemand mit ihm in Berührung kam.

Im 13. Jahrhundert verbesserte sich immerhin in einigen Städten die Gesundheitsvorsorge – wenn auch zögerlich. Die Straßenpflege ging langsam voran – zu langsam in einigen Ortschaften –, man legte Wasserleitungen und konstruierte Vorläufer der ersten Abwasseranlagen. Hie und da gab es bereits öffentliche Aborte, und es wurde versucht, hygienischere Verhältnisse zu schaffen. Italien war in dieser Beziehung infolge des römischen Vermächtnisses und des aufgeklärten Friedrichs II. am fortschrittlichsten.

## Die berühmtesten Köpfe

Früh machten im Mittelalter einige geniale »Wissenschaftler« von sich reden, die man damals genauso bestaunte wie wir heutzutage unsere Koryphäen.

Adelard von Bath (um 1070–1152) ist in diesem Zusammenhang zu nennen, ein englischer Gelehrter und Übersetzer wichtiger arabischer Schriften, ebenso Albertus Magnus (um 1200–1280), auch Albertus der Große oder Albertus der Deutsche genannt. Er war ein Philosoph, Naturwissenschaftler, Theologe, Dominikaner und Bischof in Personalunion. Albertus Magnus verfasste über siebzig Abhandlungen oder Bücher und förderte das Studium der alten griechischen Philosophen, besonders des Aristoteles. Gleichzeitig untersuchte er Eigenschaften bestimmter Metalle, er maß, wog und beobachtete ihre Verhaltensweisen. Zudem beschrieb er einige chemische Verfahren wie die Destillation oder die Trennung von Metallen und lehrte, wie man mittels bestimmter Methoden gewisse Substanzen gewinnen konnte. Ihn interessierten Metalllegierungen genauso wie Phänomene der Fauna und Flora, auch die Gesteine waren vor seiner Neugier nicht sicher. Als Bischof und Dominikaner versuchte er dabei stets, seine Erkenntnisse in das Flussbett der christlichen Theologie einmünden zu lassen.

Thomas von Cantimpré (1201–1271), offiziell ein Augustiner, später ein Dominikaner, im Herzen jedoch ein Naturforscher und Enzyklopädist, darf man genauso wenig vergessen wie Bartholomäus den Engländer (um 1190–1250), den vor allem die Pflanzenwelt interessierte – aber auch generell all die weiteren sich formenden neuen Wissenschaften.

Dantes Lehrer Brunetto Latini (1220–1294), ein italienischer Gelehrter, der sich maßgeblich mit dem großen römischen Denker Cicero beschäftigte, verdient ebenfalls Beachtung, genau wie Vinzenz von Beauvais (zwischen 1184/1194–1264), ein französischer Gelehrter und Dominikaner, der sich um die Chemie und Alchemie kümmerte, antike Autoren wie Platon wieder ins Bewusstsein hob und sich ebenfalls vor dem arabischen Wissen verneigte, das er zu verbreiten half.

Gönnen wir uns noch einige letzte große Namen, die zu ihrer Zeit als Sterne hell am Firmament der Gelehrtenwelt leuchteten, und die unsere vergessliche Zeit längst ignoriert.

Petrus Abaelardus ist ein solcher Name (1079–1142), ein französischer Theologe und Philosoph, der lange vor der Aufklärung den Wert und die Bedeutung der Vernunft betonte. Wegen einer Liebesaffäre mit einer Schülerin geriet er zu seiner Zeit unter heftigen Beschuss.

Arnald von Villanova (um 1235–1311), Leibarzt von Königen und Päpsten, ist insofern interessant, als er sich für die pharmazeutische Zunft interessierte und hier für neue Entdeckungen sorgte. Der französische Arzt Henri de Mondeville (1250–1320) kümmerte sich besonders um Fortschritte in der Anatomie und sorgte für neue Operationsmethoden. Und der Mediziner Guido Lanfranchi (ca. 1250–1315) machte als begabter Chirurg von sich reden. Und so könnte man immer weiter fortfahren.

Beenden wir den Reigen der großen Namen, allerdings nicht ohne noch an Petrus Peregrinus zu denken, einen französischen Gelehrten des 13. Jahrhunderts, der ebenfalls bereits mit Magneten experimentierte, sowie an Petrus Hispanus, der im gleichen Jahrhundert lebte und sich besonders um den philosophischen Zweig der Logik verdient machte.

Grundsätzlich gab es Hunderte, ja Tausende von Gelehrten, vor denen wir uns verneigen müssen, denn sie ebneten den Weg in ein erleuchtetes Zeitalter. Nur unserer Unwissenheit ist es zu verdanken, dass wir sie nicht alle aufzählen.

Den berühmtesten Kopf aber haben wir uns bis zum Schluss aufgehoben: den einzigartigen Roger Bacon.

## Roger Bacon

*Doctor mirabilis*, wie Roger Bacon (um 1220–1292) auch genannt wurde, »der wundersame Lehrer«, war ein englischer Philosoph, Forscher und Wissenschaftler, der sich im Gewand eines Franziskaners verbarg, während er in Wahrheit dem blinden Glauben höchst skeptisch gegenüberstand. Er studierte zunächst in Oxford und Paris, begann allerdings früh seinen eigenen Kopf zu gebrauchen und die Vernunft als ein Gegenstück zur gegenwärtigen Manipulation durch die Umwelt einzuordnen. Robert Grosseteste, dem wir bereits begegnet sind, selbst ein Freigeist, inspirierte und unterstützte ihn dabei.

Bacons Wissensumfang war beträchtlich: Er beherrschte Latein, Griechisch, Französisch und Hebräisch, vielleicht auch Grundzüge des Arabischen, kannte sich aus in Mathematik und Physik – soweit sie entwickelt war, speziell in der Optik, in puncto Licht und Spiegelungen –, weiter im Fach Medizin, in der Astronomie und der (Al-)Chemie, von der Theologie, der Philosophie und verschiedenen philologischen Kenntnissen ganz zu schweigen.

Ein Universalgenie!

Roger Bacon verlangte einen völligen Neuanfang mit der Forderung, dem Experiment größeren Raum zu gewähren. Bislang hatten die Philosophen versucht, die Welt allein mit dem Verstand zu ergründen, die Theologen dagegen mit der Bibel. Das hatte zu vielen wirren Vorstellungen geführt, die von der Wahrheit oft meilenweit entfernt lagen. Das Experiment hingegen half, »objektive« Informationen zusammenzutragen, die unabhängig von vielleicht scharfsinnigen, aber falschen philosophischen Vorüberlegungen waren.

Durch diese Forderung lehnte sich Roger Bacon gegen das Establishment seiner Zeit auf – eine intellektuell-ethische Leistung, die selbst heutzutage nur wenigen Forschern gelingt. Reden wir einmal frei heraus, wie es Roger Bacon selbst getan hätte, zumindest im vertrauten Kreis: Auch in unseren angeblich aufgeklärten Zeiten bestimmen einige wenige Autoritäten, was zu denken »erlaubt« ist. Bis heute kommt man selbst in gut beleumundeten Wissenschaftszirkeln nur dann an die Fleischtöpfe, wenn man sich einem bestimmten Credo anschließt. Nur dann werden die entsprechenden Gelder zur Verfügung gestellt, nur dann eröffnen sich – Simsalabim! – bestimmte Tore und Verbindungen, die zu lukrativen Pöstchen führen.

Nur mit diesen Tatsachen im Hinterkopf können wir die Leistung Roger Bacons angemessen würdigen.

Im Hoch- und Spätmittelalter wurde die »erlaubte« Denkrichtung durch die Bibel vorgegeben, die durch eine Unzahl von Mönchen, Priestern, Bischöfen, Äbten, Inquisitoren und dem Papst repräsentiert und bis aufs Jota verteidigt wurde. Alles, was sich außerhalb dieses Rahmens bewegte, wurde totgeschwiegen; oder man musste gar um Leib und Leben fürchten, falls man eine andere Ansicht vertrat.

Roger Bacon forderte bereits im 13. Jahrhundert, sich von Autoritäten frei zu machen, speziell von denen, die nur aufgrund ihrer geschmeidigen Anpassung an den tonangebenden Herrscher so hoch aufgestiegen waren.

Ein Rebell des Geistes! Ein Riese der Integrität!

Lange vor Kant forderte Roger Bacon, seinen eigenen Verstand zu gebrauchen, selbst zu beobachten und eigenständige Experimente anzustellen, die eine Annahme oder Vermutung entweder bewiesen oder widerlegten. Dadurch wurde er zum berühmtesten mittelalterlichen Wissenschaftler, was natürlich Neider auf den Plan rief.

Bacon forderte zudem, der Nutzen einer Forschung, die Anwendbarkeit einer Sache müsse im Vordergrund stehen. All das war einfach revolutionär.

Seine unmittelbaren Ergebnisse erstaunten viele Zeitgenossen. Bacon selbst forschte mit Feuereifer über Brenngläser und das Licht, interpretierte Naturerscheinungen neu und fand dabei noch Zeit, sich vielen Sprachen zu widmen sowie der Musik, der Geographie und dem Ackerbau. Die Mathematik und die experimentelle Naturwissenschaft blieben jedoch sein Steckenpferd. Bacon entdeckte Gesetze der Spiegelung und Lichtbrechung, erkannte, dass die Gezeiten von der Mondposition abhängig sind, und erfand möglicherweise sogar die Brille, ohne die wir heute nicht leben könnten. Weitere Pionierarbeiten zielten in Richtung Mikroskop und Teleskop – beides Themen, ohne die die überragenden Entdeckungen unserer heutigen Wissenschaft undenkbar wären. Zwar entging er nicht ganz dem Aberglauben seiner Zeit, konkret der Astrologie und der Alchemie, aber selbst hier zeigte er, wie sich dieser Aberglauben besiegen lasse – immer wieder durch das Experiment.

Um den theologischen Spürhunden seiner Zeit zu entkommen, betonte er jedoch stets die Bedeutung und Unfehlbarkeit der Heiligen Schrift, ansonsten hätte man ihn geröstet.

Vier Gründe führte Bacon an, warum Menschen irren:

1. Weil sie nur »Autoritäten« gelten lassen,
2. weil sie dem überlieferten Brauch den Vorzug geben,
3. weil sie dem Geschrei der unwissenden Masse nachlaufen und
4. weil sie genarrt werden von Menschen, die ihre Unwissenheit geschickt hinter vorgeblicher Weisheit verbergen.

Natürlich hatte er in jedem dieser Punkte recht.

Auch seine Zukunftsvisionen waren spektakulär: Bacon brütete über Flugmaschinen, über Fahrzeuge ohne Tiere, die sich weitaus schneller fortbewegen konnten als Pferde oder Kutschen, und über Schiffe ohne Ruder.[58] Er war ein Vorläufer Leonardo da Vincis, der ebenfalls zahlreiche futuristische Spekulationen anstellte, die eines Tages wahr werden sollten. Bacon forschte immer wieder mithilfe von Linsen und Spiegeln über die Qualitäten des Lichts. Das Licht schien ihm Kern- und Angelpunkt für viele physikalische Phänomene und Gesetze zu sein.

Scharfäugig beobachtete Bacon auch die Entgleisungen, also das unmoralische Verhalten seiner Zeit. Selbst die Kirche und ihre Vertreter blieben nicht von seiner Geißel verschont. Überall forderte Bacon Reformen ein. Er prangerte die Bestechlichkeit des päpstlichen Hofes an, die Mönchsorden wegen ihrer Sittenlosigkeit, die hohe Geistlichkeit wegen ihrer Dummheit und die Prediger auf den Kanzeln aufgrund ihrer langweiligen Ansprachen. Die Philosophen bekamen seine Peitsche zu spüren wegen ihres windigen, unnützen Geschwätzes und die Mediziner wegen ihrer törichten Therapien. Bacon nahm kein Blatt vor den Mund.

Und so kam es, wie es kommen musste: Aufgrund seiner hohen Moralvorstellungen schuf sich Bacon am laufenden Band Feinde. Erbost nahmen ihn einige »Autoritäten« ihrerseits aufs Korn. Der vielleicht intelligenteste und moralischste Mann dieses Zeitalters geriet zur Zielscheibe eben der Autoritäten, deren Doppelmoral er angeprangert hatte.

Bacon ging in die Verteidigung – es galt, nicht nur weise zu sein, sondern auch klug. So schlüpfte er in das Gewand eines Franziskanermönches – möglicherweise, um kritische Stimmen zum Verstummen zu bringen. Vielleicht konnte er dadurch seinen Feinden Einhalt gebieten. Aber das wirkte sich gegen ihn selbst aus. Innerhalb seines Ordens stellte man ihn unter strengste Aufsicht, ja, einige böse Zungen verdächtigten ihn gar, am Rande des Ketzertums spazieren zu gehen. Wenn er jetzt etwas veröffentlichen wollte, musste er erst die Zustimmung der Ordensoberen einholen. Er verlor sogar seine Lehrerlaubnis, was bis dato Teil seines Lebensinhaltes und seine Freude gewesen war.

In seiner Not wandte sich Bacon an einen Kardinal, der ihm wohlgesonnen war, wie er wusste. Dieser Kardinal wurde im Jahre 1265 sogar zum Papst gewählt (Clemens IV.) Roger Bacon jubelte. Wie besessen begann er die Ergebnisse seiner Forschungen und Einsichten aufzuschreiben, um sie Clemens IV. zukommen zu lassen und das Haupt der Christenheit von seinen Erkenntnissen zu überzeugen. Doch schon drei Jahre nach der Papstwahl starb Clemens. Dieser Schicksalsschlag war kaum zu verkraften. Bacons Rückhalt in der Kirche war dahin. 1278 stellte man ihn sogar unter Arrest, einige Quellen sprechen von einer Art Gefängnis. Jetzt rächte es sich, dass er so viele Geister seiner Zeit so scharf kritisiert hatte. 1294 gilt als sein Todesjahr.

Gleichwohl lebte er in gewissem Sinne weiter.

## Was uns Roger Bacon lehrt

Bacons Gedankengut »reinkarnierte« in der Neuzeit in anderen mutigen Gestalten – den Aufklärern. Zu den bekanntesten zählen John Locke in England, Voltaire in Frankreich und Lessing und Kant in Deutschland. In Wahrheit trugen jedoch ganze Heerscharen von Denkern und Wissenschaftlern Bacons Postulate weiter. Immer mehr Menschen begannen diesen Querdenker zu verehren und verstanden, was sie ihm verdankten.

Und so viel stimmt: Roger Bacon machte mutige Schritte in eine andere Geisteswelt, seine Schriften markierten den Beginn eines neuen Zeitalters. Ohne Persönlichkeiten wie ihn wäre Fortschritt nicht möglich. Da seine Gedanken und Forderungen im 18. Jahrhundert von anderen wieder aufgegriffen wurden, überlebte er in einem gewissen Sinne alle seine Feinde.

Siege erfolgen manchmal recht spät.

Bacon befreite das Denken von vielen Fesseln. Er lehrte, Autoritäten stets zu hinterfragen, und verwies auf die eigene Beobachtung, auf das Experiment und auf die Mathematik. Seine Forderungen läuteten letztlich ein neues wissenschaftliches Procedere ein. Heute gilt Bacon als der Überwinder einer vorwissenschaftlich-philosophischen Tradition, die sich allzu bereitwillig dem christlichen Diktat untergeordnet hatte.

Über die Methode, zu Wissen zu gelangen, schrieb er diese bezaubernden, bescheidenen Zeilen, die noch heute das Herz erwärmen: »Niemand ist in die Natur so weit eingedrungen, dass er auch nur die gesamte … Wesensart und die Eigenschaften einer einzigen Fliege kennte … Und da das, was er nicht weiß, im Vergleich zu dem, was er weiß, unendlich … ist, ist der von Sinnen, der sich mit seinem eigenen Wissen brüstet … Je weiser ein Mensch, desto demütiger ist er bereit, von einem anderen Belehrungen zu empfangen; er wird die Schlichtheit seines Lehrers nicht verachten, sondern sich gegenüber Bauern, alten Frauen und Kindern demütig verhalten, da die Schlichten und Ungebildeten vieles wissen, was der Aufmerksamkeit des Gebildeten entgeht … Ich habe mehr wesentliche Wahrheiten von Menschen niederen Standes gelernt als von all den berühmten Doktoren.«[59]

Wie könnte man diesem großen Mann nicht zustimmen?

# 19. Das Heraufdämmern eines neuen Zeitalters

Nicht nur Wissenschaftler forderten ein neues Zeitalter ein, sondern auch Frauen und Männer aus den verschiedensten Bereichen; aus Kunst und Kultur, aus Politik und Handel, ja selbst aus der Riege der Kleriker erhoben sich mahnende Stimmen.

Das hochchristliche Zeitalter, so empfanden es viele, war in einer Sackgasse gelandet; es hatte sich zu Forderungen verstiegen, die kein normaler Mensch einhalten und gutheißen konnte. Es zeigten sich regelrechte Abnutzungserscheinungen des Christentums. Und die Entgleisungen des Klerus' wurden zunehmend publik. Das könnte man an vielen Details festmachen, an Spottgedichten, an einer allgemeinen Skepsis gegenüber Priestern und an der moralischen Missachtung, die manchmal sogar Bischöfen und dem Papst entgegenschlug.

Doch niemand brachte die allgemeine Skepsis besser auf den Punkt als Giovanni Boccacio.

## Giovanni Boccaccio

Dieser italienische Dichter (1313–1375) stach im Spätmittelalter erbarmungslos mit dem Degen der Ironie zu, was die Verhältnisse in den »heiligen« Zirkeln anging. Er schrieb sein berühmtes *Decamerone* – eine Sammlung von hundert Novellen. Das Buch wurde in zahlreiche Sprachen übersetzt und geriet zu einem berauschenden Erfolg. Heute gehört es zur Weltliteratur. Boccaccio porträtierte in seinen Novellen voller Realismus und Humor die Gesellschaft des 14. Jahrhunderts. Der Witz war so beißend und pointiert, dass das Buch sofort nach seinem Erscheinen von Hand zu Hand weitergereicht wurde.

Die Rahmenhandlung nimmt sich wie folgt aus: Sieben Frauen und drei Männer flüchten vor dem Schwarzen Tod, also vor der Pest, an einen Ort drei Kilometer von Florenz entfernt, wo sie sich abzulenken und auf das Beste wechselseitig zu unterhalten suchen. Nach zehn Tagen und zehn Mal zehn Novellen kehrt die Gruppe wieder nach Florenz zurück. Daher der Name *Decamerone* (= ital.; von griech. *deka* = zehn und *hemera* = Tag).

Die Novellen bestechen nicht nur durch ihre geschickte Erzähltechnik, sondern auch durch ihre Inhalte, die zum Teil auf klassische Quellen, zum Teil aber auch auf volkstümliche französische und italienische Geschichten zurückgehen. Boccaccio macht sich lustig über die Askese, die Keuschheit, die Beichte, über Reliquien, Priester, Nonnen, Mönche und sogar über Heilige. Nichts und niemand war vor seiner spitzen Feder sicher.

In einer Novelle beispielsweise kommen sich eine Nonne und ein Mönch näher. Die Theologie gebietet es der Nonne, ihr weibliches Geschlechtsteil als Hölle zu bezeichnen; der Mönch stimmt zu und bezeichnet sein männliches Geschlechtsteil als Teufel. Schließlich kommen die beiden überein, dass der Teufel in die Hölle fahren müsse, denn dort gehöre er schließlich hin.

In einer anderen Novelle befriedigt ein Jüngling ein ganzes Nonnenkloster.

Und so wimmelt es in diesem Buch von Derbheiten und Anspielungen und von zahlreichen amourösen Geschichten. Kontinuierlich wird dabei die Heuchelei der Kirche entlarvt.

Später ließen sich immerhin Hans Sachs und Lessing, Molière und La Fontaine, Chaucer und Shakespeare von dem *Decamerone* inspirieren, indem sie die eine oder andere Idee aus dem Werk stibitzten.

Aber der springende Punkt ist: Das mittelalterliche Christentum geriet in den Brennpunkt der Kritik.

## Die Renaissance

Soll man, darf man die Renaissance noch dem Mittelalter zurechnen? Oder befinden wir uns mit ihr bereits in der Neuzeit? Nun, die Renaissance stellt eine Periode des Übergangs dar. Aber was ist die Renaissance überhaupt?

Sie ist eine der aufregendsten und begeisterndsten Kapitel der Geschichte. Der Begriff Renaissance bedeutet »Wiedergeburt«. Im 15. und 16. Jahrhundert erreichte sie in Italien ihren Höhepunkt, schwappte aber bis nach Frankreich, Deutschland und England über. Die griechische und die römische Kultur wurden »wiedergeboren«, gleichzeitig gingen damit ein Höhenflug von Emotionen und eine Aufbruchsstimmung einher.

Es entstanden die schönsten Kunstwerke. Gipfelpunkte in der Malerei wurden erreicht und einzigartige Bauwerke und Skulpturen geschaffen. Entdeckungen und Erfindungen wurden am laufenden Band gemacht. Der Mensch erwachte förmlich. Bedeutende Schriftsteller, wie später Shakespeare in England, wetzten ihre Griffel und verteilten so eifrig und begeistert ihre Tinte über die Blätter wie nie zuvor. Ein freier Geist wehte durch die Straßen und Gassen, anfänglich besonders in Rom, Mailand, Neapel, Venedig und Florenz. Denn von *bella Italia*, dem »schönen Italien«, ging dieser Aufbruch aus. Die größten Denker der Menschheit schienen sich in Italien ein Stelldichein zu geben. Der Mensch, mit seinen verschiedenen Fähigkeiten, begann mit den Göttern um die Gunst der Musen zu wetteifern. Man entdeckte, dass es auch schon vor und neben dem Christentum die erlauchtesten Geister gegeben hatte, wie etwa im alten Griechenland und im alten Rom. Man schwärmte wieder von Platon und Aristoteles, von Cicero und Seneca. Ja, man interessierte sich sogar für die arabische Gelehrsamkeit, die dem europäischen Wissen in vielerlei Hinsicht weit voraus war. Die Welt wurde weit und hell, spannend und aufregend, sie war voller intellektueller und künstlerischer Abenteuer. Die herrlichsten Kreationen entstanden – unübertroffen bis heute. Künstler und Entdecker, Gelehrte und Genies wuchsen über sich hinaus.

Noch immer rätseln heute viele Historiker, wie das Phänomen Renaissance zustande kommen konnte. Nun, es war einer neuen Freiheit des Denkens und des Geistes zu verdanken, die unversehens um sich griff. Es war eine Gegenbewegung zum düsteren, mittelalterlichen Christentum; das Pendel schlug um.

Wie das friedliche Christentum einst eine Gegenbewegung zu dem kriegerischen Rom gewesen war, entstand nun eine Gegenbewegung zu dem weltabgewandten, düsteren Christentum, das nur die Hölle und das Fegefeuer zu kennen schien.

In gängigen Analysen wurde und wird jedoch zu oft übersehen, dass es auch einzelne Menschen waren, die die Renaissance ermöglichten, sie erst aus der Taufe hoben und diesen kreativen Überschwang förderten. Zu den hervorragendsten Gestalten unter den Begründern und Förderern der Renaissance zählen die Medici – eine unglaublich erfolgreiche Kaufmannsfamilie in Florenz. Wir wollen weder die Geschichte Cosimo de' Medicis nacherzählen, noch von Lorenzo de' Medici schwärmen; es würde unseren zeitlichen Rahmen sprengen. Nur so viel: *Lorenzo il Magnifico*, Lorenzo »der Prächtige«, entwickelte sich später, in der beginnenden Neuzeit, regelrecht zu einem Idol. Der Papst hingegen repräsentierte mehr und mehr das Mittelalter. Als Lorenzo und Papst Sixtus IV. wegen einer Machtfrage aneinandergerieten, entschied der Medici die Auseinandersetzung letztlich zu seinen Gunsten.

Ein Händler, ein Krämer besiegte den »Stellvertreter Christi«!

Auch solche Ereignisse kennzeichneten die neue Zeit.

Darüber hinaus gab es zahlreiche andere Menschen, die mit der Renaissance in Verbindung gebracht werden müssen. Vor allem Architekten schufen Gebäude von einer nie zuvor gesehenen

Pracht. Nicht nur Michelangelo ist hier zu nennen, sondern auch Brunelleschi, Ghiberti, Donatello und Luca della Robbia – die neuen Götter dieser Zeit. In der Malerei ist Leonardo da Vinci nur ein Name unter vielen, es gab neben ihm auch Masaccio, Fra Angelico und Fra Filippo Lippi sowie später Ghirlandaio und Botticelli. Sie alle schufen Gemälde, wie sie nie zuvor gesehen worden waren.

Ein Goldenes Zeitalter brach an.

Dennoch stand man mit einem Bein im Mittelalter, selbst während der Renaissance. Das beweisen die zahlreichen Gemälde aus dieser Zeit, die in erster Linie religiöse Themen zum Inhalt haben. Nach wie vor gehörten außerdem die Kirchenmänner zu den besten Kunden von Malern, denn hier war das Geld zu Hause. Bischöfe, Äbte und Kirchenfürsten gaben natürlich christliche Themen in Auftrag, nicht anders als die Päpste. Wieder und wieder benutzten die Kleriker das Genie, um die Heilige Dreifaltigkeit zu besingen oder Themen der Bibel und des Glaubens darzustellen.

Trotz der frohsinnigen Renaissance beherrschte nach wie vor der Typus des Priesters das Geschehen. Aber neben und mit ihm existierten bereits die sprichwörtliche Renaissance-Frau und der Renaissance-Mann. Sie besaßen aufwendige, teure Kleidung, ein loses Mundwerk, ausgezeichnete Bildung, Reichtum und ein Selbstbewusstsein, das durch keinen düsteren Predigermönch mehr kleingeredet werden konnte.

Das Mittelalter begann sich zu verabschieden, und die Neuzeit klopfte an die Tür.

Noch immer wagte man es nicht, offen gegen die Heilige Schrift Stellung zu beziehen. Allein die Anzahl der Kirchen aus dieser Zeit spricht eine deutliche Sprache. Aber vielfach gab man sich nur nach außen hin christlich und demütig, während man im privaten Kreis schlemmte und trank, lachte und Späße riss, geistreichelte und das Leben in vollen Zügen genoss. Das Ideal des asketischen Mönchs begann zu verblassen. Es wurde nicht länger der schmutzige Bettelmönch bewundert, sondern der neue, glanzvolle Renaissance-Mensch, der die eigene Person in den Mittelpunkt des Geschehens rückte und sich oft nicht einmal scheute, selbst Gott beiseitezuschieben.

Das Heidentum drang über die alten Römer und Griechen wieder in das Bewusstsein der Menschen, das Papsttum hingegen verlor zunehmend an Bedeutung.

Florenz und Venedig blühten in einem heute kaum mehr nachvollziehbaren Ausmaß, während zur gleichen Zeit die Moral verfiel. Rom jedoch übertraf alles und alle an Unmoral. Päpste stritten sich um den Petrusthron, manchmal gab es mehrere Päpste nebeneinander. Viele suchten aus den Gläubigen immer mehr Gelder herauszupressen. Der Ämterschacher hielt unter einigen Päpsten wieder Einzug, und die Anzahl der Prostituierten in Rom nahm kontinuierlich zu. Und während es nach wie vor noch fromme Priester und Mönche gab, während viele rechtschaffene Seelen eine Erneuerung des Papsttums und der Kirche forderten, machten sich immer mehr Schreiberlinge über die Doppelmoral der Kirchenmänner lustig.

Erneut erreichte das Papsttum unter seinen Stellvertretern einen Tiefpunkt, und oft dauerte es einfach zu lange, bis eine Umkehr zu anderen, moralischeren, anständigeren Päpsten stattfand.

Leonardo und Michelangelo standen trotzdem noch ganz unter dem Bann der Kirche, denn beide erhielten von ihr Aufträge. Doch das neue Zeitalter war nicht aufzuhalten, beide Künstler gehörten schon einer neuen Epoche an. Wissenschaftler entdeckten mehr und mehr Gesetze der Physik, Chemie und Biologie, und Gelehrte wiesen auf Unstimmigkeiten der Bibel hin – wenn auch noch hinter vorgehaltener Hand. Drehte sich vielleicht doch die Erde um die Sonne und nicht umgekehrt? Konnte es wahr sein, dass die Welt in sechs Tagen erschaffen worden war? Und fand sich ein Bericht von einer Jungfrau, die von einem Gott geschwängert wurde, nicht auch bei den alten Griechen und Römern? Schon Zeus, der Göttervater der Griechen, war in verschiedenen menschlichen Gestalten aufgetreten und hatte so manche Menschenfrau verführt.

War das Neue Testament wirklich so originell, wie die Priester behaupteten?

Während religiöse Legenden infrage gestellt wurden, machte die Naturwissenschaft Quantensprünge. In der Medizin und in der Philosophie, im Handel und der Geografie beschritt man völlig neue Wege.

Ein großartiges Zeitalter ging zu Ende. Die alte Ordnung begann Risse zu zeigen. Kurz gesagt wurde die Religion aufgeweicht und das Christentum zunehmend hinterfragt. Eine erstaunliche Ära neigte sich ihrem Ende zu – aber nur, um einer neuen Ära Platz zu machen.

Geschichte ist ein ewiger Kreislauf, dessen einzelne Teile aus Beginn, Höhepunkt und Ende bestehen. Nicht anders wird man eines Tages auch über unsere Zeit urteilen.

# 20. Quintessenz oder der innerste Kern des Mittelalters (2)

Damit schließt sich der Kreis – wie es poetisch so schön heißt. Wir konnten einige ganz neue Einblicke in die Zeit gewinnen, die man gemeinhin als das Mittelalter bezeichnet. Es beeindruckte weit mehr und hatte viel mehr Facetten, als wir es uns heute gewöhnlich zugestehen.

Der »feste Punkt im All« war das Christentum; es handelte sich um eine *aetas christiana*, ein »christliches Zeitalter«. Einfach alles drehte sich darum, ganz egal welche Position man dazu einnahm.

Die Kreuzzüge sind nur zu verstehen, wenn wir das Christentum mit einbeziehen, schließlich wollte man den Islam zurückdrängen. Selbst die Ausschreitungen gegen die Juden waren »christlich« motiviert; sie hatten ja »unseren Herrn Jesus ans Kreuz genagelt«.

Im Zentrum aller Auseinandersetzungen stand das Christentum. Ein Buch, die Bibel, kämpfte gegen den Koran und den Talmud. Dabei vergaß man geflissentlich, dass man auf den gleichen Quellen ruhte und die Vokabel Gott nur unterschiedlich interpretierte.

Völlig »vergessen« hatte man zudem, dass es für das Christentum schon jüdische, ägyptische, babylonische, griechische, römische, persische und indische Vorlagen gab – was nicht verwunderlich ist, Priester müssen ihre Schafe ja stets auf der richtigen Weide halten.

Betrachten wir deshalb zu guter Letzt noch einmal, was das Christentum der altägyptischen Religion zu verdanken hat, zu viel wurde in dieser Hinsicht unter den Teppich gekehrt.

## Die christliche und die ägyptische Religion

Jahrhundertelang war in unseren Breiten über kein anderes Land weniger bekannt als über Ägypten. Das liegt einerseits daran, dass die Hieroglyphen erst relativ spät entziffert werden konnten. So begannen wir erst ab dem 18. und 19. Jahrhundert die ägyptische Hochkultur zur Kenntnis zu nehmen – davor war es nur ein Land voller Geheimnisse.

Andererseits wollten die Priester nicht zugeben, dass die christliche Religion viele ihrer Elemente einfach von den alten Ägyptern übernommen hatte. Ägyptische Götter, ägyptisch-religiöse Lehren und auch die Rolle der ägyptischen Priester wurden schnell zurückgewiesen, weil die Parallelen zum Christentum einfach zu augenfällig waren.

Das alte Ägypten kannte bereits ein Letztes Gericht, eine Hölle, einen Sündenkatalog, der in vielen Teilen verdächtig an den christlichen Sündenkatalog erinnert, eine Art Vorläufer für die Zehn Gebote, zahlreiche Wunder, die sich nicht grundlegend von den christlichen Wundern unterscheiden, an einem Punk seiner Historie sogar die Eingottlehre (unter Echnaton) und sogar Gebete, die christlichen Gebeten verdächtig ähnelten.

Nur, was war mit den zahlreichen Göttern?

Das Leben der alten Ägypter wurde vollkommen von ihren Göttern beherrscht. Als höchster Gott galt Re oder Amun oder Amun-Re, der »König der Götter«. Er war ein Sonnen- und Fruchtbarkeitsgott, dessen Macht von keinem anderen Gott übertroffen wurde, jedenfalls eine geraume Zeit lang. Ein Synonym für ihn lautet »Hauch des Lebens für alle Dinge«. Amun-Re war der

Haupt- und Schöpfergott Ägyptens, er war eine Art Gottvater – und deshalb durchaus vergleichbar mit dem Gottvater des Christentums. Tempel des Amun-Re gab es jede Menge. Erst mit der Zerstörung der ägyptischen Stadt Theben (663 vor Christus) stieg Osiris zum wichtigsten Gott der Ägypter auf und verdrängte Amun-Re vom ersten Platz. Osiris war der Gott der Wiederauferstehung. Das Motiv der Wiederauferstehung von den Toten wurde später vom Christentum nahtlos übernommen. Es ist denkbar, dass die Gestalt des Osiris dabei als Inspiration diente.

Die Ägypter kannten einen reich bevölkerten Götterhimmel. Einige ägyptische Götter wurden ohne viel Federlesen von anderen Völkerschaften übernommen oder wanderten aus anderen Ländern ein, etwa aus Syrien, Libyen und Nubien. Anat beispielsweise, die Göttin des Krieges, die auch als Schutzgöttin gegen wilde Tiere diente, stammte ursprünglich aus Libyen.

Viele Götter hatten mit dem Leben nach dem Tod und dem Totenkult zu tun.

Darüber hinaus wurden manche Götter nur in bestimmten Ortschaften verehrt.

Die meisten Götter oder Göttinnen hatten ganz genaue Funktionen. So gab es einen Gott, der nur in den Eingeweiden eines Menschenkörpers lebte (Babi), einen Heilgott für Blinde und Augenkranke (Chenti-irti) oder einen Gott, der für das Korn zuständig war. Es existierten Beschützergottheiten für Kinder und Frauen, für Jäger und Soldaten und sogar einen eigenen Gott für die Weber. Es gab Baumgottheiten, einen Beschützer des Magens, einen Gott für die Lunge und sogar eine Göttin des Bieres (Tjenenet), was besonders passionierte deutschen Biertrinker erfreuen dürfte.

Für alle möglichen Körperteile und Krankheiten, die geheilt werden sollten, gab es Götter.

## Die Heiligen im Christentum

Da im Christentum einzig die Heilige Dreifaltigkeit göttlich war – jeder andere Glaube war Ketzerei –, durfte es keine anderen Götter neben dem Heiligen Geist, Gottvater und Jesus geben. Trotzdem wichen, wie wir bereits wissen, die Meinungen zur Bedeutung dieser drei Erscheinungsbilder voneinander ab, zumal das Konzept der Götterdreiheit ihre genauen historischen Vorbilder besaß.

Davon abgesehen gab es auch im Christentum das Bedürfnis, ein höheres Wesen zu Hilfe zu rufen, sobald eine Krankheit zuschlug. Deshalb mutierten die ägyptischen Götter im Christentum zu Heiligen oder Patronen. Genau wie ehemals bestimmten ägyptischen Göttern der Vorzug gegeben wurde, um einer präzisen Krankheit zu Leibe zu rücken, wurden später im Christentum Heilige oder Märtyrer angerufen. Exakt ausdifferenzierte Empfehlungen legten dem (christlichen) Gläubigen diesen oder jenen Heiligen ans Herz – je nach Problem oder Leiden.

Für Angstzustände und Alkoholismus war beispielsweise Johannes der Täufer zuständig. Bei Augenkrankheiten konnte unter anderem angeblich Joseph von Nazareth helfen oder der heilige Hieronymus. Bei Bauchschmerzen rief man Wolfgang von Regensburg an, bei Beinleiden Fridolin von Säckingen. Blähungen heilte vorgeblich der heilige Blasius, Brustschmerzen die heilige Anna. Für Durchfall war Germanus von Auxerre zuständig, für Eitergeschwüre Quirinus von Rom. Im Fall von Epilepsie gab es mehr als zwanzig Heilige, die man anrufen konnte, bei Fieber sogar mehr als fünfzig. Arbogast von Straßburg half bei Fußleiden. Im Falle von Gehörkrankheiten rief man idealerweise Ludwig IX. an. Bei Hämorrhoiden half angeblich Fiacrius. Hexenschuss war das Fachgebiet des heiligen Laurentius, Hysterie die Domäne des heiligen Vitus. Bei Kopfschmerzen standen etwa dreißig Heilige zur Auswahl. Ohren- oder Magenleiden wiederum wurden anderen Märtyrern oder Heiligen zugeordnet. Räude heilte die heilige Regina,

Rückenschmerzen der heilige Thomas. Für Seuchen war der heilige Sebastian zuständig, Syphilis, Taubheit und Tollwut wiederum fielen in das »Fachgebiet« anderer Heiliger. Sogar der Tollwut bei Hunden konnte man zu Leibe rücken, indem man Hubertus von Lüttich anrief. Für die Trunksucht war Matthäus zuständig, für Zahnschmerzen der heilige Christophorus. So belehrt uns jedenfalls Reinhard Rinnerthaler in seinem Verzeichnis der Krankheits-Patronate, das einem Who's who der christlichen Heiligenschar gleicht.[60]

Auch das zeichnete das Mittelalter aus.

Die Aufgaben der ägyptischen Götter übernahmen also später in unseren Breiten die christlichen Heiligen.

Im Christentum mutierte die Gottesmutter Isis zur heiligen Maria. Amun-Re besaß, wie schon ausgeführt, gewisse Ähnlichkeiten mit dem christlichen Gottvater, und der wiederauferstandene Osiris erinnert zumindest in einigen Zügen an Jesus Christus.

Die Liebe zu den Tieren hingegen dichtete man im Christentum Franziskus von Assisi an, während die Ägypter hier weitaus differenzierter urteilten und vielen Göttern die Verantwortung für bestimmte Tierarten übertrugen. Im alten Ägypten stellte man sich die Natur von zahlreichen Dämonen bevölkert vor, die im Christentum zu Teufeln mutierten.

Und so könnte man erneut die Religionsgeschichte in den Zeugenstand rufen und auf die verdächtigen Ähnlichkeiten des Christentums mit dem Judentum und der Religion der alten Ägypter hinweisen und auf die Parallelen zu den Römern und Griechen, den Persern und Indern. Jedes Sakrament im Christentum besaß seine Vorläufer.[61]

Das Christentum war nicht originär. Es fußte zweifellos auf früheren Religionen. Das ist die erste große Lüge des Mittelalters, denn auch eine Auslassung kann eine Lüge sein.

All das war dem mittelalterlichen Menschen jedoch nicht bewusst. Er glaubte unverbrüchlich an die Einzigartigkeit des Christentums. Er hätte jeden Historiker fromm und mit zum Gebet gefalteten Händen auf dem Scheiterhaufen verbrannt, falls der ihn auf die Verbindungen, Quellen und Grundlagen des Christentums aufmerksam gemacht hätte.

Andererseits ist die Erkenntnis interessant, dass ein ganzes Zeitalter auf einer Lüge fußt, einer gewaltigen Lüge – der angeblichen Einzigartigkeit des Christentums. Millionen von Menschen glaubten rund eintausend Jahre lang daran.

## Das ursprüngliche frühe Christentum – und seine Verirrungen

Doch das disqualifiziert nicht das Christentum, besonders nicht die edlen Seelen, die in seinem Namen operierten.

Fest steht nämlich auch, dass das Christentum eine Art Gegenbewegung zur römischen Kriegsphilosophie und seiner martialischen Religion war.

Das Christentum – das man nur lieben kann, wenn man die ursprünglichen Christengemeinden betrachtet – degenerierte jedoch in einer atemberaubenden Geschwindigkeit. Ursprünglich war diese Religion angetreten, um Frieden zu schaffen. Es hatte die Kriegslust der Römer verdammt und war barbarischen Strafen mit Abscheu begegnet. Es hatte sich für Kinder, Frauen und Sklaven eingesetzt und die Nächstenliebe und die Moral auf den Königsthron gehoben. Aber während es die frühen Christen vermieden, ihre Feinde hinzuschlachten und zu morden, während sie Gewalt strikt ablehnten, änderte sich diese Einstellung schließlich.

Die friedlichste Religion, die der Westen je gesehen hatte, entwickelte sich zu einer gnadenlosen Kriegsreligion. Als das Christentum vom Staate »anerkannt«, ja zur Staatsreligion erhoben wurde, als Bischöfe und Päpste weltlichen Herrschern Stiefeldienste leisteten oder sich selbst wie Potentaten verhielten, läutete das den Anfang vom Ende einer eigentlich wunderbaren Religion ein. Bischöfe wurden benutzt, um Macht auszuüben. Als Bischöfe ferner Unmengen Geld von den Gläubigen abgreifen konnten, pervertierte die ursprünglich konstruktive christliche Lehre weiter.

Schon im 9. Jahrhundert schuf Karl der Große eine Art »germanisches Christentum«. Bei Licht betrachtet war der »große« Karl jedoch auch nichts anderes als ein Räuber, der freilich im Weltmaßstab stahl. Er führte pausenlos Kriege in allen möglichen Ländern. Im Grunde waren seine Taten mit dem Christentum nicht vereinbar. Aber da in seinem Reich nur diejenigen aufsteigen konnten, die mit ihm in das gleiche Horn bliesen, wandelten sich viele Bischöfe schnell zu mitleidlosen Haudegen. Priester und Bischöfe zogen sogar nicht selten mit Karl gemeinsam in den Krieg, mit dem blanken Schwert in der Faust. Auf blutige Weise wurde nun »missioniert« und die »Frohe Botschaft« unter die Völker gebracht.

Viele, zu viele Potentaten traten später in seine Fußstapfen, die wir zu unserer und unserer Leser Erleichterung nicht alle aufgeführt haben.

In gewissem Sinne verschmolzen die germanischen Götter mit dem friedliebenden Christus – jedenfalls, wenn man die neue Operationsweise betrachtet. Erinnern wir noch einmal daran: Wotan (oder Odin), der oberste Gott der alten Germanen, war ein wilder, brutaler Gott, dessen Begleiter zwei angriffslustige Wölfe waren. Donar (Thor), der erstgeborene Sohn Wotans, schlug mit seinem Hammer alle Feinde nieder, die sich ihm in den Weg stellten. Selbst Freya, die Göttin der Liebe, wurde mit einem Speer dargestellt. Loki, der Gott des Feuers und der List, war schlau, bösartig und intrigant, er war der Sohn zweier Riesen und der Vater vieler widerlicher Kreaturen. All diese Götter gingen zu einem gewissen Grad in das Christentum ein, obwohl alles »Heidnische« offiziell ausgerottet wurde. Doch durch die Hintertür schlichen sich diese gewalttätigen Götter wieder in die Köpfe der Franken, der Deutschen und der Europäer – vielleicht waren sie daraus nie vertrieben worden.

Und so geriet das Christentum zu einer gewalttätigen Religion, auch weil die »allerchristlichsten« Könige und Kaiser selbst ständig

Krieg führten und mit keinem gutem Beispiel vorangingen. Das Christentum mutierte zu einer denkbar eigenartigen Religion: Es predigte den Frieden – und befand sich ständig im Krieg. Es predigte die Nächstenliebe – und schlachtete voller Hass alle Andersgläubigen ab. Es predigte Bescheidenheit und Armut – und ihre Bischöfe und Priester rafften mit unvorstellbarer Gier alles zusammen, was ihnen in die Klauen fiel.

An der Spitze dieses pervertierten Christentums, in Rom, stand ab einem bestimmten Zeitpunkt – mit wenigen Unterbrechungen – ein verachtenswerter Papst nach dem anderen. Päpste initiierten Kreuzzüge, brüllten wütende Hetzreden von den Kanzeln herunter und redeten der Inquisition, dem Mord und dem Totschlag das Wort. Noch einmal: Das Christentum, die Religion der Liebe und des Friedens, verwandelte sich in eine Religion des Hasses und des Krieges.

Natürlich muss man hierfür auch Jahwe mitverantwortlich machen – den zornigen, rachedurstigen Gott der Juden, der durch das Alte Testament in das Christentum Eingang gefunden hatte. Jahwe war weit weniger friedvoll als Jesus. Jahwe hatte nie empfohlen, die linke Backe hinzuhalten, sobald man auf die rechte geschlagen worden war, sondern hatte verlangt, Unrecht so zu vergelten: »Auge um Auge, Zahn um Zahn«.

Das herrliche Christentum, dem man jedenfalls in seinen Anfängen nur applaudieren kann, das dem allmächtigen Rom die Stirn geboten hatte, versank in einem Sumpf zahlloser Glaubenskriege und blutiger Schlächtereien, die erst recht um sich griffen, als sich verschiedene christliche Sekten und unterschiedliche Glaubensrichtungen herausbildeten.

Heiden und Sekten wurden ausgerottet, Ungläubige und »Brüder im Herrn« geschlachtet. Die Christen wateten knietief im Blut. Mord war »politisch korrekt« und wurde sogar noch von den Priestern abgesegnet. Eiferer – zu denen einige größenwahnsinnige Päpste genauso gehörten wie fanatisierte Prediger – avancierten zu den neuen Meinungsführern im Christentum. Einige Päpste verstiegen sich sogar zu dem Anspruch, über allen Königen und Kaisern der Welt zu stehen.

Und so spaltete sich das Christentum in zwei Lager: Die edlen Seelen bekannten sich nach wie vor zu Werten wie Frieden, Nächstenliebe, Hilfsbereitschaft und Toleranz. Auf der anderen Seite standen rabenschwarze Seelen, die sich zu den höchsten Posten hinaufintrigiert hatten – fanatische Vertreter des Krieges. Es verwundert nicht, dass das Mittelalter schließlich in die konfessionellen Kriege einmündete, denn geistliche Führer, die nicht für Moral und Anstand stehen, verspielen sehr schnell ihr Kapital.

## Noch einmal: Der feste Punkt im All

Und so erkennen wir, dass das Mittelalter ein Kampf zwischen dem frühen, echten, edlen Christentum und einem pervertierten Christentum war.

Hass und Liebe wurden gleichzeitig gepredigt, Krieg und Frieden ebenfalls.

Die wahren Schurken des Mittelalters waren verkommene Päpste, die mit größerer Gier als die heutigen Wall Street-Zocker Geld zusammenrafften, sich manchmal ganze Heere hielten und schlimmer hurten als professionelle Dirnen. Und auch verschiedene »allerchristlichste« Könige oder Kaiser waren kaum besser, denn viele von ihnen waren ebenfalls in den Krieg verliebt.

Dennoch strotzte das Mittelalter vor »Frömmigkeit«, von einer germanisch-christlichen Frömmigkeit allerdings. Aber eben diese Frömmigkeit schlug sich teilweise in barbarischen Taten nieder. Während es besonders in den niederen Rängen, bei den einfachen Priestern, bei vielen Nonnen und Mönchen zahlreiche hilfsbereite und vorbildliche Persönlichkeiten gab, während das Volk weitaus anständiger war als viele Päpste zusammengenommen, tummelten sich speziell in den höheren Rängen – bei den Erzbischöfen, Bischöfen und Stellvertretern Christi – Personen, die zerfressen waren von Großmannssucht, Besitzhunger und Kriegslust. Bei den »allerchristlichsten« Monarchen sah es nicht anders aus.

Daraus erwuchs eine Gegenbewegung, die das Ende des Mittelalters einläutete und die Macht des Papsttums beschnitt. Zudem versetzten Schriftsteller, Wissenschaftler und Gelehrte, die die Doppelmoral durchschauten, dem Christentum – in seiner mittelalterlichen Form – den Todesstoß.

## Religion an sich

Trotz der Tatsache, dass unserer Gutgläubigkeit damit vielleicht ein schwerer Schlag versetzt worden ist, darf man nie vergessen, dass Religion im Allgemeinen und das Christentum im Speziellen auch für enorme kulturelle und zivilisatorische Entwicklungen sorgten. Es wäre ein fataler Fehler, das Kind mit dem Bade auszuschütten und Religion an sich zu verdammen. Nur wenn sich destruktive Persönlichkeiten an die Spitze einer Religion setzen oder habgierige Priester dem Aberglauben Vorschub leisten, wird Religion pervertiert. Wir müssen zwischen religiöser Praxis/religiösem Aberglauben und religiöser Philosophie unterscheiden sowie zwischen destruktiven und konstruktiven Persönlichkeiten.

Es mag erstaunen, dass wir uns als Freund der Religion bekennen, ja aller Religionen. Toleranz, so lehrt die Geschichte, muss für jeden von uns oberstes Gebot bleiben, selbst gegenüber Abspaltungen, ungewohnten Ausformungen oder Sekten. Der Respekt vor anderen Religionen ist eine der wichtigsten Erkenntnisse, die uns die Historie aufzwingt.

Zudem zeigt uns die Geschichte des Mittelalters, dass von den zahlreichen Teildisziplinen, aus denen das Fach Geschichte besteht, die Religionsgeschichte am wichtigsten ist. Nur sie lehrt uns, was während einer bestimmten Periode in den Köpfen von Millionen von Menschen vorging. Nur sie erklärt zahlreiche Phänomene, die ansonsten unverständlich blieben. Und selbst wenn alle anderen historischen Betrachtungsweisen und Hilfswissenschaften auch ihre Berechtigung haben, so bedeutet das noch lange nicht, dass man die verschiedenen Aspekte der Geschichtsschreibung nicht gewichten sollte.

Wie lehrte schon der heilige Benedikt? Es ist notwendig, Unterscheidungen zu treffen.

Die Religion ist auf allen Erdteilen und in allen Zeitaltern fast immer der ausschlaggebende Faktor, egal welche Kultur wir ins Auge fassen.

Niemand verdamme also die christliche Religion des Mittelalters. Verdammen wir nur die Schurken, die sie missbrauchten und sich ihrer auf schändliche Art und Weise bedienten.

## Endgültiges Fazit

Jedenfalls haben wir jetzt mit dem Fokus auf das Christentum das Mittelalter verstanden, zumindest haben wir es tiefer und gründlicher verstanden als zuvor. Es war ein vom Christentum regelrecht durchdrungenes Zeitalter, dessen Religion bis in die letzten Nervenenden der Menschen fuhr. Das Christentum beherrschte alles und jeden, die Gedanken, die heimlichen Berechnungen, alle Taten, die Hoffnungen, die hohe Politik, die Kunst, die Wissenschaft und den Alltag. Dabei gab es zwei Arten dieses Christentums, zwei Ausgaben, zwei Editionen, zwei Varianten.

Die negative Variante wurde im Mittelalter dazu benutzt, Machtgelüste zu befriedigen und Hand in Hand mit ihr die Besitzgier. Das ganze Gerede rund um die Heiligkeit des Königtums, das angeblich von »Gottes Gnaden« war, oder rund um den Heiligen Stuhl, war irreführend und hohl, war eine einzige Farce, ein Schauspiel, eine Public-Relations-Posse. Doch das durchschaute das Volk im Mittelalter nicht. Diese übersteigerte, fieberhafte, fehlgeleitete, krankhafte Frömmigkeit ließ sich von einigen Schurken nur zu gut zu allen möglichen lügenhaften Gebilden und Schandtaten ausnutzen. Nie wurde die Vokabel Gott so missbraucht wie in dieser Zeit, und nie geschahen gleichzeitig so viele gute Werke in seinem Namen.

Und so verkehrte sich am Ende des Mittelalters das edle, ursprüngliche Christentum in sein genaues Gegenteil, bis das mittelalterliche, pervertierte Christentum schließlich seinerseits von einer Gegenbewegung hinweggespült wurde, für die Namen wie Roger Bacon oder Boccaccio nur stellvertretend stehen.

Und selbst wenn wir noch einmal die zahllosen ehrenwerten, hilfsbereiten Seelen erwähnen müssen, die, inspiriert durch das Christentum, Myriaden von guten Taten anbahnten, selbst wenn wir noch einmal dem erstaunlichen christlichen Ordnungsgefüge Respekt zollen müssen, und selbst wenn wir schließlich zugeben müssen, dass es viele positive Seiten des Christentums gibt und wir wahre, friedfertige Christen, die sich die Nächstenliebe aufs Banner geschrieben haben, hochschätzen, ja verehren, so müssen wir doch auch zugeben, dass weite Teile des Mittelalters durch ein missbrauchtes Christentum geprägt wurden.

Dass der mittelalterliche Mensch trotzdem zu so gewaltigen Leistungen fähig war, dass er trotzdem die herrlichsten Kunstwerke schuf und nach dem Fall Roms quasi aus dem Nichts einer neuen Zivilisation Leben einhauchte, ist das wahre Wunder dieser erstaunlichen Zeit.

# LITERATURVERZEICHNIS


## Das alte Rom

1 Vgl. Frank Fabian: Die größten Lügen der Geschichte, München, 202 210, S. 61ff.
2 Siehe Jürgen Leonhardt: Latein, Geschichte einer Weltsprache, München, 2008
3 Vgl. Werner Eck: Sklaven und Freigelassene in der Gesellschaft der römischen Kaiserzeit, Darmstadt, 1993
4 Siehe Will Durant: Cäsar und Christus, Kulturgeschichte der Menschheit, Band 7, S. 304ff, vgl. weiter Band 8 der gleichen Reihe, Lausanne, ohne Zeitangabe

## Der Innerste Kern des Mittelalters (1)

5 Zitiert nach Frank Fabian: Die geheim gehaltene Geschichte Deutschlands, München, 202 210, S. 59f
6 Vgl. Frank Fabian: Die geheime Geschichte von Jesus Christus, München, 2022
7 Frank Fabian: Die geheime Geschichte von Jesus Christus, a. a. O., S. 56
8 Vgl. Frank Fabian: Die größten Lügen der Geschichte, a. a. O., S. 143ff
9 Abbé Dubois: Hindu Manners, Customs and Ceremonies, Oxford, 1928, S. 565
10 Will Durant: Das Vermächtnis des Ostens, Lausanne, ohne Jahresangabe, S. 109
11 Vgl. Dante: Die Göttliche Komödie, übersetzt und kommentiert von Hartmut Köhler, Stuttgart, 2011–2014

## Nonnen und Mönche

12 B. Russell: Philosophie des Abendlandes, dt, Übersetzung Zürich, 1935, S. 318

Vgl. weiter Gregor der Große: Der heilige Benedikt, St. Ottilien, 1995

13 Siehe Benedikt von Nursia: Die Regeln des heiligen Benedikt, Buron, 1990

14 Vgl. Simone Frignani: Der Bendetiktweg, Insbruck, 2014

## Päpste

15 Will Durant: Das Zeitalter der Reformation, München, 1981, S. 353 ff., vgl. weiter Frank Fabian: Die größten Lügen der Geschichte, a. a. O.

16 Siehe Karlheinz Deschner: Kriminalgeschichte des Christentums, Reinbek bei Hamburg, 2003, Band 7, S. 383, siehe auch die anderen Bände

17 Horst Hermann: Martin Luther, Berlin, 2003, S. 196, vgl. auch S. 340 und vgl. immer wieder Karlheinz Deschner: Kriminalgeschichte des Christentums, a. a. O

18 Zitate nach Frank Fabian: Die geheim gehaltene Geschichte Deutschlands, München, 2023, S. 139 ff, dort meist zitiert nach Deschner, Hermann und Durant

19 Will Durant: Das frühe Mittelalter, München, Frankfurt, 1981, S. 194

20 Will Durant: Das frühe Mittelalter, a. a. O., S. 196 f

21 Paul Ewald und Ludo M. Hartmann: Monumenta Germaniae Historica, Berlin, 1892, S. 191 ff

22 Siehe Peter Eich: Gregor der Große, Paderborn, 2016

## Könige, Kaiser und eine neue Art des Christentums

23 Vgl. Frank Fabian, Die geheim gehaltene Geschichte Deutschlands, a. a. O., S. 41 ff

24 Karlheinz Deschner, Die Kriminalgeschichte des Christentums, Band 4, a. a. O., S. 277 ff

25 Frank Fabian, Fake News, München 2021, S. 60

## Kreuzzüge

26 Das Kapitel über die Kreuzzüge ist weitgehend zitiert nach Frank Fabian: Die geheim gehaltene Geschichte Deutschlands, a. a. O., S. 107 ff

27 Siehe Hans Wollschläger: Die bewaffneten Wallfahrten gegen Jerusalem, Zürich, ohne Zeitangabe, S. 140

28 Zur Biografie von Richard Löwenherz vgl. Dieter Berg: Die Anjou-Plantagenets, Stuttgart, 2003

29 Vgl. weiter Georges Tate: Die Kreuzritter, ohne Ortsangabe, 1993, S. 45 ff, sowie Walter Zöllner: Geschichte der Kreuzzüge, Berlin, ohne Zeitangabe

## Clairvaux

30 Vgl. Peter Dinzelbacher: Bernhard von Clairvaux, Darmstadt, 2012

31 Siehe Frank Fabian: Die Geheimmission des Tempelritters, Clearwater, 2014

32 Hierfür gibt es veschiedene Belege, siehe Wikipedia, Stichwort Bernhard von Clairvaux, sowie erneut die Biografie von Peter Dinzelbacher

## Tempelritter

33 Dieter H. Wolf: Internationales Templer Lexikon, a. a. O., S. 232 ff

34 Dieter H. Wolf: a. a. O., S. 107

35 Dieter H. Wolf: a. a. O., S. 232 ff, sowie Wikipedia, Stichwort »Templer«

36 Frank Fabian, Die mächtigsten Geheimbünde in Geschichte und Gegenwart, 2016, S. 24

37 Frank Fabian, Die mächtigsten Geheimbünde in Geschichte und Gegenwart, 2016, S. 26

38 Dieter Wolf: a. a. O., S. 66 und S. 94 f
Zitiert nach: Frank Fabian: Die mächtigsten Geheimbünde, München, 2018

## Barbarossa

39 Vgl. Rahewin, ein Schreiber und Notar des Bischofs Otto von Freising, sein Geburtsjahr ist unbekannt, er starb jedoch vor 1177. »Otto beauftragte Rahewin, sein unvollendetes Werk über die Taten Kaiser Friedrichs, die *Gesta Frederici…*, zu beenden.« (Wikipedia)

40 Siehe Fischer-Fabian: Die Deutschen Kaiser, Bergisch-Gladbach, 2003, S. 270

41 Fischer-Fabian: a. a. O., S. 276

42 Karlheinz Deschner: Kriminalgeschichte des Christentums, Band 6, a. a. O., S. 497

43 Deschner: a. a. O., S. 498
44 Rahewin, gefunden bei Deschner, a. a. O., S. 514
45 Deschner: a. a. O., S. 514
46 Deschner: a. a. O., S. 515
47 Deschner: a. a. O., S. 526
48 Zitiert nach Deschner:,a. a. O., S. 506, das Imperfekt wurde ins Präsens gesetzt
49 Deschner: a. a. O., S. 509
50 Deschner: a. a. O., S. 528
51 Fischer-Fabian: a. a. O., S. 321
52 Will Durant, Das frühe Mittelalter, München 1981, S. 277

## Friedrich II.

53 Zitiert nach Frank Fabian: Die geheim gehaltene Geschichte Deutschlands, a. a. O., S. 92 ff

## Kunst und Kultur

54 Will Durant: Das frühe Mittelalter, München, 1981, S. 189
55 Will Durant: a. a. O., S. 235
56 Will Durant: a. a. O., S. 235
57 Will Durant: a. a. O., S. 301

## Wissenschaftliche Leistungen

58 Will Durant: Das hohe Mittelalter, München, 1981, S. 184
59 Vgl. Roger Bacon: Opus maius. I. Buch, Absatz 10, Pennsylvania, 1928

## Quintessenz

60 Vgl. Reinhard Rinnerthaler: Verzeichnis der Krankheits-Patronate, Salzburg, 2007
61 Siehe Frank Fabian: Das geheime Leben von Jesus Christus, a. a. O.

# ZUM AUTOR

© Frank Fabian

Frank Fabian studierte Geschichte und Germanistik in Würzburg und Frankfurt. Der ehemalige Fernsehjournalist, der im ZDF für über 200 Filmbeiträge verantwortlich zeichnet, verfasste bislang 25 Geschichtswerke. Der in neun Ländern publizierte Bestsellerautor erhielt zahlreiche Auszeichnungen, so dreimal die Goldene Feder, weiter die Goldene Schwanenfeder sowie den Thomas Jefferson-Preis.

Einige Erfolgstitel in Deutschland:

- Die größten Lügen der Geschichte
- Die größten Fälschungen der Geschichte
- Die geheim gehaltene Geschichte Deutschlands
- Die mächtigsten Geheimbünde
- Fake News
- Das geheime Leben von Jesus Christus

Kontakt: frankfabian11@yahoo.com

Der Autor beantwortet jede konstruktive E-Mail persönlich.